El camino

El camino

Acelera tu viaje hacia la libertad financiera

PETER MALLOUK
TONY ROBBINS

Traducción de Cristina de Olano

PAIDÓS EMPRESA

Obra editada en colaboración con Editorial Planeta - España

Título original: *The Path: Accelerating Your Journey to Financial Freedom*

Tony Robbins
Peter Mallouk

© 2019, Post Hill Press. All rights reserved.

© 2021, Traducción: Cristina de Olano

© 2021, Centro de Libros PAPF, S.L.U. - Barcelona, España

© 2022, Ediciones Culturales Paidós, S.A. de C.V.
Bajo el sello editorial PAIDÓS M.R.
Avenida Presidente Masarik núm. 111,
Piso 2, Polanco V Sección, Miguel Hidalgo
C.P. 11560, Ciudad de México
www.planetadelibros.com.mx
www.paidos.com.mx

Primera edición impresa en España: octubre de 2021
ISBN: 978-84-234-3256-1

Primera edición impresa en México: abril de 2022
ISBN: 978-607-569-235-7

Impreso en los talleres de Litográfica Ingramex, S.A. de C.V.
Centeno núm. 162-1, colonia Granjas Esmeralda, Ciudad de México
Impreso en México – *Printed in Mexico*

lidad sobre la veracidad de la información ofrecida en este libro, así como sobre cualquier pérdida o riesgo, personal o societario, derivado, directa o indirectamente, del uso o aplicación de lo dicho en este ejemplar. Todos los ejemplos utilizados en este libro son meramente ilustrativos.

Para evitar que sean identificadas, en el texto que sigue se han cambiado los nombres y características de muchas personas.

Tony Robbins fue miembro del consejo de administración y director de Psicología del Inversor de Creative Planning, LLC, asesora de inversiones independiente registrada en la Comisión de Bolsa y Valores de Estados Unidos (SEC, por sus siglas en inglés) y que cuenta con gestores de patrimonio operando en los cincuenta estados. El señor Robbins no recibe ninguna compensación por la venta de este libro ni por el aumento de negocio que pueda experimentar Creative Planning como consecuencia de su publicación. Por consiguiente, el señor Robbins no tiene ningún incentivo financiero por recomendar Creative Planning a los inversores, y cualquier material escrito en este libro por el señor Robbins no debe interpretarse como un apoyo a Creative Planning ni a ninguna de sus personas o entidades afiliadas.

Sumario

Introducción

La industria de los servicios financieros no funciona. Tal vez te sorprenda oírlo de alguien que se ha ganado la vida en el sector financiero, pero es la verdad. De modo tradicional, el asesoramiento y los servicios financieros se prestan a través de un sistema en el que es necesario relacionarse con diversos profesionales: un contable, un abogado, un agente de seguros, un asesor financiero, un banquero, etcétera. Rara vez estos individuos hablan entre sí, lo que te deja atrapado en el medio, peleando para asegurarte de que todo se haga de modo correcto. El problema de este modelo[1] es que tus finanzas no operan de forma aislada. Las decisiones de inversión que lleves a cabo con tu cartera se verán afectadas por el impuesto sobre la renta, la planificación patrimonial, las donaciones benéficas, las necesidades de ingresos, las estrategias de gestión de deuda, la planificación empresarial, los objetivos de independencia financiera y otros muchos factores. De todas estas personas que actúan en tu nombre, solamente tú ves la imagen completa. ¿Cómo pueden los demás ayudarte a conseguir el objetivo de inversión que deseas si este objetivo ni siquiera fue tomado en cuenta antes de empezar?

Para empeorar aún más las cosas, los profesionales a los que

---

1. Como si no fuera ya lo suficientemente terrible.

acudes para pedir orientación sobre estos asuntos no necesaria-
mente están obligados por ley a cumplir con el máximo nivel de
atención en el cuidado de tu dinero. En su lugar, muchos funcionan de una manera que resulta confusa para el inversor medio o,
lo que es peor, te engañan a propósito. Las empresas tradicionales de corretaje pueden ofrecerte cualquier producto que consi-
deren adecuado para ti, incluso aunque lo más probable es que
ese producto sea más beneficioso para ellos que para ti. Hay
compañías de seguros que venden productos de inversión camu-
flados dentro de seguros de renta y de pólizas que suelen generar
a sus agentes enormes comisiones a tu costa. Por último, obliga-
das por ley a actuar siempre en el mejor interés de sus clientes, a
menudo las empresas independientes carecen del tamaño, la escala y los recursos necesarios para atender con eficacia el conjunto de necesidades que los clientes puedan tener. ¿Y quién está
atrapado en medio de todo este lío? ¡Tú, el inversor medio, teniendo que tomar algunas de las decisiones más importantes de
tu vida! Haciendo preguntas del tipo: ¿cómo puedo establecer
un camino que maximice mis oportunidades financieras, evite
posibles trampas y me conduzca a las inversiones «adecuadas»
según mis objetivos financieros? ¿Cómo puedo encontrar la guía
que me ayude a recorrer este camino?

Cuando comencé mi carrera en este sector, me centré principalmente en la planificación patrimonial, la planificación financiera y el asesoramiento en materia de gestión de inversiones,
principalmente para los clientes de otros asesores. Desde mi posición podía verlo todo, y lo que vi no me gustó nada. Vi muchos
asesores magníficos, pero que trabajaban en entornos contradic-
torios. Vi cómo antes que implementar una nueva estrategia, algunos asesores obligaban a sus clientes a vender todas sus participaciones sin tener en cuenta qué consecuencias fiscales tendría
para el cliente o el daño que podría causarle a su cartera. Vi cómo
otros asesores endosaban sus propios productos o un modelo de
cartera genérico a clientes confiados. Vi vender pólizas de seguro
a un precio elevado en lugar de inversiones de muy bajo coste
que hubieran estado mejor alineadas con los objetivos del cliente. En resumen, vi cómo a menudo las personas confiaban los

ahorros de toda su vida a un profesional para luego descubrir que ese individuo les hacía más mal que bien.

Comprendí que tenía que haber una forma mejor de hacer las cosas. Cuando asumí la dirección de Creative Planning, una pequeña empresa de inversión independiente de Overland Park (Kansas), lo consideré una oportunidad para cambiar la forma de prestar asesoramiento financiero en este país. Me propuse dirigir una empresa que no vendiera sus propios productos de inversión, sino que creara carteras adaptadas a las necesidades de cada cliente y que pudiera asesorar en todas las áreas clave de su vida financiera, incluyendo los impuestos, los asuntos jurídicos, la planificación financiera y las inversiones. Me enorgullece decir que desde mis comienzos en 2003, no hemos faltado nunca a nuestro compromiso. No obstante, ahora podemos hacer mucho más por los clientes de lo que hubiéramos soñado en aquel entonces.

Desde que empecé a trabajar en Creative Planning, los activos que gestionamos han crecido hasta casi alcanzar los 50.000 millones de dólares. En repetidas ocasiones hemos sido reconocidos por varios medios de comunicación como una de las mejores empresas de gestión de patrimonios: *Barron's* nos eligió como la empresa de asesoramiento independiente número uno en América (2017), CNBC nos nombró dos veces la empresa de gestión de patrimonios número uno (2014 y 2015) y *Forbes* concedió a Creative Planning el primer puesto en su clasificación de empresas independientes que más rápido han crecido en el país (2016).[2] En gran parte, este éxito se debe al increíble equipo que hemos formado y a su pasión por cumplir las promesas dadas a nuestros clientes. A medida que nuestro equipo ha ido creciendo, hemos podido añadir una serie de servicios especializados y de competencias que están fuera del alcance de la mayoría de las empresas independientes. Otro motivo igual de importante que explica nuestro enorme crecimiento radica en el hecho de que el inversor medio exige cada vez más de su asesor. Durante muchos

2. Si deseas obtener más información sobre las clasificaciones y reconocimientos, consulta la página 7.

años, Tony Robbins ha sido un firme defensor de la norma fiduciaria, ayudando a concienciar a millones de personas sobre la importancia de trabajar con un asesor que tenga la obligación legal de actuar bajo los intereses de sus clientes. Con el fin de responder algunas de las preguntas más frecuentes sobre el mundo de la inversión actual, él y yo escribimos en 2017 *Imbatible: la fórmula para alcanzar la libertad financiera* (Deusto, 2019).

Si los últimos diecisiete años me han enseñado algo es que los estadounidenses desean recibir un asesoramiento financiero con información clara, precisa y libre de contradicciones. Quieren una cartera diseñada según sus circunstancias y con objetivos personalizados. Buscan un guía que les muestre el camino hacia la libertad financiera. Creative Planning ha sido ese guía para decenas de miles de familias, creando planes personalizados, carteras a medida y abordando de forma minuciosa cualquier riesgo que pudiese interponerse en su camino hacia el éxito. Mi objetivo con este libro es compartir mis experiencias y ayudarte a superar las dificultades que te encontrarás al recorrer tu propio camino. Estoy deseando ser tu guía y ayudarte a definir tus objetivos financieros, a evitar errores graves y a aprovechar al máximo las oportunidades que se te presenten a lo largo del camino. Juntos podremos trazar tu camino hacia la libertad financiera.

Parte I

El viaje por delante

Capítulo 1

El camino hacia la libertad

por Tony Robbins

De lo único que debemos tener miedo es del propio miedo.

Presidente Franklin Delano Roosevelt

Todos queremos ser libres de verdad. Libres para dedicarnos más a lo que queramos, cuando queramos y compartirlo con quienes amamos. Libres para vivir con pasión, generosidad, gratitud y paz interior. Esto es la libertad financiera. No es una cantidad de dinero; es un estado mental. E independientemente de en qué etapa de tu vida estés o cuál sea tu situación financiera actual, tú también puedes alcanzar el objetivo de la libertad financiera —sí, incluso en tiempos de crisis—. De hecho, muchas fortunas se han amasado en períodos de «máximo pesimismo».

Todos tenemos nuestra propia definición de libertad financiera. Para ti podría significar dedicar más tiempo a viajar, estar con tus hijos y tus nietos o apoyar una causa importante. Tal vez quieras dedicarte a trabajar porque es lo que te apetece hacer, no porque tengas que hacerlo. Al margen de lo que signifique para ti la libertad financiera, quizá te estés preguntando: ¿es posible realmente?

Después de entrevistar a más de cincuenta de las mentes financieras más brillantes del mundo, puedo decir con certeza que, en efecto, existe un camino que te lleva hasta allí. Pero si quieres llegar a la meta, hay unas reglas claras que debes seguir. Trampas y obstáculos que has de evitar. Hay muchos personajes con malas intenciones que con sus consejos egoístas pueden desviarte del camino. Este libro trata en detalle todos estos temas. Conseguir la independencia financiera no es una ciencia exacta y, a pesar de quienes digan lo contrario, tampoco existe una fórmula mágica que te lleve a ser financieramente libre. Tu *yo* futuro no puede permitirse escalar sin contar con la sujeción de cuerdas y anclajes sólidos. Si estás decidido a hacer realidad tu visión personal de la libertad financiera, debes protegerte y colaborar en tu propio rescate.

Dependiendo de cuál sea tu situación actual, puede que la libertad financiera te parezca una quimera o que estés por el buen camino, pero que no sientas esa libertad. Podrías ser un *millenial* con una deuda estudiantil elevada. Podrías ser un *baby boomer* que necesita como sea ponerse al día. Incluso podrías ser alguien rico según la mayoría de los estándares, pero con un gran temor a perder todo por lo que has trabajado tan duro. De cualquier modo, este libro te dará las herramientas, las estrategias y la paz interior que necesitas, no sólo para lograr la libertad financiera, sino también para sentirte plenamente satisfecho durante el camino.

Conseguir el éxito de la noche a la mañana lleva décadas

Déjame contarte el mayor secreto de la libertad financiera: es más que probable que nunca ganes lo suficiente como para llegar hasta ahí. Para la gran mayoría, incluso para aquellos que ganan mucho dinero, ahorrar lo necesario para alcanzar la seguridad financiera es casi imposible. ¿No es curioso que cuanto más ganamos, parece que más gastamos? En la mayoría de las conversaciones sobre el tema, la gente cuenta que sus planes pasan por lograr una fuerte inyección de dinero: vender un negocio, ganar la lotería, conseguir un gran aumento o un ascenso, o recibir una herencia inesperada. Pero seamos sinceros: la esperanza no es una estrategia. Hay demasiadas variables fuera de nuestro control para que ninguno de estos supuestos se haga realidad. Debemos aprovecharnos del poder de lo que Albert Einstein llamó «la octava maravilla del mundo»: el interés compuesto.

En *El punto clave: The Tipping Point* (Debolsillo, 2018), Malcolm Gladwell define el punto de inflexión como «el momento de la masa crítica, el umbral, el punto de ebullición». Esto es especialmente cierto cuando hablamos del poder del interés compuesto. Entonces, ¿quieres convertirte en millonario? Es factible, sobre todo si empiezas temprano. El esquema representado en el gráfico 1.1 es quizá uno de los más importantes que llegues a ver jamás (no obstante, cuenta con ver un montón de gráficos más, ¡ya que éste es un libro sobre finanzas!). En él se muestra la cantidad de dinero que necesitas invertir cada año para conseguir tener un millón de dólares ahorrados a los sesenta y cinco años. El supuesto de partida es una tasa de beneficio del 7 por ciento y la condición de invertir en una cuenta con impuestos diferidos, como puede ser un plan de pensiones. Si empiezas joven, te sorprenderá la cantidad que puedes llegar a ahorrar hasta tu jubilación. Si tienes veinte años, solamente necesitarás ahorrar 3.217 dólares al año o 272 dólares al mes. Pero si esperas a cumplir los cincuenta, tendrás que destinar 37.191 dólares al año o 3.099 dólares al mes.

Gráfico 1.1. Ahorro anual para ser millonario a los 65 años

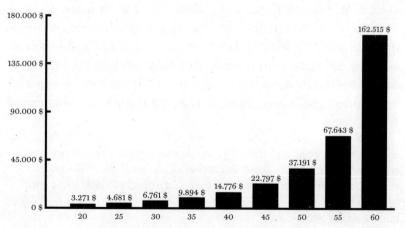

Ahora bien, ¿es este gráfico una simplificación excesiva? Claro que lo es. No existe una cuenta mágica en la que puedas obtener un 7 por ciento de rentabilidad anual. De hecho, desde 2000 hasta finales de 2009 (una década entera), el índice S&P 500 generó un impresionante rendimiento del 0 por ciento, un fenómeno que se ha conocido como la «década perdida». Pero los inversores inteligentes no sólo poseen valores estadounidenses. A lo largo de mi propio camino hacia la libertad financiera tuve la oportunidad de reunirme con la leyenda de las inversiones Burt Malkiel, autor del famoso libro *Un paseo aleatorio por Wall Street* (Anaya, 2016). Me explicó que si durante la década perdida los inversores hubieran diversificado en acciones de Estados Unidos, acciones extranjeras, acciones de mercados emergentes, bonos y bienes raíces,[3] habrían conseguido promediar un 6,7 por ciento de rentabilidad anual —todo ello en un período que abarcó la burbuja tecnológica, el 11-S y la crisis financiera de 2008.

En el momento de escribir estas líneas, nos encontramos inmersos en una pandemia provocada por la COVID-19 y con un temor cada vez mayor a que se produzca una recesión mundial, cuya duración y gravedad nadie puede adivinar. Lo importante es recordar que estos «inviernos económicos» son en realidad una de las mejores ocasiones para crear riqueza. Si eres capaz de mantener a raya tu miedo y controlar tus emociones, los grandes reveses del mercado pueden suponer una oportunidad única en la vida. ¿Por qué? ¡Porque todo está rebajado! Durante la Gran Depresión, Joseph Kennedy (padre) aumentó de manera considerable su fortuna invirtiendo grandes cantidades de dinero en inmuebles que estaban a la venta por una fracción de su valor anterior. En 1929, la fortuna de Kennedy rondaba los 4 millones de dólares (equivalente a 59,6 millones de dólares de hoy en día). Pero en 1935, sólo seis años después, ¡su riqueza se había dispa-

3. Desglosado de esta manera y reequilibrados anualmente: 33 por ciento en renta fija (VBMFX), 27 por ciento en acciones estadounidenses (VTSMX), 14 por ciento en acciones de mercados extranjeros desarrollados (VDMIX), 14 por ciento en mercados emergentes (VEIEX), 12 por ciento en fondos de inversión inmobiliaria (VGSIX).

rado hasta los 180 millones de dólares (equivalente a 3.360 millones de dólares de hoy)!

¿Los inviernos económicos son un desafío? Sin duda; no obstante, ¡los inviernos no duran eternamente! Después siempre viene la primavera. Y, además, durante el invierno, no todos los días hay ventisca de nieve y está oscuro. También existen días soleados que nos recuerdan que el invierno no durará eternamente. Como verás en este libro, será determinante la forma en que elijas atravesar las siempre cambiantes «estaciones» de la inversión, tanto en el aspecto emocional como financiero.

Así que, para poder llegar a la cumbre de la libertad financiera (y permanecer allí), necesitas responder primero estas preguntas:

- ¿Qué inversiones hay disponibles para ti y cuáles son las más adecuadas en función de tus objetivos?
- ¿Qué combinación de inversiones vas a incluir en tu cuenta (o cuentas) y cómo serán gestionadas a lo largo del año?
- ¿Qué estrategia vas a utilizar para minimizar, dentro de la legalidad, el impacto fiscal (el mayor «gasto» de tu vida)?
- ¿Cómo vas a hacer para evitar los honorarios abusivos o las comisiones innecesarias para, de esta manera, aumentar considerablemente tu futuro fondo de reserva?
- ¿Cómo vas a sortear, e incluso aprovechar, las correcciones y caídas del mercado?
- ¿Cómo puedes elegir un asesor que esté obligado por ley a cumplir con el máximo nivel de atención a tu dinero (alerta de spoiler: la mayoría no lo están)?

Éstas son las preguntas que mi amigo y coautor, Peter Mallouk, aborda en este libro de gran valor. Peter cuenta con casi dos décadas de experiencia al mando de Creative Planning (<www.creativeplanning.com>), una empresa independiente de asesoramiento en materia de inversiones con un capital de cerca de cincuenta mil millones de dólares y que ofrece servicios integrales de gestión del patrimonio a miles de familias a lo largo de todo Estados Unidos. Peter ha resumido en este libro sus años de experiencia y sabiduría acumulada para, en un acto de generosidad, ponerlos a disposición de cualquiera que quiera saber qué se necesita de verdad para lograr la seguridad y libertad financieras.

Pero tener las herramientas necesarias para lograr la libertad financiera y ponerlas en práctica son dos cosas diferentes. La ejecución siempre le gana al conocimiento. Si lograr la libertad financiera no es una ciencia exacta, ¿por qué vivimos en la época más próspera de la historia y, sin embargo, hay tanta gente que ni siquiera es capaz de alcanzar el nivel básico de seguridad financiera? Es aterrador que el 60 por ciento de los estadounidenses no tenga ni siquiera 1.000 dólares ahorrados para su jubilación. Y menos del 40 por ciento podría hacer frente a una emergencia de 500 dólares.

Somos una nación de consumidores, pero si queremos prosperar como colectivo, debemos dar el paso de convertirnos en propietarios. Muchos estadounidenses son dueños de un iPhone, pero ¿por qué no serlo de Apple? Muchos estadounidenses reciben a diario paquetes de Amazon, pero ¿por qué no adquirir la poderosa empresa minorista?[4] Al margen de nuestro estatus socioeconómico, nada nos prohíbe beneficiarnos del poder del capitalismo más innovador. Cualquiera con unos pocos dólares puede poseer una parte de las principales empresas estadounidenses y ser propietario de la que quizá sea la economía más próspera y rentable de la historia mundial.

Seguimos avanzando

Sin lugar a dudas, nuestra relación con el dinero es emocional. Las estrategias y la información que necesitamos para alcanzar la libertad financiera están disponibles con facilidad, así que ¿por qué hay tanta gente que vaga sin rumbo, que está agobiada económicamente o que ni siquiera sabe que hay un camino para seguir? ¿Y por qué hay tanta gente con éxito financiero que se siente totalmente insatisfecha y fracasada en el aspecto emocional?

4. No es una selección de determinadas acciones. Sólo quería aclararlo.

La razón se encuentra en la peor palabra de cinco letras que uno se pueda imaginar...

M-I-E-D-O

El miedo es la fuerza invisible que nos impide alcanzar esa vida que realmente merecemos. Es el mayor obstáculo en el camino y, si no lo controlamos, puede llevarnos a tomar decisiones de inversión totalmente equivocadas.

Como descubrirás en las próximas páginas, nuestro cerebro está programado para centrarse en lo que no está bien, en lo que puede dañar o amenazar nuestra forma de vida. A menudo deseamos tener certezas por encima de todo. Pero ¿sabes qué? Convertirse en un gran inversor implica aceptar la incertidumbre. No hay duda de que para alcanzar la libertad financiera necesitas una estrategia adecuada, pero si no eres capaz de controlar tus pensamientos, es probable que tu estrategia fracase por culpa de una acción equivocada (por ejemplo, si vendes durante períodos de alta volatilidad y escondes los billetes bajo el colchón).

Las destrezas nacen de la repetición

En 2014 escribí *Dinero: domina el juego* (Deusto, 2018), un resumen de todo lo aprendido a lo largo de años entrevistando a verdaderos maestros del dinero como Carl Icahn, Ray Dalio y Jack Bogle. En aquella misma época, Peter escribió *The 5 Mistakes Every Investor Makes & How to Avoid Them* [Los cinco errores que cometen los inversores y cómo evitarlos]. Dos años más tarde, con el objetivo de que la gente entendiera realmente cómo funcionan los mercados y dejara de tener miedo a las correcciones y quiebras bursátiles, Peter y yo escribimos *Imbatible: la fórmula para alcanzar la libertad financiera* (Deusto, 2019). En estos momentos nos encontramos en medio de la «gran pausa», el mundo se ha detenido, y cuando volvamos a la vida normal sin duda habrá ganadores y perdedores.

Comparado con los anteriores, en este libro Peter profundiza mucho más en los fundamentos de cómo construir un plan y ganar el juego. Este volumen trata sobre cómo dominar la estrategia de inversión, no sólo los conceptos. Aunque también he incluido dos capítulos que hablan sobre el dominio de uno mismo. En el capítulo 3 analizaremos las «seis necesidades humanas», comunes a todos nosotros, y su influencia a lo largo de nuestro camino en la vida, en los negocios y en el dinero. Las conclusiones a las que llegamos transformarán tu calidad de vida. En el capítulo 12 abordaremos los motivos de por qué a menudo quienes disfrutan de abundancia financiera son infelices y cómo tener hoy en día un sentimiento de abundancia. Si nos dejamos llevar por un cerebro fuera de control, todos tendemos a vivir en un estado de sufrimiento (miedo, ira, frustración). Debemos aprender a liberar nuestros pensamientos del secuestrador que habita en nuestro interior. Al hacerlo, podrás sentir la magnitud real de la verdadera riqueza: una vida llena de alegría, felicidad, generosidad, entusiasmo y paz interior.

Si has leído mis libros anteriores, es posible que observes cierta repetición en estos dos capítulos; no obstante, creo que merece la pena insistir en los principios. Mis propios mentores me han enseñado que las destrezas nacen de la repetición. No te conviertes en LeBron James o Stephen Curry realizando un par de lanzamientos a canasta durante un entrenamiento. Aunque ellos saben cómo encestar un tiro libre, siguen practicando miles de lanzamientos a la semana para que se quede arraigado en su sistema nervioso y puedan ejecutarlo bajo presión. ¡Éste es el camino que lleva a la maestría! Así que mientras lees, busca detalles importantes sobre cómo estos principios se manifiestan en tu vida y en tus relaciones actuales. Cuando vemos una película o escuchamos una canción que ya hemos oído antes, estamos en un momento diferente de nuestra vida y extraemos algo nuevo de ello. Creo que lo mismo se aplica a este caso.

El curso correcto

Vivimos en una época en la que nuestros miedos son potenciados y explotados tanto por los medios de comunicación como por las redes sociales. Añade una pandemia a la lista y el miedo sube hasta niveles extremadamente dañinos. Cada día nos llega una avalancha de información que intenta por todos los medios captar nuestra atención, de ahí el término *cazaclics* (*click bait*). Frente a la última tragedia, amenaza o enjambre de avispones asesinos que está azotando una ciudad cercana, las noticias positivas pasan a un segundo plano. La región de nuestro cerebro que regula el miedo está siendo estimulada continuamente y nuestros niveles de ansiedad están alcanzando máximos históricos.

Pero seamos sinceros. Si no aprendemos a controlar nuestros miedos, a dominar nuestra mente, nunca podremos poner en práctica los grandes principios de este libro. Recuerda que tener valor no significa no sentir miedo. Significa pasar a la acción y seguir adelante a pesar del miedo. Puede que leas este libro y que extraigas información valiosa, pero que nunca des los pasos necesarios para alcanzar el objetivo que tú y tu familia os merecéis. Pero yo sé que tú no eres así. Si has comprado este libro y todavía sigues leyéndolo, sé que eres de los pocos que «hacen» y no de los muchos que hablan.

El primer paso para liberar nuestra mente de la tiranía del terror es mediante un recalibrado de nuestras percepciones. Mientras paso el testigo a Peter Mallouk, me alegra que te adentres en el próximo capítulo. Obtendrás una visión completa de los increíbles momentos que estamos viviendo y del futuro exponencial e inimaginable que nos espera SIEMPRE Y CUANDO seamos capaces de armarnos con los conocimientos adecuados y aprendamos a vencer nuestros miedos.

¡Que comience el viaje!

Capítulo 2

El mundo está mejor de lo que crees

¿En qué se basa el principio de que, cuando no observamos más que una mejora detrás de nosotros, no podemos sino esperar un deterioro delante?

THOMAS BABINGTON MACAULAY

Londres, 1858. Era una hermosa mañana —o lo fue hasta que la reina Victoria abrió la puerta de su balcón en el Palacio de Buckingham—. Un hedor penetró con rapidez sus fosas nasales abrumándola hasta la náusea. En lo que hoy se conoce como el «Gran Hedor», Londres se vio completamente invadido por el repulsivo y opresivo olor de las heces humanas y animales. Durante gran parte de los cincuenta años anteriores a este acontecimiento, dos millones y medio de londinenses se habían dedicado a arrojar los residuos directamente a las calles y al río Támesis. Finalmente, la situación había alcanzado un proverbial punto de inflexión. Bajo las casas y los negocios de la ciudad había más de doscientos mil pozos negros humeantes que eran limpiados de forma rutinaria y en vano con una pala por los «hombres estiércol». Los brotes de cólera se convirtieron en algo habitual, ya que las aguas residuales rebosaban hacia las alcantarillas y los ríos, contaminando el agua potable y provocando todo tipo de enfermedades.

El objetivo era sobrevivir

Parece que todos deseamos que vuelvan los buenos tiempos cuando, en realidad —admitámoslo—, los buenos tiempos no fueron tan buenos. Hace cuatrocientos años, una sola enfermedad aniquiló a casi el 30 por ciento de la población europea: la peste bubónica. Hace apenas doscientos años, en la época de la bomba fétida de Londres, el 45 por ciento de los niños morían antes de cumplir cinco años. En la Inglaterra victoriana, las probabilidades de que tus hijos sobrevivieran hasta la edad adulta eran el equivalente a tirar una moneda al aire. Imagínate la moral de una sociedad que pierde de forma rutinaria a casi la mitad de su descendencia.

Y no hace falta que nos remontemos a la Inglaterra victoriana. Hace sólo cien años, veinte millones de personas perdieron la vida durante los cuatro años que duró la Primera Guerra Mundial. En 1918, la gripe española arrasó Europa, infectando a quinientos millones de personas —un tercio de la población mundial— y matando a más de cincuenta millones.

Vale, te prometo que no voy a seguir con este recorrido por los hitos deprimentes de la historia de la humanidad. Sólo hago este recordatorio porque es importante que nuestros cerebros sean capaces de reconocer las bondades del presente. Nuestros cerebros nos engañan para que nos guste la narrativa nostálgica, pero esa narrativa presenta un gran defecto: rara vez muestra la imagen completa. La historia está plagada de guerras, enfermedades y hambrunas, y comparado con el presente, nuestro pasado es brutalmente desolador. Incluso con las pandemias modernas, como el coronavirus (COVID-19), las expectativas de la humanidad son muy superiores a las de generaciones anteriores.

Hoy en día, sólo un 4 por ciento de los niños en todo el mundo mueren antes de cumplir los cinco años y, en general, la salud materno-infantil es mejor que nunca. No ha habido ninguna guerra importante desde hace una generación y con la medicina moderna pueden tratarse la mayoría de las enfermedades. Además, los servicios sanitarios han mejorado *mucho* (y doy las gracias por ello). Nos cuesta recordar todo esto porque, a menudo, nos vemos condicionados por nuestras experiencias cotidianas. No sólo llamamos erróneamente «edad de oro» a nuestra visión de la historia, sino que nuestra visión del futuro es erróneamente pesimista.

El doctor Hans Rosling, experto en salud internacional ya fallecido, escribió en su libro *Factfulness* (Deusto, 2018) que «todos los grupos de personas piensan que el mundo es más aterrador, más violento y más desesperado —en resumen, más dramático— de lo que es en realidad».[5] A pesar de los datos, tenemos predilección por un futuro determinista de miseria y desolación. Este desalentador punto de vista es con frecuencia manifiesto cuando me reúno con clientes para hablar de sus finanzas personales. En el momento en que empezamos a imaginarnos su futuro y nos ponemos a trazar planes, la conversación da un giro brusco y pasamos del ahorro optimista orientado a una jubilación cómoda a una discusión sobre el dinero rápido y la supervivencia. Es entonces cuando sacan a relucir una visión fatalista de una sociedad en plena descomposición (respaldada, estoy seguro, por páginas webs y vídeos de YouTube cuyo único propósito es alimentar este tipo de relatos). Nadie sabe qué nos depara el futuro, pero una mirada a nuestro pasado más reciente debería servir para apaciguar nuestras preocupaciones. En su libro *El optimista racional* (Taurus, 2011), Matt Ridley habla con elocuencia de la rápida aceleración del progreso y la expansión de la humanidad en los últimos cincuenta años:

En 2005, comparado con 1955, el ser humano medio del planeta Tierra ganaba casi tres veces más dinero (ajustado a la inflación), comía un tercio más de calorías, enterraba un tercio menos de hijos y su esperanza de vida era un tercio más larga. Tenía menos probabilidades de morir como consecuencia de una guerra, un asesinato,

5. Hans Rosling, *Factfulness: Ten Reasons We're Wrong About the World - And Why Things Are Better Than You Think*, Flatiron Books, Nueva York, 2018. Versión castellana de Jorge Paredes, *Factfulness: Diez razones por las que estamos equivocados sobre el mundo. Y por qué las cosas están mejor de lo que piensas*, Deusto, Barcelona, 2018.

un parto, un accidente, un tornado, una inundación, una hambruna, la tos ferina, la tuberculosis, el paludismo, la difteria, el tifus, la fiebre tifoidea, el sarampión, la viruela, el escorbuto o la poliomielitis. Al margen de la edad, tenía menos probabilidades de padecer cáncer, enfermedades cardíacas o derrames cerebrales. Había más probabilidades de que supiera leer y escribir y de que terminara la escuela. Había más probabilidades de que tuviera un teléfono, un inodoro con cisterna, una nevera y una bicicleta. Todo ello a lo largo de medio siglo en el que la población se ha más que duplicado, un logro humano impresionante.[6]

El antídoto

Los cinco gráficos que siguen a continuación suponen un antídoto visual para nuestra predisposición a preocuparnos por el futuro. Elaborados con datos de varias investigaciones sobre el gasto, la esperanza de vida, el bienestar global, la pobreza y la educación, suponen un reconfortante recordatorio de hacia dónde se dirige nuestro mundo. Como padre, tengo esperanza en el futuro de la humanidad y en la calidad de vida de la que disfrutarán mis hijos y nietos. Y, como veremos en breve, como inversor, me froto las manos ante las oportunidades que nos esperan. Sospecho que tú también.

El gráfico 2.1 muestra la caída en picado de la parte de nuestros ingresos que dedicamos a sobrevivir en Estados Unidos. En otras palabras, estamos viviendo una época de máxima renta disponible. Si se miran a través del prisma de la historia, las matrículas universitarias, los cruceros de Disney, los coches de lujo que se conducen solos, las salidas nocturnas por la ciudad, las salas de cine con sillones gigantes de cuero y, por supuesto, nuestra capacidad de ahorro para una jubilación tranquila son fenómenos relativamente nuevos.

---

6. Matt Ridley, *The Rational Optimist: How Prosperity Evolves*, Harper, Nueva York, 2010. Versión castellana de Gustavo Beck Urriolagoitia, *El optimista racional: ¿Tiene límites la capacidad de progreso de la especie humana?*, Taurus, Madrid, 2011.

Entre otros muchos factores, el hecho de no tener que gastar cada dólar que ganamos en cubrir nuestras necesidades básicas ha impulsado de manera drástica la sensación de felicidad y bienestar de la población mundial. (Gráfico 2.2.) ¡No es ninguna sorpresa! Ahora, en nuestra propia jerarquía de necesidades somos libres de ir más allá de la supervivencia y empezar a plantearnos cuestiones más existenciales en torno a nuestro propósito en la vida, qué significa sentirse realizado y en qué queremos emplear nuestro valioso tiempo. Sin tener que hacer malabares diarios para pagar la vivienda y la comida, podemos dedicarle más tiempo a lo que realmente nos importa —y nos hace ser más felices.

¡El gráfico 2.3 es bastante impactante! La esperanza de vida no para de aumentar en todo el mundo. Fíjate en este dato: una persona que haya nacido este año tendrá tres meses más de esperanza de vida que alguien nacido en 2019. Al principio de mi carrera, cuando mis clientes de avanzada edad se enfrentaban a graves problemas de salud, solían solicitar información sobre centros de cuidados paliativos o sobre los precios de los cuidados médicos en la etapa final de la vida. Hoy en día, estas personas quieren mantenerse con vida el mayor tiempo posible y buscan rápidamente tratamientos experimentales o los últimos avances de la medicina a escala global. Saben que cuanto más tiempo permanezcan vivos, más posibilidades habrá de que aparezca alguna innovación capaz de tratar su condición médica.

Gráfico 2.1. Gasto en necesidades

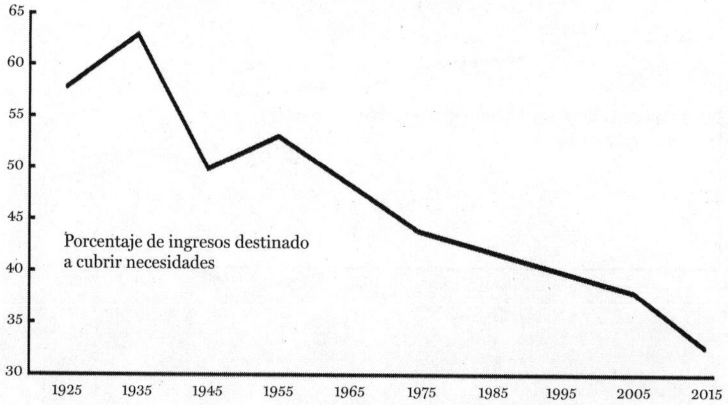

Porcentaje de ingresos destinado a cubrir necesidades

Gráfico 2.2. Bienestar mundial

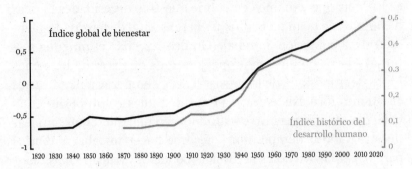

Gráfico 2.3. Esperanza de vida

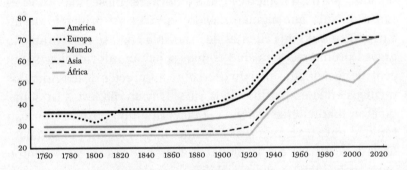

Gráfico 2.4. Pobreza extrema

Gráfico 2.5. Años de escolarización

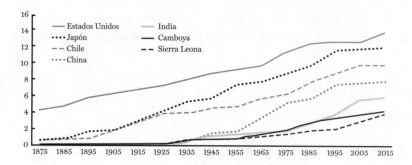

El gráfico 2.4 es quizá el más revelador. Dando por supuesto que no desciendes de la realeza, es muy probable que no necesites remontarte mucho tiempo atrás en tu árbol genealógico para encontrarte con antepasados cuya vida estuviese marcada por la lucha y la supervivencia. Hasta los años cincuenta, la gran mayoría de los seres humanos vivía en la extrema pobreza. La «extrema pobreza» define el hecho de vivir con menos de dos dólares al día (ajustado a la inflación). En los años ochenta, el 44 por ciento de la población mundial seguía respondiendo a la definición de extrema pobreza. Hoy en día, apenas cuatro décadas más tarde, menos del 10 por ciento del planeta vive en esas condiciones tan extremas. ¿Qué ha cambiado? El crecimiento tecnológico y económico ha permitido a cientos de millones de personas ascender a la clase media. ¿Quieres más buenas noticias? Según el Banco Mundial, dentro de veinte años podremos erradicar completamente la pobreza extrema.

Por último, la educación es el gran igualador. (Gráfico 2.5.) Si las familias se centran en sobrevivir, lo normal es que los niños se vean forzados a abandonar la escuela antes de tiempo para trabajar. Estos pequeños, obligados a apilar ladrillos, pastorear animales y arrastrar pesadas jarras de agua todos los días durante horas, empiezan a ver la educación como un lujo inalcanzable. Pero si las fuerzas económicas se imponen, los niños pueden liberarse de las tareas de supervivencia y pasar más tiempo en la escuela. Cuanto más tiempo permanezcan los niños en un centro educativo, más posibilidades tendrán de adquirir las habilidades necesarias para vencer las dificultades y buscar nuevas oportunidades. La educación sirve para que los niños consigan un trabajo mejor, ganen más dinero, envíen a sus propios hijos al colegio y acaben de una vez por todas con el ciclo de pobreza que afecta a su familia.

Coro del caos

Con todas estas buenas noticias, ¿por qué tenemos la sensación de que no progresamos? ¿Por qué parece que estamos nadando en un río revuelto? Creo que en parte hay que agradecérselo a las noticias. Tu cerebro tiene una función principal: la supervivencia. Ha sido diseñado para poner el foco en lo que está mal, es peligroso y amenaza tu forma de vida. Los responsables de los informativos lo saben y, con una dosis constante de miedo, crisis, cuentas atrás y suspense, consiguen que estés enganchado a su canal.

Los programas suelen sobredramatizar los acontecimientos para atraer espectadores. Muchos sucesos se convierten en historias con un título y un arco argumental de tres actos. A menudo van acompañados de lo que los guionistas llaman «insertar un reloj».[7] Del mismo modo que una película crea tensión y sensación de urgencia con una cuenta atrás («¡si Sandra Bullock no llega a la estación espacial dentro de noventa minutos, será alcanzada por la basura espacial y morirá!»),[8] también los medios de comunicación complementan muchas de estas historias con un reloj en la esquina inferior derecha de la pantalla. Tic, tac, tic, tac. Cuando los medios de comunicación hablan sobre finanzas y economía, emplean esta misma táctica. No hay más que pensar en términos como *recortes automáticos* y *abismo fiscal*. Estos

7. Doy las gracias a mi hermano Mark, guionista de profesión, por darme a conocer este concepto. Gratis.

8. Éste es un guiño a *Gravity*, el éxito de taquilla de 2013, y no debe confundirse con «¡si Sandra Bullock no ayuda a desactivar una bomba en este autobús antes de que baje de cierta velocidad, todos morirán!», que haría referencia a *Speed*, la superproducción de 1994.

términos fueron creados para provocar una sensación de peligro en asuntos que están lejos de ser de vida o muerte. A modo de ejemplo reciente, acuérdate del reloj que avanzaba, minuto a minuto (en serio, ¿era necesario que fuera minuto a minuto?), hacia el techo de deuda de 2019. ¿Qué pasó cuando el reloj llegó a cero? Que los políticos se pusieron de acuerdo, firmaron los documentos y se elevó el techo de deuda sin demasiada fanfarria. Del mismo modo, parece que independientemente de hacia dónde se esté dirigiendo el mercado, siempre hay un coro de voces fatalistas resonando en los canales financieros. Claro que esto no es nada nuevo. Desde que tuvo lugar el pánico bursátil de 1907, los medios financieros nos han estado vendiendo miedo. Durante la época reciente se han escrito muchos libros acerca de la falta de precisión de las predicciones financieras hechas por los medios de comunicación, como la estanflación de la década de 1970, el crac de 1987, la burbuja tecnológica (que elevó el nivel de histeria hasta una dimensión desconocida, ya que coincidió con el auge de los canales de noticias de veinticuatro horas), la crisis de 2008, la crisis de la deuda europea, el techo de deuda de 2019..., la lista es interminable.

Entonces, ¿qué nos lleva a mostrar semejante aversión? Los inversores entran en pánico de forma innecesaria y cometen errores que se podrían haber evitado. Cuando los inversores decidieron vender y retirar todo el dinero durante la crisis financiera de 2008, el cierre del Gobierno y las negociaciones sobre el techo de deuda, muchos planes de pensiones se vieron amenazados. Al no poder participar de las ganancias que se generaron una vez que la crisis remitió, estos vendedores sufrieron pérdidas irreversibles. En otras palabras, descendieron en el ascensor, se bajaron de él y se perdieron el viaje de vuelta (¡por lo general hacia nuevos máximos!).

¿Y qué hay de las secuelas en su salud física? Con los debates financieros en los medios de comunicación, los inversores sienten un nivel de estrés muy alto. En el artículo «Financial News and Client Stress» (2012), el doctor John Grable, de la Universidad de Georgia, y la doctora Sonya Britt, de la Universidad Estatal de Kansas, demostraron que el nivel de estrés de un individuo aumenta notablemente cuando ve las noticias financieras, da igual el tema que se trate.[9] Cuando el mercado baja, las personas se preocupan por sus finanzas. Cuando el mercado sube, se muestran molestas por no tener posiciones más agresivas. De hecho, el 67 por ciento de las personas sufría un incremento en los niveles de ansiedad mientras veía las noticias financieras. Incluso cuando las noticias financieras eran positivas, el 75 por ciento mostraba signos de estrés.

Con esto no estoy sugiriendo que no haya volatilidad real ni correcciones del mercado (más adelante estudiaremos cómo afrontar estas situaciones), pero observemos la realidad. En Estados Unidos, cada mercado bajista ha dado paso a un mercado alcista. Cada contracción económica ha dado paso a una expansión económica. En estos momentos, los inversores se enfrentan a un mercado bajista provocado por una pandemia mundial. Sin embargo, al igual que ha ocurrido con todos los mercados bajistas de la historia, el mercado se recuperará y retomará su trayectoria ascendente habitual. Pero esto no sale en las noticias.

Gran parte del problema con los medios de comunicación financieros radica en que mucha gente malinterpreta la razón de su existencia. Los medios de comunicación son empresas, y las empresas están para generar beneficios. El objetivo principal de los medios de comunicación no es informar, sino ganar dinero. Los medios de comunicación ganan dinero vendiendo anuncios, y los canales de noticias pueden cobrar precios más elevados por insertar publicidad si sus índices de audiencia aumentan. Es por ello por lo que el objetivo principal de cualquier medio de comunicación es conseguir el mayor número posible de espectadores (lo que ellos llaman «globos oculares») y que esos espectadores se queden pegados a la pantalla el mayor tiempo posible. A grandes rasgos, la ecuación es la siguiente:

Más espectadores = tarifas de publicidad más altas = mayores beneficios = accionistas más contentos

9. John E. Grable y Sonya L. Britt, «Financial News and Client Stress: Understanding the Association from a Financial Planning Perspective», *Financial Planning Review*, 2012.

Gráfico 2.6. Índice industrial Dow Jones 1896-2006
La innovación humana siempre triunfa sobre el miedo

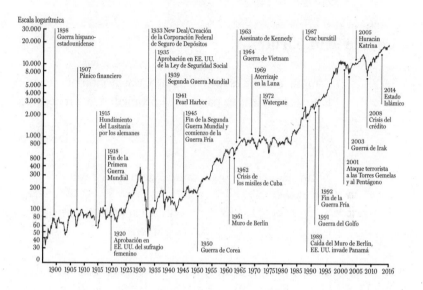

En el canal del tiempo no hay nada que logre más espectadores que la cobertura informativa de un huracán o un tornado. Pero la mayor parte del tiempo, la información meteorológica es bastante aburrida. Parcialmente soleado, 30 por ciento de probabilidad de lluvia, posibilidad de tormentas. Estos titulares no atraen espectadores. De igual modo, en el mundo de las noticias financieras hay muchas ocasiones en las que no hay mucho de lo que informar. El mercado sube, el mercado baja, las empresas salen a bolsa con una oferta pública inicial. En realidad no es algo revolucionario. Para hacer que las cosas parezcan más interesantes, a menudo los medios de comunicación convierten un hecho habitual, como una caída puntual de la bolsa, en un relato sobre una crisis financiera. Pero esto suele tener poco o ningún efecto sobre la evolución del mercado a largo plazo, razón por la cual el gráfico 2.6 es uno de mis favoritos. De forma muy acertada se titula «La innovación humana siempre triunfa sobre el miedo». Notarás que en el gráfico apenas hay espacio suficiente para incluir todos los «titulares de crisis» que han salido a la luz desde 1896. ¿Y qué hace el mercado? Ignorarlos. Y seguir registrando nuevos máximos, premiando así a los inversores que operan a largo plazo.

¿A quién le importa?

> Aunque a veces es fácil olvidarlo, una acción no es un billete de lotería..., es parte de la propiedad de un negocio.
>
> PETER LYNCH

> Si un negocio va bien, con el tiempo el capital seguirá sus pasos.
>
> WARREN BUFFETT

A menudo la gente se pregunta: ¿qué hace que la bolsa suba o baje? Hay quienes aseguran que conocen la respuesta, pero casi siempre se equivocan.

Los inversores suelen nombrar uno de los siguientes factores como el principal impulsor de los precios de las acciones: el desempleo, la vivienda, la política económica, la política monetaria, la fortaleza del dólar, la confianza de los consumidores, las ventas minoristas y los tipos de interés. Todas estas opciones son muy conocidas. En verdad, al mercado de valores sólo le importa una cosa: los ingresos previstos (es decir, los beneficios futuros). Si las empresas ganan más dinero, el valor de sus acciones aumenta y su precio acaba subiendo. El precio de las acciones es simplemente el reflejo de la capacidad de generar ingresos de una empresa. Todo lo demás es ruido.

Imagínate por un momento que quieres comprar un bar de bocadillos. ¿Qué debes tener en cuenta? Como propietario de una pequeña empresa de reciente creación, el factor que más te debe importar son los ingresos previstos. Si compras el negocio es porque crees que los beneficios que vas a obtener justificarán el precio de compra con una buena rentabilidad. Para llegar a esta conclusión, primero debes analizar todos los factores que podrían afectar a tu capacidad de ganar dinero con el bar. Por ejemplo, si los tipos de interés son bajos, podrías ajustar las cuotas de tu préstamo, aumentando así la rentabilidad del negocio. En este caso, los tipos de interés sólo son relevantes porque impactan directamente en tus ingresos previstos. Los precios de los productos básicos también pueden jugar un papel importante, ya que tanto el aceite, como el queso, el jamón y el pan son productos cuyo precio varía. Si el precio del petróleo aumenta, tendrás que pagar más dinero para que te lleven los alimentos al bar cada día. Un ascenso del precio de los alimentos incrementará también tus gastos. Si bien unos tipos de interés bajos pueden ser beneficiosos para tu cuenta de resultados, el alza de los precios de las materias primas podría mermarla, y ambos factores repercutirán en tus ingresos previstos. La confianza del consumidor también es importante, porque si los consumidores creen que su situación económica peligra, renunciarán a tu bocadillo de ocho dólares y en su lugar prepararán a los niños un sándwich en casa. Eso haría bajar las ventas, lo que reduciría tus ganancias. ¿Captas la idea?

Ahora bien, la palabra clave aquí es *anticipados*. A nadie le importan los ingresos del día anterior. Volvamos a ese bar de bocadillos en el que estabas interesado. Hablas con el propietario, revisas la contabilidad y compruebas que ha ganado 100.000 dólares anuales en los últimos tres años vendiendo 20.000 bocadillos al año. Parecen cifras bastante estables, así que te planteas ofrecerle 200.000 dólares por el traspaso, sabiendo que puedes ganar 100.000 dólares al año una vez que abones la deuda que se necesita para comprarlo. Al tercer año saldrías de los números rojos. Pero eres demasiado listo como para interpretar estas ventas al pie de la letra. Observas que el propietario ha vendido 5.000 bocadillos al año a un gran cliente corporativo que acaba de quebrar. Si se eliminan del balance esas ventas, el bar resulta mucho menos rentable y los ingresos previstos del establecimiento serían inferiores a los estimados en un principio. Como eres un negociador hábil, no seguirías ofreciendo el mismo precio por el negocio. Te centras en lo único que realmente importa: los ingresos previstos.

La conclusión es la siguiente: los demás factores económicos sólo importan porque las personas que compran y venden acciones intentan determinar cómo los cambios en varios «indicadores» —desempleo, tipos de interés, etcétera— afectarán en última instancia a los ingresos previstos de una empresa. A nadie le importa cuánto ganaron en el pasado las compañías de atención sanitaria. Les interesa saber cómo influirá la nueva ley de reforma sanitaria en los futuros beneficios de estos negocios. A nadie le importa si Starbucks ganó un millón o mil millones de dólares el año pasado. Les interesa saber si sus ganancias se verán afectadas ahora que McDonald's vende café *gourmet*. A nadie le importa cuánto dinero ganó General Dynamics vendiendo material militar al Gobierno en el pasado. Les interesa saber si los conflictos militares a escala mundial van a seguir activos, impulsando las ventas en el futuro.

Por eso, cuando en 2008 el mercado bursátil estadounidense estaba en plena crisis bajista, los inversores compraron acciones de Walmart. Se creía que los ingresos previstos de Walmart aumentarían a medida que los consumidores se apretaran el cinturón y compraran lo más barato posible. El mismo razonamiento hizo bajar el precio de las acciones de Nordstrom. Como los inversores pensaron que a los consumidores les gustaría comer fuera de casa por poco dinero, las acciones de McDonald's se comportaron relativamente bien. La misma lógica hizo bajar el precio de las acciones de los restaurantes de mayor categoría, como Cheesecake Factory. Y, por supuesto, a las empresas de bebidas alcohólicas les fue muy bien, porque la gente tiene tendencia a beber cuando está deprimida (y cuando está feliz, razón por la cual el alcohol es inmune a las recesiones).

¿Otro dato interesante? En general, el mercado de valores tiende al alza mucho antes de que termine una recesión. Al mercado le da igual lo que suceda hoy. Se anticipa a las ganancias de las empresas en el futuro. Si la bolsa cae es porque los inversores creen que los ingresos futuros irán a peor. Si la bolsa sube es porque los inversores creen que el clima económico está cambiando y permitirá a las empresas ser más rentables en el futuro.[10]

10. Naturalmente, la cosa puede complicarse un poco más porque los inversores siempre compararán sus ingresos futuros con los que puedan obtener

Por supuesto, son tantas las variables que intervienen en la estimación de los ingresos previstos que el mercado no siempre es capaz de acertar a corto plazo (aunque casi siempre lo hace a largo plazo). Por ejemplo, puedes comprar el bar de bocadillos perfecto con las condiciones perfectas y que una multitud de imprevistos arruinen tus beneficios, como un aumento de la delincuencia en la zona, la construcción imprevista de una carretera que bloquee el acceso a tu local o una nueva dieta de moda que prohíba cualquier consumo de pan. Y podemos tener un entorno económico casi perfecto y que alguien estrelle un avión contra un edificio y de la noche a la mañana se ponga todo patas arriba. Sin embargo, a diferencia del bar que puede perder todo su valor, el mercado de valores es resiliente de por sí.

A lo largo de la historia, da igual lo mal que se hayan puesto las cosas, las principales empresas estadounidenses (el índice S&P 500) se las han arreglado para encontrar la forma no sólo de ganar dinero, sino de ganar más dinero que antes. En todas las ocasiones. Y, como siempre, el mercado bursátil ha acompañado las ganancias.

¿Hacia dónde nos dirigimos?

En mi opinión y en la de muchos expertos, el mejor período de la humanidad todavía está por llegar. Como ya hemos visto en este capítulo, la humanidad avanza con paso firme hacia el progreso. Ésta es también la razón por la que podríamos estar en uno de los mejores momentos de la historia para invertir.

El progreso humano es una fuerza imparable: nuestro futuro no es lineal, es exponencial. Un ejemplo: en 1975, un ingeniero de veinticuatro años llamado Steven Sasson desarrolló la primera cámara digital autónoma del mundo mientras trabajaba para Kodak. Pesaba dos kilos y tardaba veintitrés segundos en tomar

en otros sitios. Por ejemplo, si el Tesoro está pagando un 10 por ciento a diez años, ese enorme zumbido podría ser simplemente el dinero que sale de la bolsa y entra en el mercado de bonos.

una foto de 0,01 megapíxeles que solamente podía verse en un televisor de gran tamaño. A sus jefes no les impresionó. «Estaban convencidos de que nadie querría ver sus fotos en un televisor», dijo Sasson a *The New York Times*.[11]

Sasson siguió esforzándose y cada año duplicaba la resolución de las imágenes. Poco a poco lo borroso se volvió menos borroso. Pero dio igual, los ejecutivos seguían sin dejarse impresionar, mostrándose incapaces de entender el poder de la capitalización compuesta:

Si duplicamos algo diez veces, es mil veces mejor.
Si lo duplicamos veinte veces, es un millón de veces mejor.
Si lo duplicamos treinta veces, es mil millones de veces mejor.

Así es como funciona la tecnología. Así es como las fotos que haces ahora con tu iPhone rivalizan con las de un fotógrafo profesional. Tuvieron que pasar dieciocho años desde que Sasson inventara la tecnología digital para que Kodak diera el salto del carrete al mundo digital. Pero ya era demasiado tarde. Empresas como Sony y Apple fueron más rápidas en adoptar esta tecnología y aventajaron a sus competidores. El resto es historia.

Nos encontramos ahora mismo en la antesala de muchas tecnologías transformativas «exponenciales». Para el ojo inexperto podrían parecer el equivalente a la fase inicial de la fotografía digital, pero no te equivoques: para los inversores y, de hecho, para la propia humanidad, están cambiando las reglas del juego.

Por ejemplo, en los últimos veinte años hemos aprendido más sobre el cuerpo humano que en toda nuestra historia. Este conocimiento se está traduciendo en espectaculares avances en las herramientas disponibles para luchar contra la propagación de enfermedades y en una nueva concepción de la atención sanitaria. Los avances realizados en el campo de la modificación genética muestran que es posible eliminar la transmisión de enfer-

11. James Estrin, «Kodak's First Digital Moment», *The New York Times*, 12 de agosto de 2015. Véase: <https://lens.blogs.nytimes.com/2015/08/12/kodaks-first-digital-moment/>. [Fecha de consulta: 18/05/2021]

medades como la malaria, lo que salvaría el millón de vidas (en su mayoría niños) que innecesariamente se pierden cada año y evitaría más de trescientos millones de infecciones adicionales. Progresos similares en el campo de la investigación con células madre están dando impulso a la medicina regenerativa, permitiendo a los médicos utilizar tu propio material genético para, si fuese necesario, reconstruir órganos enfermos o dañados y ofreciendo la posibilidad de ampliar notablemente la duración y la calidad de nuestras vidas.

Otras fascinantes innovaciones están mejorando también el acceso de la población mundial a los alimentos y al agua, reduciendo al mismo tiempo nuestra huella ecológica. Los estadounidenses consumen 11.800 millones de kilos de carne al año. Una vaca consume unos 42.000 litros de agua, y el ganado representa el 15 por ciento de todas las emisiones de efecto invernadero. El ganado ocupa casi el 80 por ciento de la superficie agrícola mundial, pero supone menos del 20 por ciento del aporte mundial de calorías. Por mucho que me guste un buen filete, es fácil darse cuenta de que —tanto en el plano económico como en el medioambiental— nuestro modelo actual es insostenible de cara a satisfacer las necesidades de los 7.000 millones de personas (y subiendo) que habitamos el planeta. Las empresas ya han empezado a desarrollar la «carne cultivada en laboratorio» (sin duda, los responsables de marketing están trabajando en un nombre que suene mejor), que permitirá crear una cantidad ilimitada de deliciosos cortes de carne con el nivel de nutrientes óptimo y la textura perfecta a partir de un pequeño trozo del original.[12] La posibilidad de una cadena alimentaria sostenible y humana está cada vez más cerca.

Innovaciones similares están cambiando la industria de los alimentos frescos. Hasta llegar a tu plato, las frutas y verduras que son distribuidas a los supermercados y restaurantes locales han viajado en muchos casos cientos, si no miles de kilómetros.

12. Matt Simon, «Lab-Grown Meat Is Coming, Whether You Like It or Not», *Wired*, 16 de febrero de 2018. Véase: <https://www.wired.com/story/lab -grown-meat/>. [Fecha de consulta: 18/05/2021]

El transporte de los alimentos representa alrededor de la mitad del coste de una comida en un restaurante. Imagina poder satisfacer en todo momento las necesidades de productos frescos de tu comunidad con productos de temporada cultivados en el lugar, incluso en sitios como Anchorage o Albuquerque. Las empresas están haciéndolo realidad mediante el uso de nuevas tecnologías que permiten cultivar doce hectáreas de alimentos en un almacén cerrado, que ocupa sólo media hectárea, totalmente autónomo y resistente a condiciones climatológicas adversas. Es más, estas «granjas» consumen solamente el 5 por ciento del agua que suele emplearse en los cultivos. Esta tecnología no se limita a proporcionar variedad y comodidad al mundo desarrollado; este tipo de innovaciones tienen interesantes aplicaciones para la escasez de alimentos en todo el mundo, en especial en climas extremos, donde la agricultura tradicional supone todo un reto. Hoy en día la escasez de alimentos no es la única amenaza a la que se enfrenta gran parte de la humanidad. A pesar de los grandes avances realizados, hay más de mil millones de personas que siguen sin tener acceso a agua potable, y millones de ellas mueren cada año por enfermedades infecciosas derivadas del consumo de agua. El acceso al agua limpia ejerce un efecto dominó en todos los ámbitos de la vida; el agua limpia significa salud, tiempo para estudiar y tiempo para realizar otras actividades. Sólo en África, las mujeres invierten 40.000 millones de horas al año en ir a recoger agua. Imagina cómo aumentaría la productividad si el agua limpia estuviera a cuatro minutos en lugar de a cuatro horas. Las empresas están trabajando para revolucionar el acceso al agua, eliminando la necesidad de excavar pozos o de mejorar los sistemas de filtración gracias al aprovechamiento del vapor de agua presente en el aire. ¡Hoy ya tenemos la tecnología para extraer del aire a nuestro alrededor más de mil novecientos litros diarios de agua dulce! ¿Y qué ocurre cuando la gente tiene agua? ¡Que son libres! Libres para ir a la escuela, para encontrar trabajo, para usar un inodoro con cadena, para montar un negocio, y libres de enfermedades y muertes evitables. Y también libres para participar en la economía global (aumentando la productividad y la riqueza de todos).

Se ha hablado mucho acerca de la velocidad cada vez mayor de la comunicación de datos móviles, con anuncios de la tecnología 5G repartidos por todo el país. Estas nuevas redes prometen velocidades inalámbricas a dispositivos portátiles superiores a las del DSL o del cable que conecta hogares y oficinas. El impacto de esta tecnología va mucho más allá de la capacidad de retransmitir los clásicos capítulos de *Friends* cuando estás de vacaciones. Continentes enteros disfrutarán de un acceso inmediato y rápido a internet y a todo lo que ello conlleva, y en algunos casos por primera vez. Los niños tendrán acceso a información y recursos pedagógicos como nunca antes. Los empresarios tendrán acceso a los mercados y a herramientas digitales con las que eliminar los obstáculos para unirse al gran mercado mundial. Además, estas altas velocidades favorecerán la difusión de nuevas tecnologías como la realidad aumentada, la realidad virtual, la emisión en directo con resolución 4K, etcétera. También facilitarán el despliegue generalizado de la inteligencia artificial (IA), que promete mejorar nuestras vidas mediante el empleo del aprendizaje automático. Sundar Pinchai, consejero delegado de Google, afirma que «la inteligencia artificial es una de las cosas más importantes en las que está trabajando la humanidad. Es más trascendente que [el desarrollo de] la electricidad o el fuego».[13]

En este momento estamos viviendo un período en el que la ciencia ficción se ha hecho realidad. Piensa en lo que diría el célebre escritor de ciencia ficción Julio Verne. En el siglo XIX, él ya imaginó submarinos, telediarios, velas solares, módulos lunares, mensajes en el cielo, videoconferencias, pistolas eléctricas y aviones que aterrizan sobre el océano, hoy en día todo convertido en realidad.

Solamente he arañado la superficie del increíble y exponencial futuro que nos espera. Otras tecnologías, como la robótica, los coches autónomos, los drones de pasajeros, la impresión 3D y la cadena de bloques *(blockchain)*, son igual de importantes. La cuestión es

13. Catherine Clifford, «Google CEO: A.I. is more important than fire or electricity», CNBC, 1 de febrero de 2018. Véase: <https://www.cnbc.com/20 18/02/01/google-ceo-sundar-pichai-ai-is-more-important-than-fire-electrici ty.html>. [Fecha de consulta: 18/05/2021]

que el futuro que nos espera a nosotros y a nuestros hijos es apasionante. ¡Nunca en toda la historia de la humanidad la innovación se había producido a un ritmo tan rápido! Si te interesan estos temas, te recomiendo leer *Abundancia*, de Peter Diamandis (Antoni Bosch, 2013), y *El optimista racional*, de Matt Ridley (Taurus, 2011).

Llegados a este punto, es posible que te estés preguntando: «¿Qué tienen que ver todas estas innovaciones con mi libertad financiera?». La respuesta es: «¡Todo!». ¿Recuerdas qué le importa al mercado? ¡La previsión de futuros ingresos! Según los cálculos, hay 1.200 millones de personas saliendo de la pobreza y accediendo a la clase media. Hay alrededor de tres mil millones de personas que aún no están conectadas a la red, pero que pronto tendrán un acceso de alta velocidad a internet y a todo lo que ofrece. Estamos a las puertas de una avalancha de nuevos consumidores que inundarán el mercado. Querrán comprar un iPhone, llevar zapatillas Nike, comer en McDonald's, comprar en Gap, adquirir un Volkswagen, publicar en Instagram, ver Netflix y usar Uber. ¡Querrán productos y servicios de empresas que todavía no existen! El próximo Google, el próximo Apple y el próximo Facebook están esperando a que alguien los cree para marcar el curso del progreso humano.

Si a estas asombrosas corrientes demográficas les añadimos las tecnologías exponenciales citadas en este capítulo, llegamos a lo que, en mi opinión, es uno de los mejores momentos de la historia para ser un inversor global diversificado que opera a largo plazo. No tendrás que seleccionar empresas a ciegas con la esperanza de invertir en la próxima *startup* de mil millones de dólares (algo que los inversores denominan comúnmente «unicornio»). Puedes poseer una parte de todas las principales empresas que llegan a lo más alto de forma natural (hablaremos de ello más adelante). Lo que no puedes es no hacer nada por un miedo artificial al futuro. Esto no le será útil a nadie, y menos a ti.

Así que empecemos el viaje y definamos el rumbo de tu camino hacia la libertad financiera. ¡Deja que la ilusión por el futuro sea tu estímulo!

Capítulo 3

La fuerza motora detrás de cada decisión

por Tony Robbins

La mente tiene una mente propia.

Viejo dicho

Con la esperanza de que te resulte útil, un buen amigo mío, llamémosle Jason, me ha dado permiso para contar su historia, una verdadera montaña rusa. Que comience el viaje... Jason era, y sigue siendo, un hombre increíblemente inteligente. A principios de la década de 2000, había levantado desde cero un negocio publicitario de gran éxito. Estaba inmensamente orgulloso de lo que había logrado y, como máximo responsable de su empresa, tenía muy clara su visión y sus capacidades. Dicho de otro modo, como capitán del barco tenía una tremenda «seguridad», y su equipo confiaba mucho en él. En 2004, Jason vendió su empresa por unos ciento veinticinco millones de dólares, una prueba palpable de su astucia y habilidades empresariales. Tenía sólo cuarenta años. Es cierto que por entonces ya era inmensamente rico, pero la venta tuvo un significado mayor para él. Había aplastado a la competencia, cruzado la línea de meta y se había demostrado a sí mismo (y a todos los demás) que él era realmente la persona que representaba ser. Poco tiempo después, Jason se trasladó de Nueva York a Las Vegas, una ciudad hecha a la medida de un joven megamillonario. Dondequiera que iba, le sacában la alfombra roja, y Jason sentía que había «triunfado».

No tardó mucho en despertársele el gusanillo emprendedor y decidió probar suerte en el sector inmobiliario. Pero en lugar de vender un par de casas, Jason decidió apostar todas sus fichas y construir no una, ni dos, sino tres torres de apartamentos de lujo justo al lado del Strip. En la mente de Jason, daba igual carecer de experiencia en el sector inmobiliario. Era un magnate, y los magnates siempre tienen éxito, ¿verdad?

Al cabo de doce meses, el proyecto estaba muy avanzado y sus apartamentos, para los que no hacía falta el pago de una entrada, se vendían con rapidez. Las extravagantes fiestas de inauguración atrajeron a famosos de primer nivel que invirtieron millones en la compra de los áticos. Llegamos al año 2006, la economía está en plena expansión junto con el patrimonio neto de Jason, que sobre el papel se ha disparado hasta los ochocientos millones de dólares. Jason y yo tuvimos un encuentro casual en uno de mis actos. Recuerdo que me senté junto a él y le insistí en que diversificara y adoptara medidas para protegerse. Lamentablemente, se mostró mucho menos interesado en escucharme que en venderme una propiedad «cuyo valor sólo aumentaría».

«Quita algunas fichas de la mesa. Guarda algo para las vacas flacas. No pongas todos tus huevos en la misma cesta.» Se me estaban acabando las analogías y Jason decidió no hacer nada. Sufría una clara intoxicación, no por alcohol o drogas, sino provocada por «necesidades emocionales». Jason se sentía indestructible. Era «el hombre» que más cerca estaba de alcanzar los mil millones de dólares, un logro estratosférico que significaría su triunfo definitivo. Explicó: «Cada día estaba repleto de increíbles emociones: nuevas decisiones, nuevas experiencias, nuevas relaciones con gente de posición muy elevada, nuevas ventas, nuevas oportunidades de crecimiento y expansión».

Es probable que te resulte fácil adivinar el final de esta historia. La crisis financiera de 2008 arrasó el sector inmobiliario de Las Vegas más que en ningún otro sitio de Estados Unidos. En 2010, el 65 por ciento de las viviendas valía menos de lo que se debía por ellas. Se trataba de un «desplome» de dimensiones titánicas. La Gran Recesión ahuyentó a casi todos los compradores, lo que dejó a Jason con torres en construcción vacías. Ahora Jason poseía un patrimonio negativo de quinientos millones de dólares. Exacto. Debía aproximadamente quinientos millones de dólares a una serie de bancos que lo acosaban como una horda de tiburones hambrientos.

Comparto esta historia contigo no sólo porque es una anécdota muy dolorosa sobre la importancia de diversificar. Hay un montón de ellas. El principal motivo es que se trata de una historia sobre cómo funciona nuestro cerebro y cómo nuestras necesidades emocionales pueden apartarnos del camino de la sabiduría —el camino de la libertad financiera—. Como podría atestiguar nuestro protagonista, visto en retrospectiva es más fácil darse cuenta de cómo la capacidad de tomar decisiones de un hombre de negocios de por sí brillante había sido anulada por las necesidades emocionales. Sería fácil considerar la anécdota de Jason como una historia de avaricia desmedida, pero te aseguro que la mente humana, incluida la tuya y la mía, es mucho más compleja. Si no entendemos cómo funcionan nuestras necesidades emocionales, nos quedaremos siempre sentados en el asiento trasero de nuestro viaje y no llegaremos nunca a ponernos al volante.

Tu software está codificado

Mi propósito de ayudar a las personas a transformar sus vidas dura ya casi cuatro décadas. He tenido el privilegio de trabajar con más de cuatro millones de personas realizando actos en directo a lo largo y ancho del mundo. La variedad de seres humanos que he conocido y con los que he interactuado es absolutamente heterogénea. Desde presidentes hasta atletas profesionales, pasando por amas de casa. Desde titanes de la industria hasta adolescentes que habitan viviendas sociales. Mi singular trayectoria me ha permitido ver patrones de comportamiento humano que transcienden la edad, la geografía, la cultura y la situación socioeconómica. En resumen, nosotros, los seres humanos, compartimos el mismo software. Es evidente que cada uno de nosotros posee una historia y unos deseos propios que nos hacen únicos, pero lo que nos motiva, lo que nos lleva a actuar, lo que nos mueve es simplemente el cerebro intentando satisfacer al menos una de las «seis necesidades humanas». Mi amigo y coautor de este libro, Peter Mallouk, recurre con frecuencia a estas necesidades cuando ayuda a sus clientes a pensar en lo que en verdad puede estar motivándolos a ellos y a sus decisiones.

Estas seis necesidades humanas son las que marcan nuestras pautas vitales. Son universales y sirven de estímulo para nuestras acciones, nuestras obligaciones e incluso nuestras adicciones. Pueden ser una fuerza benévola o una fuerza destructiva. Todos compartimos las mismas seis necesidades, pero las ordenamos de forma diferente. También las satisfacemos de forma completamente distinta. Y cómo satisfagas esas necesidades es lo que, a la larga, determinará el que goces o no de una vida plena.

Espero que este capítulo sirva para abrirte los ojos a este sencillo pero poderoso método y puedas ver cuáles de entre todas las necesidades son para ti las más importantes en tu vida y si las estás satisfaciendo de forma productiva. Además, descubrirás cómo tus seis necesidades pueden remar a favor o en contra de tu búsqueda de la libertad financiera.

Algunas personas están tan arruinadas que lo único que poseen es dinero

Quizá te preguntes: «¿Qué tienen que ver mis necesidades emocionales con la libertad financiera? Tony, centrémonos en ganar dinero». De acuerdo, pero entonces déjame preguntarte: ¿para qué exactamente quieres acumular riqueza? Todos estamos de acuerdo en que no es para coleccionar trozos de papel con fotos de presidentes fallecidos. ¿Buscas una sensación de seguridad y protección? ¿Quieres libertad para hacer lo que quieras, cuando quieras? ¿Necesitas la riqueza para sentirte especial o único? ¿O buscas un sentido de contribución —ayudar a otras personas necesitadas y conseguir un impacto duradero—? Quizá sea todo lo anterior. Todos estos son sentimientos que uno anhela. Sentimientos que son motivados por las necesidades.

Para que sientas que tienes éxito en tu viaje hacia la libertad financiera, debes entender un poco más cómo funciona en realidad este software nuestro y, de ser posible, ¡programar el código para que puedas ganar! A medida que vayamos desgranando cada una de las seis necesidades humanas, compartiré varias anécdotas de mi experiencia trabajando con profesionales del campo de las finanzas personales. Estos distintos ejemplos sirven para ilustrar cómo para bien o para mal las necesidades de las personas determinan sus decisiones financieras.

Permíteme presentarte a tus necesidades

Necesidad n.º 1: Certeza

> Por mi parte no sé nada con certeza, pero la vista de las estrellas me hace soñar.
>
> Vincent van Gogh

Es posible que la necesidad de certeza sea el mecanismo de supervivencia más arraigado en el cerebro humano. La base de nuestro sistema operativo es la preservación de uno mismo y la «prioridad número uno» de su software ancestral es evitar riesgos innecesarios. Sin embargo, a la hora de invertir, asumir riesgos es una parte inherente del juego, así que puedes imaginarte cómo una necesidad imperiosa de certeza podría llevarte a tomar decisiones realmente equivocadas (como, por ejemplo, esconder bajo el colchón los ahorros de toda tu vida o vender todas las acciones a la primera señal de volatilidad).

Cuando en nuestro viaje hacia la libertad financiera la certeza ocupa el asiento del piloto, sus manos pueden agarrar el volante con demasiada fuerza. Su voluntad de evitar todo tipo de riesgo puede ir demasiado lejos y perjudicar nuestras posibilidades de éxito. Pero con el equilibrio y contexto adecuados, la certeza puede dar un vuelco a la partida. Una vez que tengas la certeza de cómo funcionan los mercados y de lo que has de hacer para no desviarte del camino, experimentarás la verdadera libertad, tanto durante el viaje como al llegar a tu destino.

Piensa en el papel que juega la CERTEZA en los siguientes contextos financieros:

- La *baby boomer* que en 2009 huyó espantada del mercado y que sigue hasta arriba de efectivo a la espera de un «momento propicio» para volver a invertir. Se ha perdido el mercado alcista más longevo de la historia y hoy están en peligro sus posibilidades de disfrutar de una larga jubilación.
- La pareja de recién casados que planifica su futuro con prudencia, financia de forma íntegra su plan de pensiones, guarda dinero para la universidad de sus hijos y se protege con un plan financiero y de sucesión patrimonial. Ellos se sienten seguros mientras que muchos de sus amigos se gastan todo lo que ganan y no tienen ningún plan.
- El hombre que sólo invierte en depósitos y bonos del Tesoro debido a su obsesión por las «garantías». Irónicamente, al no querer asumir más riesgos para obtener mayores rendimientos, han caído en picado sus probabilidades de alcanzar sus objetivos respecto a la jubilación. Sus necesidades psicológicas son más importantes que sus necesidades financieras reales.
- La pareja de clase media que renunció a los lujos, compra con moderación y desde que entró al mundo laboral ha conseguido ahorrar el 25 por ciento de sus ingresos anuales (el marido optó por trabajar para el Gobierno para asegurarse una pensión). Ya jubilados, su cartera tiene siete cifras.
- La pareja que tiene más de lo que podría llegar a gastar en su jubilación, pero que se resiste a tomar unas vacaciones, a pedir un café con leche de cuatro dólares o a alquilar el coche de alta gama que siempre deseó. Irónicamente, sus hijos lo heredarán todo ¡y no tendrán ningún reparo en gastarse el dinero a manos llenas!

Por tanto, la pregunta que te hago es: ¿cómo influye la certeza en tu camino hacia la libertad financiera? ¿Tienes suficiente, muy poca o demasiada?

Consejo vital: Aunque en la «dosis» adecuada la certeza es buena, dejar que esta necesidad se apodere de ti puede llevarte con rapidez a la parálisis, porque sólo hay una cosa cierta: la vida es incierta.

Necesidad n.º 2: Variedad/incertidumbre

La variedad es la especia de la vida, a la que da todo su sabor.

WILLIAM COWPER

¡La variedad es lo que hace que la vida sea interesante! También es lo que te ayuda a entrenar el músculo emocional para que sepas qué puedes hacer frente a lo que la vida te tenga preparado. Otro aspecto de esta necesidad es la espontaneidad, que puede potenciar nuestro sentido de la sorpresa y la aventura. Como dije antes, cada uno de nosotros tiene las seis necesidades, aunque tú ya podrías saber si tiendes a la certeza o a la variedad. ¿Posees un espíritu nómada y te gustaría vagar libremente? ¿Detestas los horarios y las listas de tareas? ¿O eres un poco maniático del control y deseas estabilidad, previsibilidad y unas reglas del juego claras?

Observa cómo en estas situaciones la necesidad de VARIEDAD es el principal motor:

- El hombre que siempre está a la caza de la próxima inversión «sexi» que nadie conoce para poder hablar sin parar de ella en la próxima cena. Le encanta investigar y leer artículos en busca de ideas.
- La pareja que invierte innumerables horas en planificar cada detalle de sus próximas vacaciones o de sus escapadas de fin de semana, pero que no dedica ni una sola hora al

año a sus finanzas personales. Sólo pagan los intereses de sus tarjetas de crédito y, como prefieren gastar su dinero en el presente, meten una cantidad relativamente insignificante en su plan de pensiones.

- El jugador que piensa que si quiere alcanzar la libertad financiera tiene que dar un gran golpe de efecto y en aras de la apuesta asume riesgos desmesurados e innecesarios.

Consejo vital: Si sientes una necesidad imperiosa de variedad y ésta se convierte en el motor principal de tu vida diaria, podrías encontrarte con que no has establecido ningún vínculo significativo con nada ni con nadie.

Necesidad n.º 3: Importancia

> Lo que cuenta en la vida no es el mero hecho de haber vivido. Lo que determina el significado de nuestra vida son los cambios que hemos provocado en las vidas de los demás.
>
> NELSON MANDELA

Todos queremos sentirnos importantes. Todos queremos sentirnos únicos. Todos queremos saber que valemos y que estamos cambiando las cosas. Esto puede manifestarse de numerosas y bonitas maneras, como la forma en que nuestra pareja o nuestros amigos nos hacen sentir especiales. La importancia puede aparecer en nuestra misión en la vida, en los trabajos que elegimos o en los títulos a los que aspiramos. Podemos sentir la importancia de ser un padre maravilloso, un alma gemela cariñosa, un amigo responsable o simplemente un hijo de nuestro Creador.

Luego también están las formas más obvias, y normalmente menos satisfactorias, de reclamar importancia. El ejemplo más evidente está en los artículos que decidimos comprar. Una persona opta por un Lamborghini naranja que ruge en los semáforos, mientras que otra con una mayor conciencia social comprará un Toyota Prius (ambos desean expresar un tipo de importancia a través de su elección y lo que dice de ellos). Algunas personas buscan llamar la atención con tatuajes y *piercings*, mientras que otras se decantarán por un par de zapatos de tacón de suela roja y un bolso de 2.500 dólares con un monograma.

Algunas personas adquieren su importancia de forma más sutil y destructiva, como por ejemplo quejándose de tener siempre más problemas que nadie o de que sus problemas son de mucho mayor calado —algo también conocido como «mentalidad victimista»—. A menudo he dicho que como sociedad nuestra mayor adicción no es a una sustancia, sino a nuestros problemas. Todos conocemos personas que sólo hablan de lo horrible que es su vida y no son capaces de apreciar todo lo bueno que tienen delante. Su victimismo suele venir acompañado de soberbia y críticas hacia los demás. Las redes sociales están potenciando más que nunca estos comportamientos tóxicos. Lamentablemente, muchos nunca convierten estas heridas en algo que les dé poder y sentido. Todos sufrimos heridas, pero los individuos más interesantes y poderosos son los que deciden creer que en la vida las cosas pasan *por* ellos, no *a* ellos. Las heridas no son su identidad, son su estímulo.

Ante todo, hay que saber que la importancia es una necesidad que debe gestionarse con cuidado. La forma en que consigamos el sentimiento de importancia es crucial para nuestra realización personal a largo plazo, nuestras relaciones y nuestro éxito financiero.

Observa cómo influye la IMPORTANCIA en la trayectoria financiera de estas personas:

- El tipo que quiere ser más inteligente que los demás, por lo que consume noticias financieras en cantidades ingentes y luego trata de escoger valores individuales (una apuesta perdedora para casi todos los inversores, incluidos los profesionales). Le encanta charlar con sus colegas del club de golf sobre sus ganancias, pero nunca revela sus pérdidas.
- El *millenial* que opta por renegar de los mercados. Demo-

niza a los «cerdos capitalistas» y a Wall Street, lo que convenientemente le permite descuidar su propia seguridad financiera.

- La persona que confunde su espiritualidad con la sabiduría financiera y decide que el dinero es la raíz de todos los males (y, por tanto, también todos aquellos que lo tienen). Decide no preocuparse por el dinero e, irónicamente, lo único que acaba preocupándole es no tener suficiente. Nota al margen: la raíz de todos los males es el AMOR al dinero, no el dinero en sí.
- El tipo que desprecia a las personas en general por considerarlas «ovejas» que se dejan engañar por el Gobierno. Invierte todos sus ahorros en una criptodivisa de nombre ingenioso porque está convencido de que ése es el camino a un «futuro descentralizado» y adoctrina sin cesar a sus amigos.

Consejo vital: No nos equivoquemos: si para sentirnos importantes usamos enfoques temporales y disfuncionales terminaremos sintiendo un ansia insaciable. Como ocurre con todas las necesidades, si se satisfacen de una forma que no es la adecuada, pueden convertirse en una cárcel. Si no se controla, la necesidad de importancia puede transformar a una persona en un auténtico ególatra, alguien ciego de orgullo y demasiado egoísta como para dedicar su tiempo a cultivar relaciones duraderas.

Necesidad n.º 4: Amor y conexión

Lo mejor y lo más bonito de esta vida no puede verse ni tocarse, debe sentirse con el corazón.

HELEN KELLER

El amor es el oxígeno del alma. Es lo que verdaderamente anhelamos. Estamos hechos para el amor desinteresado e incondicional, y es algo que sabemos de manera intuitiva (de ahí el apetito infinito por las canciones de amor y las películas románticas). Puede ser el amor de una pareja, un familiar o un amigo íntimo. Puede ser también el poder de la conexión —un sentimiento ligeramente diferente—. La conexión con la naturaleza, con una historia conmovedora o con tu canción favorita puede hacerte sentir en paz con el mundo. Por supuesto, la conexión más importante es con uno mismo. Estar en sintonía con tus necesidades es el deber que te ha dado Dios como guardián de tu alma.

Entonces, ¿cómo es posible que en nuestro viaje a través de las finanzas surja una necesidad de amor o de conexión? Te sorprenderías...

- Las dos mejores amigas que religiosamente van juntas de compras y contraen una deuda descomunal por comprar marcas de alta costura. Su codependencia ha encontrado una forma de expresión peligrosa y cara. Incluso se muestran orgullosas del color de su tarjeta de crédito porque las distingue del resto de los adictos a las compras. (Nota: observa cómo la necesidad de importancia está también muy presente en este comportamiento.)
- La pareja que ha planificado prudentemente y de forma conjunta sus objetivos de libertad financiera y que, a medida que van cumpliendo distintas etapas, se sorprenden el uno al otro con vacaciones y lujos divertidos.
- El hombre que eligió como corredor de bolsa a su compañero de universidad y es consciente de que le vende productos financieros con afán de llevarse importantes comisiones. No se atreve a dar el paso a un asesor «fiduciario» por miedo a perder una amistad.

Consejo vital: Lo que más ansiamos en la vida es el amor y a menudo lo encontramos de maneras muy curiosas. Hay personas que sienten miedo ante la idea de que alguien las conozca y ame de verdad y suelen conformarse con una versión falsa, como los «amigos» en las redes sociales o la intimidad con extraños.

Llamo «necesidades de la personalidad» a las cuatro primeras necesidades. Las dos últimas aparecen cuando maduramos y
empezamos a reconocer las necesidades más profundas del alma.

Necesidad n.º 5: Crecimiento

> El crecimiento comienza cuando comenzamos a aceptar
> nuestras propias debilidades.
>
> JEAN VANIER

La ley de la vida dice que, si no crecemos, morimos. La libertad
financiera no sirve de nada si en nuestras vidas no tenemos esa
sensación de crecimiento. Nuestras relaciones necesitan crecer,
nuestros negocios necesitan crecer, nuestra espiritualidad y
creencias necesitan crecer, nuestras mentes necesitan crecer y,
por supuesto, nuestra riqueza debe crecer. Y la razón por la que
crecemos es para tener algo que dar. Sin duda podemos dar dinero, y debemos hacerlo, pero también podemos dar algo de nosotros mismos, nuestra sabiduría, nuestro amor y mucho más.

Recuerdo una historia de mi vida personal que viene perfecta
al caso. Como ya he contado en otras ocasiones, crecí en un hogar
bastante pobre. Cuando tenía unos once años, un Día de Acción de
Gracias no había suficiente comida en casa para celebrarlo. Estábamos al límite y la tensión entre mis padres era palpable. De repente, alguien tocó en la puerta y al abrir se nos apareció un ángel: un
repartidor con bolsas de comida que contenían todo aquello que
podíamos desear. Dijo que era un regalo de un amigo. Mis hermanos y yo estábamos exultantes, pero mi padre estuvo a punto de
rechazar la comida porque su orgullo le impedía «aceptar la cari-
dad». El repartidor resultó ser bastante persuasivo, así que mi padre cogió las bolsas a regañadientes. Esa noche disfrutamos de
una comida maravillosa porque un desconocido se había preocu-
pado por nosotros. El mensaje era claro: si los desconocidos se
preocupan por mí, yo debo preocuparme por los desconocidos.

Vayamos a cuando tenía dieciocho años. Di con dos familias de la zona que estaban necesitadas y el Día de Acción de Gracias les devolví el favor. Estaban muy agradecidas y, a pesar de que yo les decía que era sólo el repartidor, no paraban de abrazarme.

Después de haber hecho la última entrega, sentado en una furgoneta prestada, rompí a llorar. Recordé aquel Día de Acción de Gracias, un día que podría haber sido uno de los peores de mi infancia, como uno de los mejores y que me preparó para este momento. La vida había pasado *por* mí, no *a* mí. Apuesto a que tú también podrías decir lo mismo sobre algún momento de tu vida. Cada año por Acción de Gracias daba de comer a más familias, por lo que reclutaba a mis amigos para que llenaran con comida y provisiones cestas de enorme tamaño. Nuestra misión pasó a llamarse la «brigada de la cesta», y hoy en día son millones las personas que cada año reciben alimentos a través de mi fundación.

En 2014, me enteré de que el Gobierno estaba recortando las ayudas de los cupones de alimentos (también conocido como el programa SNAP, acrónimo de *Supplemental Nutrition Assistance Program*). El recorte decretado equivalía a privar de veintiuna comidas al mes a una familia de cuatro miembros. Dicho de otro modo, a menos que ciudadanos particulares, bancos de alimentos y organizaciones sin ánimo de lucro se pusieran manos a la obra, una familia se quedaría sin alimentos durante una semana al mes. Había llegado el momento de hacer crecer y expandir mi generosidad. Me alié con Feeding America y juntos establecimos un objetivo a gran escala: el «reto de los cien millones de comidas». Después de donar los beneficios de los dos libros anteriores y de realizar algunas aportaciones adicionales a título personal, hemos superado nuestro objetivo y sobrepasado ¡los cuatrocientos millones de comidas! Oficialmente lo hemos rebautizado como el «reto de los mil millones de comidas» y puedo adelantarte que estamos en camino de alcanzar nuestro ambicioso propósito. Aunque en realidad estamos hablando de contribuir, se trata más bien de ampliar. Ampliar nuestra visión, ampliar nuestros objetivos, ampliar nuestra capacidad de ser generosos y muchas muchas cosas más.

Consejo vital: Algunas de las personas con más éxito económico que he conocido poseen todo aquello que podrían desear, pero su convicción de que ya han «llegado», de que no queda nada más por conquistar, ha frenado su crecimiento y hace que se sientan irremediablemente insatisfechas.

Necesidad n.º 6: Contribución

> Nos ganamos la vida con lo que conseguimos, pero hacemos una vida con lo que damos.
>
> WINSTON CHURCHILL

Como acabo de expresar, creo de todo corazón que el secreto para vivir está en dar. Cuando uno se supera a sí mismo, encuentra el verdadero néctar de la vida. Míralo de esta manera: tu vida gira en el sentido que seas capaz de darle. Si tu vida tiene un sentido, no importa cuánto guardes en el banco, sentirás tu alma llena. Pero el sentido no viene de mirarse el ombligo. Viene de dar, y de dar con generosidad. Dar tu tiempo, tu amor, tus bienes..., sin esperar nada a cambio. Cuando tu copa rebosa, te conviertes en una bendición para todos los que te rodean, pero, en un giro maravilloso, ¡el mayor receptor de la bendición acabas siendo tú!

He aquí algunas bonitas historias sobre el poder de la CONTRIBUCIÓN:

- La pareja que planificó todo con cuidado y gastó con prudencia, lo que les permitió realizar una generosa donación a su iglesia y al fondo universitario de su nieto, y ofrecerse como voluntarios en un hospital infantil local. Su jubilación está llena de propósitos profundos y llenos de significado.
- La familia de cuatro miembros, y todos tienen voz, que se reúne para decidir a quiénes destinan sus donaciones anuales. Cada niño se encarga de elegir su organización be-

néfica favorita y de informar de todo el bien que la donación de su familia está haciendo. Están cultivando un espíritu de generosidad que perdurará durante generaciones.

- El hombre mayor que quería que su fortuna fuera donada después de su muerte y no antes. Peter le convenció de que es mejor «dar mientras tengas la mano caliente y no cuando ya esté fría». Comenzó a ayudar a las organizaciones benéficas de la zona y a visitarlas para ver en persona el fruto de su generosidad. Se sintió profundamente emocionado y se dio cuenta de que, si no se tiene el puño cerrado, la vida puede ser mucho más satisfactoria.

Consejo vital: Dar es una disciplina. Si no eres capaz de dar un centavo de un dólar, nunca darás mil dólares de diez mil o un millón de dólares de diez millones. ¡Comienza a ser disciplinado y cultiva un espíritu feliz y generoso!

¡Jason, coge el volante!

¿Recuerdas la historia de Jason de Las Vegas? ¿El Jason del patrimonio negativo de quinientos millones de dólares? Antes de juzgar demasiado rápido, veamos cómo actuaban en la mente de Jason las seis necesidades humanas. ¿Estaba Jason cegado por la necesidad de importancia? ¡Sin duda! No podría haber habido un mejor caldo de cultivo que ser el nuevo promotor más atractivo de la Ciudad del Pecado. Después de haber vendido su empresa por nueve cifras, tenía una inmensa seguridad en su talento para los negocios (aunque completamente injustificada, ya que carecía de experiencia como promotor inmobiliario). Su nuevo hogar, Las Vegas, la emoción y los desafíos de ser un nuevo promotor, y las fiestas y actos promocionales proporcionaron a Jason una enorme variedad. Además, a través de un entorno social próspero y de la interacción con compradores potenciales, obtenía el sentimiento de conexión.

A menudo compruebo que cuando se satisfacen tres o más necesidades a la vez, se tienen todas las papeletas para una adicción (positiva o negativa). En cada una de las historias de este capítulo vemos manifestarse con toda su fuerza una o más de las seis necesidades humanas. Podría escribir un libro entero sobre cómo estas necesidades interactúan entre sí y sobre cómo evolucionan a lo largo del tiempo y de las distintas etapas de la vida. Hay un sinfín de ejemplos de cómo nuestras necesidades condicionan nuestras historias, pero la pregunta es: ¿cómo están condicionando tu historia en este momento? ¿Qué motiva tu deseo de libertad financiera? ¿Qué necesidades te pueden estar frenando? ¿Qué necesidades deben priorizarse? ¿Qué necesidades podrían tener que pasar a un segundo plano?

Entender qué es lo que te motiva te permite derribar los bloqueos autoimpuestos y priorizar de una manera más satisfactoria y eficiente tus necesidades. A lo largo de mi vida he descubierto que la verdadera libertad consiste en ir más allá de las necesidades básicas y tratar de satisfacer las necesidades superiores de crecimiento y contribución. Claro que durante un tiempo limitado los símbolos de riqueza (coches, casas, etcétera) pueden ser divertidos, pero cuando me propongo conquistar un reto más grande que yo mismo, encuentro un estímulo infinito y una capacidad cada vez mayor para sentir la verdadera alegría. Cuando me propuse repartir mil millones de comidas (ya vamos por cuatrocientos millones) entre los necesitados, pensé que sería una tarea titánica que requeriría de un esfuerzo descomunal. Lo mismo ocurrió cuando me comprometí a suministrar agua potable a 250.000 personas durante el resto de sus vidas. Soy plenamente consciente de que hay niños que sin mi ayuda morirían. Estos objetivos de contribución tan ambiciosos han hecho que mire mis finanzas y mis inversiones con otros ojos. Se han convertido en algo más que números en una pantalla. Representan la oportunidad de dar, apoyar, alimentar, bañar, etcétera. Son expresiones tangibles de mi amor por los demás y de mi profunda gratitud por una vida que nunca imaginé llevar.

Nunca olvides en tu camino hacia la libertad financiera la razón que te ha llevado a buscarla: estás tratando de satisfacer tus deseos emocionales y psicológicos. Conozco a muchas personas que tienen seguridad financiera, pero carecen de libertad financiera. Son ricos en dinero, pero viven en la pobreza emocional. No experimentan sentimientos de alegría, crecimiento ni contribución. Poseen abundancia, pero viven en la escasez.

Así que aunque es cierto que deberías fijarte objetivos financieros cuantificables, la clave reside en decidir qué emociones te gustaría experimentar a lo largo de tu viaje (por ejemplo, la gratitud, el entusiasmo, la generosidad, la pasión) y decidir que las quieres experimentar ya, no en un futuro definido por una cifra. En parte, la libertad financiera es un estado mental, e independientemente de tu situación financiera actual, es alcanzable ahora. Sí, necesitarás desarrollar una estrategia adecuada (que es de lo que trata el resto del libro), pero en última instancia, tu mentalidad, tu deseo y tu voluntad de asumir el control de tus necesidades emocionales definirán cuán libre eres en realidad.

Ahora que Peter te ha dado una visión de futuro y yo una visión de las prioridades de tu mente, es el momento de pensar en elegir un socio para tu viaje.

Parte II

Traza tu camino

Capítulo 4

Elige a tu guía de viaje

Ningún camino es largo con una buena compañía.

Proverbio turco

El camino hacia la libertad financiera es largo. Comienza con tu primer trabajo —sí, ese trabajo de verano como socorrista también cuenta— y termina con el legado financiero que seas capaz de transmitir a tus descendientes. Depende totalmente de ti y de tus necesidades financieras que decidas emprender este viaje solo o de la mano de un asesor. Dicho esto, cualquier alpinista experimentado sabe que no es aconsejable escalar el Everest sin la ayuda de un guía; el riesgo es demasiado alto. Quienes sientan pasión por los planes a largo plazo, tengan conocimientos y estén informados sobre el mercado, y dispongan de suficiente tiempo para dedicarse a la inversión, pueden optar por emprender el viaje por su cuenta. Hay otras personas que, por distintas razones, pueden decantarse por trabajar con un asesor. Como descubriremos más adelante, elegir al asesor adecuado puede significar la diferencia entre alcanzar la cima o vagar sin rumbo por el campo base.

Aproximadamente la mitad de los estadounidenses recurren a un asesor financiero.[14] Podrías suponer que alguien con un pa-

14. Sherman D. Hanna, «The Demand for Financial Planning Services», *Journal of Personal Finance*, vol. 10, n.º 1, 2011, pp. 36-62.

trimonio neto elevado debe tener la suficiente perspicacia financiera y confianza en sí mismo como para actuar por su cuenta. La realidad es que cuanto mayor sea el patrimonio neto de una persona, más posibilidades hay de que busque asesoramiento financiero. Es probable que las personas con un gran patrimonio sean conscientes de lo mucho que desconocen. También hay más posibilidades de que sepan lo importante que es invertir para su éxito financiero a largo plazo.

Basándome en mi experiencia asesorando a miles de familias de alto poder adquisitivo, puedo asegurar que la mayoría coincide con una o más de las siguientes afirmaciones:

- Valoran a su asesor financiero y opinan que un buen asesor puede amortizarse muchas veces.
- Saben lo importante que es no cometer grandes errores de inversión.
- Valoran tener acceso a inversiones en las que no podrían invertir por su cuenta.
- Suelen beneficiarse sustancialmente de aquellos servicios de planificación no relacionados con la inversión y están más acostumbrados a recurrir a profesionales como abogados, consultores y asesores fiscales.
- Suelen valorar su tiempo y no quieren dedicárselo a nada que esté fuera de su «trayecto».
- Quieren que su asesor financiero les sirva de referente a ellos o a su familia para las cuestiones en curso.
- Quieren que su asesor financiero continúe asesorándolos en caso de incapacidad o fallecimiento.

Muchos estadounidenses esperan hasta reunir un patrimonio importante y luego buscan a alguien que les ayude a invertirlo. ¡Cometen un grave error! ¿Qué sentido tiene subir hasta la mitad de una montaña si luego hay que dar marcha atrás, en lugar de preguntarle el camino al alpinista experimentado que ha llegado hasta la cima en multitud de ocasiones? Trazar al principio una hoja de ruta de tu travesía financiera te ayudará a ahorrar tiempo y dinero a largo plazo.[15] Si bien es cierto que para alguien que quiere invertir cien mil dólares los beneficios añadidos que ofrece un asesor no son tan importantes como para alguien con un millón de dólares, un buen asesor puede llegar a ser un factor clave a la hora de alcanzar tus objetivos financieros. ¿Qué deudas deberías pagar primero? ¿Cuánto deberías aportar a tu plan de pensiones? ¿Cuánto deberías ahorrar para que tus hijos vayan a la universidad? Son sólo algunas de las preguntas que hay que responder al principio de nuestra travesía financiera. Y son preguntas que a los asesores financieros les encanta responder.

Para los que disponen de un patrimonio elevado, la decisión de trabajar con un asesor financiero suele ser fácil. Los que tengan un patrimonio modesto pueden mostrarse más reticentes. Como mínimo, asegúrate de recibir un asesoramiento de calidad[16] que te permita avanzar por el camino correcto hacia la libertad.

La mayoría de los asesores te harán más mal que bien

> Si puedes, ayuda a otros; pero si no puedes, al menos no les hagas daño.
>
> DALAI LAMA XIV

La decisión de recurrir a un asesor financiero es tuya y sólo tuya. Si vas a consultar con uno, prepárate, ya que tendrás que investigar hasta dar con un asesor financiero competente y de confianza. Porque déjame que te cuente un gran secreto de la industria de los servicios financieros: la mayoría de los asesores hacen mucho más mal que bien.

La inmensa mayoría de los asesores pertenece a uno de estos cuatro grupos:

15. Puede que no te consideres un inversor propiamente dicho, pero es importante que lo empieces a asumir como parte de tu identidad.

16. Nótese el énfasis en el término *calidad*. Lamentablemente, muchos asesores ofrecen un asesoramiento que los beneficia más a ellos que a ti.

1. Custodian[17] tu dinero como una actividad más del negocio.
2. Son vendedores encubiertos.
3. Utilizan estrategias que van en detrimento de los objetivos financieros de sus clientes porque tratan de venderte algo que quieres oír. Lo hacen aun sabiendo que no va a funcionar o incluso porque no saben lo que están haciendo.[18]
4. Se hacen llamar «gestores de patrimonio» y dicen asesorar en todo lo relacionado con tu vida financiera, pero en realidad son «gestores de inversiones» y su intención es venderte una cartera de fondos y reunirse contigo de vez en cuando para discutir su evolución.

Son muchos los requisitos que un asesor debe cumplir, pero si eres capaz de resolver las cuatro cuestiones básicas (yo las llamo las «4 C»), los conflictos, la custodia, la competencia y la personalización (*customization*), eliminarás de tu búsqueda a cerca del 90 por ciento de los asesores. Si tienes en cuenta las 4 C, serán mucho mayores tus probabilidades de encontrar a alguien competente, que no te robe el dinero, no te venda sus propios productos ni te lleve por el mal camino.

Criterio n.º 1 para la elección de asesor: conflicto

> Conflicto de intereses: un conflicto entre los intereses privados y las responsabilidades oficiales de una persona que ocupa un cargo de confianza.
>
> Diccionario Merriam-Webster's Collegiate,
> undécima edición[19]

---

17. *Custodia* es una palabra elegante para referirse a dónde/cómo se guarda y se controla el dinero. Por ejemplo, Bernie Madoff ostentaba la custodia completa.

18. No estoy con muchas ganas de leer los correos llenos de odio que voy a recibir de unos cuantos asesores financieros.

19. Por ejemplo, en la industria de los servicios financieros.

Hay tantas formas en que un asesor financiero te puede engañar que resulta sorprendente que la profesión siga existiendo. No conozco ninguna otra industria en la que la gente acuda a un profesional para que la ayude y la mayoría de las veces acabe peor que estaba. Esto va a enfadar a muchos en el sector, pero la realidad es que la industria de los servicios financieros no funciona. Otra afirmación que también irritará a unos cuantos: si el tuyo es el clásico asesor, lo más probable es que estés mejor sin él.

La razón es sencilla: a la inmensa mayoría de los asesores no les importa tu situación. Muchos cobran más si consiguen vender determinados productos, algunos no tienen la obligación fiduciaria de actuar en tu mejor interés y una parte trabaja para empresas que comercializan su propia «marca» de fondos. Si crees que es tu caso, es hora de que busques un nuevo asesor, y cuanto antes, mejor.

Una última reflexión sobre los conflictos

Con frecuencia escucho a personas decir que son conscientes de que su asesor tiene un conflicto, pero que no les importa, bien porque es alguien de confianza, porque fueron juntos a la universidad o porque sus hijos van al mismo colegio. Para quienes compartan este sentimiento de lealtad, recordad que vuestras finanzas os sobrevivirán. ¿Qué tipo de asesoramiento va a recibir tu cónyuge o tus descendientes cuando ya no estés? Como abogado especializado en planificación patrimonial, he visto muchas veces a un asesor abalanzarse sobre un cliente desprevenido y venderle un costoso seguro de rentas a un cónyuge superviviente ¡que ni siquiera ha tenido la oportunidad de liquidar la herencia! Además, es posible que vivas mucho tiempo, pero que tu agudeza mental no sea la misma en la vejez. Cuando tú y tu familia tengáis que hacer frente a circunstancias personales difíciles, lo ideal sería contar con un asesor financiero que esté obligado a ser imparcial y coherente. Warren Buffett suele decir que le gusta comprar una empresa que pueda ser dirigida por un idiota, porque un día lo será. Mi recomendación es acudir siempre a un asesor independiente, porque aunque hoy el conflicto de intereses de un bróker no sea visible, algún día lo será.

Criterio n.º 2 para la elección de asesor: personalización

> Una de estas cosas no es como la otra.
>
> GALLINA CAPONATA (BIG BIRD)

Uno de los aspectos más importantes en el diseño de una cartera es la personalización; sin embargo, la inmensa mayoría de las carteras que se ofrecen en el mercado son modelos estándares basados en gran medida en la tolerancia al riesgo. Estos modelos son escalables con facilidad y explican cómo los grandes bancos y los brókeres pueden gestionar billones de dólares en activos. Básicamente te están dando uno de sus seis «menús baratos». Para el éxito financiero individual es crucial adaptar una cartera a la situación específica de un inversor, pero requiere más trabajo. No obstante, es una tarea pesada que vale la pena. Veamos algunos ejemplos de cómo la personalización puede beneficiarte.

Supongamos que decides que necesitas diversificar tu cartera transfiriendo parte de tus inversiones a nuevas posiciones. En la mayoría de las ocasiones, un asesor venderá todas tus participaciones en cartera y construirá una nueva con las posiciones deseadas. El problema de esta fórmula es que probablemente te enfrentes a implicaciones fiscales negativas que no podrán ser compensadas con el rendimiento de las nuevas posiciones. Dicho de otro modo, si haces el cambio estarás incurriendo en unos costes que quizá no recuperes.

Pongamos otro ejemplo. Digamos que decides que tu cartera contenga una amplia proporción de valores energéticos. La mejor manera de conseguirlo es a través de un *fondo cotizado* (ETF, *exchange traded fund*) de energía que posea entre treinta y cincuenta de las mayores empresas energéticas del país. Sin embargo, ya tienes una buena parte de tu cartera invertida en Exxon Mobil y Chevron, ambas con un gran peso en el índice. Desde que las compraste por primera vez, estas dos participaciones han crecido casi un cien por cien. En lugar de vender tus títulos de Exxon y Chevron y pagar una gran cantidad en impuestos por plusvalías, lo mejor sería mantener estas posiciones y, a cambio, reducir la cantidad proporcional en el ETF de energía que quieres adquirir. Este encaje puede tener mucho sentido, pero la mayoría de las carteras preconfeccionadas no permiten realizar este tipo de ajustes tan cruciales.

La diferencia entre un gestor de inversiones y un gestor de patrimonio

A la hora de trabajar con un gestor de inversiones, un asesor cuya única tarea es gestionar tu cartera, uno de los peligros es que no está capacitado para tenerte en cuenta como individuo. La experiencia de la mayoría de las personas que recurren a un asesor financiero se basa en que les vendan un grupo de fondos y se reúnan una vez al año para ver qué tal les ha ido (y atiendan la presentación de una nueva inversión o producto). Es absolutamente inadecuado que los gestores de inversiones utilicen el mismo enfoque para todos sus clientes. Por ejemplo, en un momento dado, un gestor de inversiones podría decidir asignar fondos al sector inmobiliario. Podría ser un movimiento apropiado para un cliente normal, pero es probable que carezca de sentido para alguien que haya amasado una fortuna con la propiedad de bienes inmuebles. El cliente inmobiliario ya tendría fondos asignados a ese sector y correría el riesgo de estar sobreinvirtiendo en un área, volviéndose vulnerable a una repentina caída del mercado.

De cara a tu éxito financiero global, este tipo de decisiones pueden tener consecuencias drásticas. Debes gestionar tus finanzas de la misma manera que un médico chequea tu estado de salud: mirándolo todo de forma conjunta y no como elementos separados. Viendo cómo encajan las piezas, tu gestor de patrimonio debería ser capaz de realizar inversiones inteligentes teniendo en cuenta tus actuales activos y tus objetivos a futuro. Y cuando encuentras a un buen gestor de patrimonio, tu cartera puede acabar más diversificada que si contratas a media docena de ellos. Hay una enorme diferencia entre gestionar de igual modo el dinero de varios clientes y dar un asesoramiento financiero a medida.

¿Otra de las ventajas de la personalización? Te anima a seguir con tu cartera cuando el mercado cae o estás atravesando un período complicado. Si sabes que tu cartera ha sido diseñada sobre la base de tus objetivos personales, sabrás por qué posees cada una de tus participaciones y por qué se encuentran en cada una de tus cuentas. Esto aumentará la posibilidad de que permanezcas fiel a tu cartera y te abstengas de tomar decisiones emocionales cuando las cartas vengan mal dadas.

La importancia de un plan financiero

Un avión es una máquina perfectamente ensamblada que se compone de miles de piezas. Puede funcionar increíblemente bien, pero si no cuenta con un plan de vuelo y sufre continuas correcciones de rumbo, la probabilidad de que te lleve a tu destino es entre baja y nula. Tu cartera es sólo una parte de tu plan financiero. Imagínate que tu cartera es el combustible para el motor del avión y que tu plan financiero es el instrumento de vuelo que te permitirá mantener el rumbo.

Y como las coordenadas de Islandia son muy diferentes a las de Singapur, tu plan financiero debe ajustarse a ti y al lugar al que quieras llegar. Un plan financiero bien definido y redactado tiene que guiar todas tus decisiones de inversión (en el capítulo 5 aprenderás a elaborar un plan financiero). Si utilizas los servicios de un asesor, éste deberá, como mínimo, informarse sobre tus activos actuales, tu previsión de ahorros y tus fuentes de ingresos, y comprender perfectamente tus objetivos financieros antes de proporcionarte cualquier tipo de orientación en materia de inversión. Todos queremos lanzarnos a invertir, pero la clave para mantenernos en el buen camino es un plan bien definido.

Aunque el plan puede ser mucho más elaborado, como solemos plantear en Creative Planning, se trata de un requisito básico para que un gestor de patrimonio pueda ofrecerte un asesoramiento competente. Independientemente de que el plan sea básico o complejo, si tu asesor gestiona tu dinero sin un plan financiero, entonces se trata de un gestor de inversiones, no de un gestor de patrimonio. Si ése fuera el caso, lo más posible es que ni siquiera vislumbres los beneficios que obtendrías con un enfoque más completo en tu bienestar financiero.

Criterio n.º 3 para la elección de asesor: custodia

> Los corredores y asesores deberían tener custodios independientes, y el Gobierno debería haberme obligado a tener un custodio independiente. Los fondos de los clientes deberían estar en manos de custodios independientes. Si lo hubieran hecho, me habrían pillado hace tiempo. Si hubiera tenido una inspección de la SEC, habrían mirado las cuentas del custodio y visto que los fondos en mis libros no coincidían con los fondos en las cuentas, y me habrían pillado.[20]
>
> BERNIE MADOFF

En 2008, el escándalo de Bernie Madoff recibió una enorme atención mediática. Considerado uno de los mejores gestores de inversiones del país, Madoff admitió haber llevado a cabo el mayor fraude piramidal de la historia: pagaba los reintegros de los clientes con el dinero transferido por nuevos clientes. La única razón por la que descubrieron a Madoff fue porque tuvo que hacer frente a una multitud de peticiones de retirada de fondos por

---

20. Sital S. Patel, «Madoff: Don't Let Wall Street Scam You, Like I Did», *MarketWatch*, 5 de junio de 2013. Véase: <https://www.marketwatch.com/story/madoff-dont-let-wall-street-scam-you-like-i-did-2013-06-05>. [Fecha de consulta: 18/05/2021]

parte de los inversores mientras el mercado se desplomaba; como hacía ya tiempo que había gastado u ocultado la mayor parte del dinero de sus clientes, no podía satisfacer las nuevas solicitudes. Debido al pánico bursátil de 2008, los nuevos depósitos no pudieron seguir el ritmo de los reintegros. Sin nuevas entradas de dinero detrás de las que esconderse, Madoff confesó el mayor fraude financiero de la historia.

Lo que Bernie Madoff hizo fue algo despreciable. No sólo les robó el dinero a los superricos y a los famosos, sino que llevó a la bancarrota a profesionales y a empresarios trabajadores, y sustrajo cientos de millones de dólares de organizaciones y fundaciones benéficas. Muchos de los antiguos clientes de Madoff se vieron obligados a vender sus casas y pertenencias. Fundaciones de gran prestigio perdieron la mayor parte de su dinero y varias se vieron incluso abocadas a cerrar. René-Thierry Magon de la Villehuchet, un adinerado hombre de negocios que derivaba clientes a Madoff, se suicidó por la vergüenza de haberse asociado con él. Trabajo con clientes que fueron víctimas de esta estafa y ha sido satisfactorio ver cómo gracias al trabajo del síndico de la quiebra, encargado del proceso de liquidación, recuperaban la mayor parte de sus inversiones.

En gran parte por la magnitud del fraude, pero también porque Madoff resultó no ser el único gestor de inversiones que robaba a los clientes, la repercusión mediática alcanzó unos niveles nunca vistos. Puedo oírte pensar: «Pero eso pasó hace más de diez años. Últimamente no ha salido ninguna noticia relacionada con este tema». Tienes razón, pero como ocurrió con el desplome bursátil de 2008-2009, las estafas piramidales basadas en el esquema Ponzi salen a la luz con más frecuencia cuando el mercado entra en crisis. No es que durante esos períodos haya más ladrones; es que durante un mercado en pleno declive resulta más fácil descubrirlos al no ser capaces de satisfacer el aumento en la demanda de retirada de fondos. Como dice Warren Buffett: «Cuando baja la marea es cuando vemos quién ha estado nadando desnudo».

Algunos medios de comunicación echaron la culpa a los inversores por no haber investigado a su asesor. Pero ¿cómo hubiera podido saber un inversor lo que estaba haciendo Bernie Madoff?

En el caso de que hubiera comprobado sus antecedentes, habría visto a un hombre que era miembro de muchos clubes exclusivos, que formaba parte de consejos de administración de hospitales y organizaciones benéficas y que participaba de forma activa en su comunidad religiosa. Donó millones a varias organizaciones benéficas y entre sus clientes se encontraban algunos de los inversores más experimentados del mundo. Madoff llegó incluso a ser presidente de NASDAQ. Sí, había señales de alarma. Sus fondos eran auditados por un único contable y dos ayudantes. Los rendimientos de sus inversiones, que crecían alrededor del 10 por ciento anual, no se comportaban de la forma en la que los rendimientos lo hacen en el mundo real. No obstante, es un error culpar a los inversores.

La verdadera lección que podemos extraer del caso Bernie Madoff se refiere a la custodia. Cuando un inversor se reúne con su asesor, una de las principales preguntas que debe hacerle es: «¿Quién es el custodio de mi dinero?». Los clientes de Madoff extendieron un cheque a Madoff Investments y el dinero fue depositado en la cuenta de Madoff Investments, lo que significa que Madoff tenía la custodia de todos los activos de sus clientes. Si retiraba todo el dinero de la cuenta de un inversor para dárselo a otro que había solicitado un reintegro, los inversores no tenían forma de saber que el dinero se había movido de una cuenta a otra. Los clientes de Madoff recibían informes manipulados (elaborados por su propia empresa) en los que se reflejaban unos rendimientos que aumentaban cada mes y que no se parecían en nada a lo que realmente pasaba en sus cuentas.

Para evitar sufrir una pesadilla financiera como ésta, la manera ideal de trabajar con un asesor es separando el asesoramiento de los activos. Por ejemplo: recurre a un asesor para que te abra una cuenta en una empresa nacional de corretaje. A continuación, firma un poder limitado que otorgue al asesor el derecho a realizar operaciones y a facturar únicamente por sus servicios. El asesor no debe estar autorizado a realizar ningún otro tipo de retirada de fondos. Es más, si tu asesor te proporciona informes, deberían venir acompañados por una declaración independiente de la empresa de corretaje.

Miles de gestores de inversión en todo el país asesoran a sus clientes de esta manera. Por eso es mejor que no encomiendes tus finanzas a alguien que insista en custodiar tu patrimonio de inversión.[21] Si quieres evitar que alguien te robe el dinero, no se lo des. Así de simple.

Criterio n.º 4 para la elección de asesor: competencia

> Nunca atribuyas a la malicia lo que adecuadamente se explica como incompetencia.
>
> NAPOLEÓN BONAPARTE

Hasta ahora hemos evaluado a los asesores financieros con respecto a los posibles conflictos de intereses, nivel de personalización y custodia de los activos. Basándonos en esos criterios hemos eliminado a muchos asesores y ahora podemos seguir avanzando con los miles de asesores independientes que reúnen todas las condiciones que hemos comentado. Son verdaderos fiduciarios:

21. Determinados tipos de inversión obligan a ceder la custodia de tu dinero, entre ellos se incluyen varios fondos de alto riesgo, fondos de capital privado y fondos inmobiliarios. Si no estás en condiciones de llevar a cabo un enorme número de comprobaciones debidas (*due diligence*) a estos fondos, pregúntate si realmente necesitas este tipo de inversión. Puede que a quienes cuentan con un patrimonio importante algunas de estas alternativas les resulten muy atractivas. Como verás en el capítulo 10, muchas de estas inversiones me gustan, he invertido personalmente en ellas y cuando convienen a los intereses de los clientes de Creative Planning las utilizamos. Sin embargo, a la hora de evaluar su idoneidad, para mí o para los clientes, nuestro medidor de comprobaciones debidas se dispara, sobre todo si se compara con los activos que cotizan en bolsa. Es muy habitual que un cliente me traiga un «acuerdo» y me diga que se siente cómodo cediendo la custodia porque la persona que gestiona la inversión acude a su misma iglesia, pertenece a la misma etnia o algo por el estilo. Bueno, eso no significa nada. De hecho, como hizo Madoff, la mayoría de los esquemas Ponzi son estafas por afinidad en las que el promotor se aprovecha de su propia gente.

no venden sus propios productos y no exigen la custodia de tus activos, pero, con todo, necesitamos comprobar su grado de competencia. Un asesor financiero puede tener la mejor de las intenciones, pero si no está cualificado, tus posibilidades de alcanzar tus objetivos financieros a largo plazo son limitadas.

El campo del asesoramiento financiero es bastante diferente de otras profesiones como la medicina, el derecho, la ingeniería o la educación. Los médicos van a la facultad de medicina, los abogados a la de derecho, los ingenieros a la de ingeniería y los profesores a la de educación. En comparación, la inmensa mayoría de los asesores financieros —me atrevería a decir que más del 95 por ciento— carecen de formación universitaria en materia de planificación financiera o de gestión de inversiones. Hasta hace poco, ni siquiera existía un programa universitario. Hay asesores financieros que no poseen estudios universitarios y lo aprenden todo en el trabajo. Entonces, ¿cómo podemos identificar a un asesor que sea competente y válido?

Un indicador de la competencia del asesor es que muestre una certificación relevante. El nombre de un asesor puede venir acompañado de una verdadera sopa de letras con títulos impresionantes, pero lo más probable es que no tengan sentido. En el sector hay sólo un puñado de títulos con peso. Siempre que se trate de planificación financiera o de asesoramiento fiscal, lo mejor es que te asegures de que trabajas con alguien con un título reconocido por la autoridad competente en el país (CNMV en España). Para obtener cualquier titulación, el asesor debe reunir determinados requisitos educativos, aprobar un examen completo y cumplir con los requerimientos de experiencia profesional en el sector. Si se trata de planificación patrimonial o de asesoramiento jurídico, es imprescindible que sea licenciado en Derecho.

En Creative Planning sabemos que es difícil que un único asesor pueda reunir todos estos requisitos, por lo que ponemos a disposición de nuestros clientes un equipo de profesionales cualificados para ofrecer asesoramiento integral. Asegúrate de que tu equipo cuente también con estas credenciales.

Como ocurre con cualquier título, por sí sola una credencial no te garantiza que vayas a recibir el mejor asesoramiento posible, al igual que no puedes localizar al mejor médico posible basándote en que se haya graduado en la Facultad de Medicina. Pero sí indica que es un profesional competente en su campo, que es lo mínimo que se debe exigir a un asesor.

Pero ¿es el asesor adecuado para ti?

Un asesor independiente puede estar libre de conflictos, construir carteras personalizadas, abstenerse de solicitar la custodia de tus activos, tener un título reconocido por las autoridades pertinentes y aun así no ser el adecuado para ti. En primer lugar, comprueba que el asesor que te interesa trabaje con personas como tú. Por ejemplo, si necesitas operarte del corazón, querrás ponerte en manos de un cirujano con experiencia operando corazones. Si te acusan injustamente de un delito,[22] buscarás un abogado especializado en defensa penal que haya tenido éxito trabajando con personas en tu situación. De igual modo, cuando busques un asesor financiero, opta por uno que se dedique a orientar a personas en tu misma situación y que haya obtenido grandes resultados. Si estás empezando, busca un asesor que trate principalmente con clientes en tu misma etapa vital. Si posees un patrimonio elevado, elige un asesor que trabaje preferentemente con familias acaudaladas. Lo que tienes que evitar es que tu asesor aprenda a costa de tu seguridad financiera. Cuando surja un problema, querrás que tu asesor muestre confianza y te diga: «Ya he vivido esto e hice aquello».

En segundo lugar, asegúrate de que lo que vende tu asesor es realmente factible. La mayoría de los asesores se dedican a vender algo, con independencia de si ese algo resulta adecuado para sus clientes. Incluso los que son en verdad independientes suelen vender una estrategia que saben que la gente va a querer comprar. Algunos asesores financieros captan clientes diciéndoles que conocen una forma de participar de las subidas del mercado y, del mismo modo, vender antes de que caiga. Un asesor compe-

---

22. O no tan injustamente. ¡Te otorgo el beneficio de la duda!

tente y con ética sabe que por sistema esto es imposible y no lo venderá. Un asesor competente pero poco ético sabe que es imposible, pero lo venderá de todas maneras para ganar dinero rápido.

Ya dije al principio que la mayoría de los asesores hacen más mal que bien, y luego te di una lista de criterios que debes revisar. Quizá estés pensando: «¡Caramba! ¿Merece la pena recurrir a un asesor?». Según un reciente estudio, un asesor que se guíe por los principios expuestos en este libro puede aportar al patrimonio de sus clientes un valor añadido de alrededor de un 3 por ciento anual. Los investigadores descubrieron que había años en los que el valor añadido era insignificante,[23] pero otros en los que el valor añadido superaba ampliamente el 10 por ciento, sobre todo en períodos con grandes fluctuaciones bursátiles.[24]

Si los principios de este libro te resultan válidos, deberías buscar un asesor de confianza que se comprometa a colaborar y a planificar contigo tu futuro financiero.

Gráfico 4.1.

Qué hay que evitar	Razón
UN ASESOR QUE SELECCIONA VALORES.	No hay nada malo en seleccionar acciones, pero no es comparable a un asesoramiento financiero. La función de un asesor financiero es proporcionar un enfoque personalizado de la gestión del dinero, adaptando tus inversiones a tus objetivos. Si alguien se limita a elegir acciones, no es en realidad un asesor financiero, sino un gestor de inversiones. Si crees que la selección de valores funciona y es lo único que te interesa, adquiere una participación en un fondo de inversión de bajo coste y olvídate de todo lo demás.

23. Francis M. Kinniry Jr., Colleen M. Jaconetti, Michael A. DiJoseph y Yan Zilbering, «Putting a Value on Your Value: Quantifying Vanguard Advisor's Alpha», *Vanguard*, septiembre de 2016. Véase: <https://www.vanguard .com/pdf/ISGQVAA.pdf>. [Fecha de consulta: 18/05/2021]

24. Personalmente creo que este estudio está muy sobrevalorado, pero no me cabe duda de que un asesor que cumpla con los criterios expuestos en este capítulo puede aportar un valor significativo.

Qué hay que evitar	Razón
CUALQUIER ASESOR CON UNOS CUANTOS MODELOS PARA QUE ELIJAS.	Cuidado con los que intentan la cuadratura del círculo. Quieres un asesor que pueda adaptar una cartera a tus necesidades, no adaptar tu cartera a un modelo de fácil gestión.
UN ASESOR QUE GANA COMISIONES CON LA VENTA DE INVERSIONES.	En el mundo actual, es posible adquirir la mejor inversión sin tener que pagar una comisión a un asesor. Evita el conflicto.
UN ASESOR QUE HACE RECOMENDACIONES DE INVERSIÓN SIN PRESENTAR PRIMERO UN PLAN FINANCIERO COMPLETO Y POR ESCRITO.	¿Cómo puede el asesor saber qué es lo mejor para ti si no sabe cuál es tu situación actual ni qué es lo que quieres conseguir?

Gráfico 4.2.

Qué hay que buscar
Un asesor que trabaje para una asesoría de inversiones independiente que no tenga productos propios.
Un asesor que dedique tiempo a conocerte y a saber cuáles son tus objetivos, que antes de hacer cualquier recomendación de inversión elabore primero un plan financiero completo y por escrito.
Un asesor cuya empresa tenga una amplia experiencia trabajando con gente como tú.
Un asesor cuya empresa sea capaz de adaptar una cartera a tus necesidades.
El mundo financiero está cambiando, ya no es necesario elegir entre una empresa de corretaje con amplia experiencia y conocimientos y un asesor independiente acreditado que haya empezado hace poco. Confía en las comprobaciones debidas (*due diligence*) realizadas por otros inversores y busca un asesor independiente con amplia experiencia en la personalización de carteras orientadas a personas como tú.

Gráfico 4.3. No todos los asesores independientes son iguales

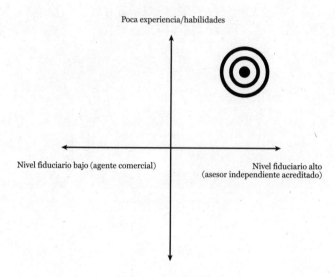

Poca experiencia/habilidades

Nivel fiduciario bajo (agente comercial)

Nivel fiduciario alto
(asesor independiente acreditado)

Mucha experiencia/habilidades

Capítulo 5

Las cuatro reglas de la inversión

Un objetivo sin un plan es sólo un deseo.

ANTOINE DE SAINT-EXUPÉRY

Se nos dice que tenemos que invertir, pero rara vez se habla del porqué. Y el porqué de la inversión es de vital importancia. Si estamos ahorrando para el futuro, ¿qué tipo de futuro queremos? A lo largo de mi dilatada carrera en el ámbito del asesoramiento financiero, he tenido la oportunidad de conocer a un gran número de personas y familias. Muy a menudo, algunos se concentraban tanto en lograr los mayores beneficios posibles que perdían el foco en lo que es importante, lo que hizo que sus inversiones —y sus relaciones— se derrumbaran como un castillo de naipes. He visto a familias que no creían en la necesidad de contratar un seguro sufrir dificultades innecesarias cuando el principal perceptor de ingresos fallecía de manera inesperada. He visto a individuos acumular increíbles fortunas y luego perderlo casi todo porque sus activos no estaban adecuadamente diversificados. He visto cómo personas decidían desviarse de su plan al «confiar en su instinto» en un momento de pánico, para después perder cientos de miles o incluso millones de dólares que quizá nunca recuperen. En todos los casos, sólo hizo falta un gran golpe para destruir su plan financiero y, en muchos casos, invalidar toda una vida de trabajo. Vamos a asegurarnos de que a ti nunca te pase eso.

También he tenido la suerte de trabajar con un equipo increíble en Creative Planning, y juntos hemos ayudado a miles de familias a asegurar su futuro financiero. Esto lo conseguimos elaborando un plan de inversión adaptado a sus objetivos personales, tomando las medidas necesarias para protegerlos de una pérdida irreparable y estableciendo un plan patrimonial adecuado que garantice que su proyecto pueda continuar más allá de su muerte. Estas familias tienen la tranquilidad de saber que cuentan con unos cimientos sólidos que las protegerán de los acontecimientos imprevistos a lo largo de su vida. Son disciplinadas mientras siguen su camino, sabiendo que inevitablemente las llevará adonde quieren ir.

A la hora de elaborar tu plan de inversión, empieza por seguir las cuatro reglas de la inversión.

Regla n.º 1: Tener un plan claramente definido: no planificar es planificar el fracaso

> Planifica lo que es difícil mientras es fácil, haz lo que es grande mientras es pequeño.
>
> SUN TZU

Al igual que antes de cocinar una comida necesitas una receta para esos ingredientes que esperan sobre la encimera, antes de invertir un solo dólar debes tener un plan. Un plan no tiene por qué ser una hoja de ruta de 150 páginas sobre cómo invertirás cada minuto de tu tiempo durante el resto de tu vida. Un plan puede ser muy sencillo, pero te servirá como punto de referencia en tu viaje.

Para muchas personas, el principal objetivo es tener la seguridad de que podrán jubilarse a una edad razonable, y eso se convierte en el punto central de su estrategia de inversión. Sin embargo, para algunos inversores que ya cuentan con un patrimonio importante, la jubilación puede ser una preocupación menor, y es posible que sus objetivos de inversión se centren en alcanzar otras metas —como la financiación de su organización benéfica favorita o la educación de sus nietos—. Más allá de cuáles sean tus objetivos personales, nunca me he tropezado con un inversor que no quiera ser financieramente independiente.

La independencia financiera es diferente de la jubilación; la jubilación significa que ya no trabajas; la independencia financiera significa que, a partir de hoy, podrías dejar tu trabajo, vivir según el estilo de vida que desees y no tener que trabajar nunca más durante el resto de tu vida. Hay muchas personas que están jubiladas, pero que no son financieramente independientes, por lo que es posible que algún día tengan que volver a trabajar.

Dicho esto, se puede trabajar y ser económicamente independiente. Hay muchas personas que han invertido con tanto éxito que trabajan porque quieren, no porque tengan que hacerlo. Si estás jubilado y eres económicamente independiente, significa que tu cartera y tus fuentes de ingresos son lo suficientemente estables y seguras como para garantizar que nunca tendrás que volver a trabajar. ¡Qué gran sensación! Dado que el objetivo de ser financieramente independiente es casi universal, empezaremos por el camino que nos lleva hasta allí y que comprende cinco pasos básicos: crear una declaración de patrimonio neto, establecer un plan financiero, realizar proyecciones, ajustar el objetivo y construir una cartera personalizada.

Paso 1: Crear una declaración de patrimonio neto

Una declaración de patrimonio neto no es más que un resumen de tus activos y pasivos. Tu *activo* es todo lo que posees, valorado según lo que recibirías si cada una de tus pertenencias se vendiera hoy. Tu *pasivo* es todo lo que debes si tuvieras que pagarlo hoy. La diferencia entre tu *activo* y tu *pasivo* es tu patrimonio neto. La mayoría de la gente tiende a fijarse en lo que posee y no en lo que debe, pero es posible que lo que debes sea más importante que lo que posees. Para cualquiera que tenga una hipoteca, cuotas del coche que pagar o una deuda importante de la tarjeta de crédito, esto podría servir para darse un baño de realidad.

A la hora de confeccionar tu declaración de patrimonio neto, es importante que tengas en cuenta cuáles de tus activos son susceptibles de contribuir a tu objetivo de independencia financiera. Pensemos en dos inversores con el mismo objetivo: ambos quieren acumular suficientes activos a los sesenta y cinco años como para generar durante el resto de sus vidas 100.000 dólares al año, ajustados a la inflación. Ambos han cumplido cincuenta y cinco años y no tienen deudas pendientes. Frugal Frances cuenta con un patrimonio neto de un millón de dólares: su casa representa 200.000 dólares y tiene 800.000 dólares en planes de pensiones y otras cuentas de inversión. Gastón Henry también dispone de un patrimonio neto de un millón de dólares: su casa representa 600.000 dólares, su casa del lago 200.000 dólares y tiene 200.000 dólares en planes de pensiones y otras inversiones. Partiendo de la base de que ni Frances ni Henry están dispuestos a vender sus casas para financiar su objetivo de independencia financiera, Frances disfruta de una posición mucho más ventajosa al disponer de 800.000 dólares, que invertidos con acierto generan dinero todos los días. Henry cuenta sólo con 200.000 dólares en inversiones que generan dinero todos los días, pero posee 800.000 dólares en activos que, en realidad, le quitan dinero todos los días (por ejemplo, el pago de la hipoteca, los impuestos sobre la propiedad, su mantenimiento). La buena noticia para Frances es que o bien logrará su objetivo de independencia financiera mucho antes de los diez años que había calculado, o bien podrá destinar cada año un porcentaje menor de sus ingresos a su plan de inversión.

Tu patrimonio neto es una cifra importante para planificar tus finanzas, pero no cuenta la historia en su totalidad. Revisa siempre tu declaración de patrimonio para determinar qué activos te aportan dinero y cuáles te lo quitan. Tu coche o tu barco puede aparecer en tu declaración de patrimonio neto como un activo, pero a efectos de la independencia financiera, sin ninguna duda es un pasivo.

Paso 2: Identifica tus objetivos financieros y elabora un plan financiero

Parece sencillo, pero la mayoría de las personas no pueden articular con claridad el resultado financiero que desean. Un objetivo financiero debe ser concreto y realista. Un ejemplo de un objetivo poco concreto (y, por tanto, poco realista) es: «Quiero ganar mucho dinero». ¡Vamos, señores! Necesitamos tener un propósito bien definido. Un objetivo mucho más concreto y factible es: «Me gustaría jubilarme a los sesenta y dos años con unos ingresos después de impuestos de 100.000 dólares anuales ajustados a la inflación, y quiero partir de la base de que la Seguridad Social no me va a echar una mano». ¡Esto sí es algo con lo que podemos ponernos a trabajar!

Una vez que tengas claros tus objetivos, es el momento de diseñar un plan financiero que te permita alcanzarlos. Incluso si ya eres financieramente independiente y cuentas con un patrimonio alto o extremadamente alto, para que tus sueños se hagan realidad es esencial definir un plan financiero. Tu plan te ayudará a identificar qué parte de tu patrimonio debe destinarse a satisfacer tus necesidades actuales y qué parte puede reservarse tranquilamente a la siguiente generación o a las organizaciones benéficas que desees.

Además, deberías analizar diferentes métodos para proteger tus activos —como una póliza de responsabilidad extendida o un fideicomiso de protección de activos—, porque la triste realidad es que tener dinero te convierte en un objetivo para las demandas. Por último, tu asesor deberá evaluar los efectos impositivos sobre el patrimonio e identificar qué estrategias de planificación permiten, por un lado, maximizar la riqueza que traspasas a tus herederos y, por otro, minimizar el impacto fiscal.

Un buen plan financiero sirve para algo más que para medir los avances hacia la independencia financiera. También debe tener en cuenta cómo podrían afectarte las situaciones imprevistas; es decir, las cosas que no puedes controlar. Por ejemplo, ¿cómo os afectaría a ti y a tu familia una discapacidad permanente o prolongada, la necesidad de recibir cuidados médicos especializados a una edad avanzada o, en el caso de los matrimonios, el fallecimiento prematuro de un cónyuge?

Paso 3: Realiza una proyección

Si voy a conducir desde Kansas City hasta Florida, primero me aseguro de contar con suficiente gasolina en el depósito y provisiones de sobra en el maletero. De igual modo, necesitas saber si te estás preparando de manera correcta para alcanzar tus objetivos. La mejor forma de hacerlo es realizando una proyección (para esta tarea existen herramientas digitales o también puedes pedírselo directamente a tu asesor). No olvides que debes excluir los activos que no estén disponibles de cara a financiar tu objetivo de independencia financiera. Por ejemplo, si tu declaración de patrimonio neto te dice que hoy por hoy cuentas con 800.000 dólares, pero tienes previsto gastar 150.000 dólares en la boda y educación de tus hijos, la proyección debe considerar sólo los 650.000 dólares disponibles para financiar tu objetivo (800.000 dólares menos los 150.000 dólares que has reservado para tus hijos). A continuación, añade el dinero que ahorras de forma regular. Estas proyecciones pueden ser más precisas si tenemos en cuenta la Seguridad Social, otros ingresos, como pensiones o rentas por alquiler, posibles herencias y otras variables.

Debido a la variedad de escenarios que hay que valorar durante el proceso de planificación, muchos inversores acuden a un planificador financiero profesional en busca de ayuda. Los planificadores financieros pueden utilizar programas informáticos especializados para evaluar de forma rápida y exhaustiva los resultados. Usando diferentes tasas de rendimiento de la inversión, edades de jubilación y variables, obtienen una información que les permite diseñar el plan financiero que mejor se adapte a ti. Este profesional puede ayudarte también a determinar la cantidad que necesitas invertir —y, por consiguiente, la cantidad que necesitas ahorrar— para mantener tu estilo de vida cuando estés jubilado. Además, puede recomendarte estrategias para optimizar tu plan, como la posibilidad de refinanciar tu hipoteca.

Paso 4: Determina si necesitas ajustar tu objetivo

Después de realizar una proyección, muchas personas que han sido disciplinadas ahorrando se dan cuenta de que han avanzado mucho más de lo que pensaban y se alegran al ver que su ahorro e inversión están dando resultados. Si descubres que no estás en el buen camino hacia tu independencia financiera, es posible que tengas que hacer ajustes con respecto a tus objetivos, hábitos de gasto o métodos de ahorro. Por ejemplo, si tu proyección señala que para alcanzar tu objetivo necesitas obtener una tasa de rendimiento de la inversión del 20 por ciento anual, lo mejor es que cambies el objetivo, porque lo más probable es que no lo consigas. Puedes ajustar tu objetivo accionando otras palancas, como reduciendo tu necesidad de ingresos, ahorrando más, retrasando la fecha de tu jubilación o pidiendo a tus hijos que reduzcan el presupuesto para esa boda de ensueño que quieren que financies.

Volvamos por un momento a Henry y Frances. Si durante los próximos diez años Frances obtiene algo más del 7 por ciento de rentabilidad de su dinero, cuando cumpla sesenta y cinco años habrá acumulado alrededor de 1,6 millones de dólares en sus diferentes cuentas de inversión. Si al jubilarse se vuelve más conservadora y reduce la rentabilidad prevista al 5 por ciento, seguirá ganando 80.000 dólares anuales con su cartera. Contando con que a partir de los sesenta y seis años recibirá 20.000 dólares anuales de la Seguridad Social, Frances va camino de conseguir 100.000 dólares de ingresos al año y habrá alcanzado su objetivo de ser económicamente independiente.

Para aumentar la probabilidad de conservar su independencia financiera, Frances debería ahorrar lo suficiente como para generar un colchón mayor. Por ejemplo, si consigue ahorrar 1.000 dólares más al mes, lo más probable es que cuando cumpla sesenta y cinco años su cartera haya crecido hasta los 1,8 millones de dólares. Estos 200.000 dólares adicionales para su jubilación le permitirán reducir su dependencia tanto de la Seguridad Social como de la rentabilidad anual de los activos de su cartera. Este excedente de fondos (200.000 dólares) sería su superávit para la jubilación.

Planificar un superávit te ayuda a garantizar que haya suficientes activos para satisfacer tus necesidades en períodos de incertidumbre. Te permite disponer de un colchón para hacer frente a cualquier gasto inesperado (como poner un techo nuevo en tu casa) y de cara a alcanzar tus objetivos reduce tu dependencia de los mercados. Si tu plan de ahorro actual te coloca justo en el borde de la independencia financiera, lo más probable es que cada movimiento del mercado te provoque ansiedad; los días buenos harán que te sientas a gusto con tu jubilación y los días malos te harán pensar que en tus últimos años de vida sólo podrás vivir a base de sopas de sobre y comida para gatos. Para estar totalmente tranquilo intenta acumular un poco más de lo que necesitas.

Ahora volvamos con Gastón Henry. Henry debe tomar varias decisiones importantes. Para conseguir los cerca de 1,6 millones de dólares que necesitaría para alcanzar su objetivo de independencia financiera a los sesenta y cinco años, tendrá que ahorrar unos siete mil dólares al mes (recuerda que a Frances le bastaba con mucho menos de siete mil dólares al mes porque tenía una parte mayor de su patrimonio invertido y rindiendo). Si Henry es capaz de asumirlo, estupendo; ahorrará al mes una cantidad mayor que Frances y seguirá disfrutando los fines de semana de la casa del lago. Si esa cantidad no es viable, Henry tendrá que decidir si está dispuesto a vender o a reducir el tamaño de una o de las dos viviendas, dirigiendo así, en lugar de desviarlos, los ingresos hacia su objetivo de independencia financiera.

Este tipo de decisiones deben tomarse durante la fase inicial del plan de inversión. Así evitarás mantener conversaciones llenas de arrepentimiento con tu cónyuge y tus seres queridos acerca de cómo tendrías que haber ahorrado para el futuro. Siempre has de tener una idea clara de tu situación financiera actual: qué activos te reportan riqueza, qué activos te restan riqueza y de cuánto tiempo dispones para alcanzar tus objetivos financieros. Esto te permitirá determinar si debes vender alguno de tus activos hoy o a medida que te acerques al momento de jubilarte, o si puedes conservar todos tus activos no productivos (por ejemplo, tu casa de vacaciones o tu barco) y aun así alcanzar tus objetivos de jubilación. También necesitas saber si para lograr tus objetivos vas a verte obligado a ahorrar más o menos de lo que pensabas en un principio.

Paso 5: Construye una cartera personalizada

Una vez que comprendas tus objetivos y por qué para alcanzarlos puede ser necesario que modifiques tus hábitos financieros, has de construir una cartera que cuente con la máxima probabilidad de éxito.

También puedes tener diferentes planes con diferentes niveles de riesgo para diferentes carteras. Por ejemplo, es posible que cuentes con una inversión específica para la educación. En este caso, la cantidad inicial será diferente (lo que hayas reservado para el colegio) y el objetivo será diferente (el nivel de educación que quieras financiar). Puede que otro de tus objetivos sea una segunda vivienda, un fondo para una boda o un fideicomiso reservado para tus hijos o nietos. Si posees abundante riqueza, lo cual significa que tu reserva de dinero es más que suficiente para alcanzar todos tus objetivos, es perfectamente legítimo que dediques parte de tu cartera a algo tan simple como «superar al S&P 500» o a cualquier otra cosa que se te antoje. La clave es asegurarte de que cuentas con una cartera sólida que te lleve por el camino de la independencia financiera. A partir de ahí, el exceso de riqueza puede invertirse de diversas maneras.

Da igual de lo que se trate: la jubilación, la educación, el exceso de riqueza o cualquier otro objetivo. Lo primero que debes hacer es definir una meta concreta. Todo lo demás deriva de ese propósito.

¿Y ahora qué?

Un médico que da un pronóstico para una enfermedad de larga duración necesita mucha información antes de establecer un curso de tratamiento. Lo mismo ocurre con la inversión. Una vez que hayas diseñado un plan basado en tus objetivos y sepas cuánto dinero necesitas ahorrar, los asesores financieros pueden identificar los mejores vehículos para generar riqueza.

Lo primero que la mayoría de los asesores financieros (entre los que me incluyo) recomiendan es que, siempre y cuando sean correspondidas por el empleador, se hagan aportaciones a un plan de pensiones patrocinado por la empresa. Si tu empresa complementa dólar por dólar el primer 3 por ciento de tu aportación, será difícil superar esa tasa de rentabilidad inmediata del cien por cien. Si es tu caso, ¡felicidades! Se trata de una prestación muy generosa, sólo una minoría de la población activa estadounidense disfruta de ella. No dejes pasar la oportunidad de aprovechar las ventajas que te ofrece tu empresa.

¿Cómo consigo llegar hasta allí?

Saber cuánto necesitas invertir para lograr tus objetivos y tener los recursos para hacerlo suelen ser dos cosas muy distintas. Es posible que haya inversores en potencia que tengan efectivo a mano —en una cuenta de ahorros o similar—, pero que tengan miedo de ponerlo a trabajar en los mercados por si necesitan con urgencia los fondos. También hay personas que desean invertir, pero cuentan con un flujo de caja condicionado por el pago de deudas o comprometido con grandes gastos. Para esta gente, encontrar los recursos para poner en práctica el plan financiero deseado puede resultar imposible. Veamos dos de los motivos más comunes que limitan la inversión y cómo es posible eliminar estos obstáculos.

Reservas de efectivo para emergencias

Da igual que seas multimillonario o recién licenciado, es importante disponer de dinero en efectivo en caso de una necesidad urgente. Pero hay una diferencia entre disponer de dinero en efectivo y tenerlo metido en una cuenta (dinero que por la inflación pierde valor cada día que pasa). En el actual entorno de tipos de interés bajos, para tu objetivo de independencia financiera tener un montón de dinero en efectivo en una cuenta de ahorro o en una cuenta del mercado monetario es tan útil como meterlo debajo del colchón durante veinte años. Todo el efectivo que exceda de lo que necesitas a corto plazo, como una compra que tengas previsto realizar a lo largo de los próximos dos años, debería invertirse preferentemente en crecimiento a largo plazo. Una cantidad prudente de dinero para emergencias —por ejemplo, que cubra entre tres y seis meses de gastos— debería permanecer también en el banco.

Para tus reservas de efectivo adicionales —por ejemplo, que cubran entre seis y doce meses de gastos— existen muchas opciones que ofrecen acceso a los fondos y que permiten que, mientras no los necesites, trabajen para ti. Por ejemplo, dos fuentes de efectivo para esos días con nubarrones son una línea de crédito sobre tu casa o los valores de alta liquidez de tu cartera de inversiones (como los fondos de renta fija). Pero mientras haga sol, pueden estar en el mercado y seguir creciendo.

Pagos de la deuda

Desde los préstamos estudiantiles hasta la hipoteca, para la mayoría el sueño americano se ha construido sobre la financiación de la deuda. Cuando se usa de forma responsable, puede permitir a las personas iniciar su vida adulta o ser utilizada como recurso para cubrir gastos inesperados. Cuando se usa de forma irresponsable, puede convertirse en una pesada carga que impide que alcances tus sueños.

Seguramente no haya un tema más debatido en las finanzas personales que el uso de la deuda. Existen «gurús» en ambos bandos: unos ensalzan las virtudes del uso estratégico de la deuda y otros la ven como una lacra humana que hay que evitar a toda costa. Más allá de lo que cada uno piense, una cosa es cierta: la capacidad de usar la deuda está limitada por la capacidad para hacer frente a los pagos. He conocido a clientes que a los ochenta años siguen pagando alegremente su hipoteca porque en su momento consiguieron un tipo de interés extraordinariamente bajo y disponen de ingresos previsibles y estables con los que hacer frente a los pagos. También he visto a personas sufrir para poner en marcha cualquier tipo de plan de inversión porque después de pagar la parte de las deudas no les queda suficiente a final de mes.

Si las deudas entorpecen la consecución de tus objetivos financieros, es importante que reduzcas o elimines las que limiten la eficiencia de tu plan de inversión. La mayoría de las deudas de consumo, como las tarjetas de crédito, cobran tipos de interés anuales que superan con creces el rendimiento esperado de tus inversiones. Conseguir una elevada tasa de rentabilidad de un solo dígito por tus inversiones mientras pagas unos tipos de interés de dos dígitos por tus deudas es como intentar escalar una montaña cargando con una mochila de noventa kilos. Entonces, ¿qué se puede hacer? Lo mejor es ocuparse primero de las deudas con el tipo de interés más alto, ya que al cancelarlas se reduce el impacto del tipo de interés elevado y eso evita que el saldo se descontrole. Por otro lado, si tu empresa cuenta con un programa que iguala tus aportaciones al plan de pensiones, invierte en el plan al menos la cantidad mínima para obtener la compensación completa (por ejemplo, si la oferta es del 3 por ciento, invierte al menos esa cantidad). A medida que vayas liberando efectivo mediante el pago de tus deudas, para acelerar el camino hacia tus objetivos podrás empezar a canalizar el dinero hacia un plan de pensiones u otras cuentas de inversión, o aumentar tus aportaciones al plan patrocinado por tu empresa.

Hay personas cuyas deudas no son gravosas y dudan en si deberían liquidarlas con el dinero de sus ahorros. La respuesta depende de cuáles sean las alternativas. Quienes no se sientan cómodos invirtiendo el dinero y prefieran que su efectivo se quede en el banco, deberían saldar la deuda. Sin embargo, si están dispuestos a invertir el efectivo y pueden aspirar a una tasa de rendimiento de los fondos superior a la que están pagando por el préstamo, les recomiendo que inviertan el efectivo y sigan abonando el servicio de la deuda. Es más probable que a largo plazo acaben teniendo más dinero. Además, si deciden que prefieren pagar sus deudas pueden retirar el dinero de su cuenta de valores o de inversión en la que ha estado creciendo tranquilamente.

Por ejemplo, alguien con una hipoteca a un tipo de interés fijo del 2,5 por ciento (en la que una parte es deducible fiscalmente), que se siente cómodo con la deuda y cuya intención es poseer el mayor patrimonio neto posible dentro de veinte años, debería invertir su efectivo en lugar de destinarlo a saldar la deuda. Sin embargo, alguien en la misma situación, pero con un tipo de interés del 7 por ciento debería, casi con toda seguridad, saldar la deuda.

Educación

La educación cuesta dinero, pero la ignorancia también.

CLAUS MOSER

Para muchos inversores, pagar la educación universitaria de sus hijos es un objetivo financiero básico. Por desgracia, a muchos les acaba deteniendo su coste. Lo cierto es que el coste de la universidad ha alcanzado un nivel crítico. Cada cierto tiempo, los clientes más veteranos me comentan: «Pues yo tuve que trabajar duro para poder ir a la universidad». Hoy en día, ésa no suele ser una opción al alcance de los estudiantes universitarios. Si bien la inflación salarial suele aumentar al año sólo unos pocos puntos por término medio al año, el coste de la educación universitaria se ha incrementado más del doble con respecto a la inflación. Las cuentas basadas en trabajar para poder ir a la universidad han dejado de cuadrar.

También en este caso hay que empezar entendiendo de dónde se parte. Muchos empiezan de cero: no han guardado nada para la educación de sus hijos. Después necesitamos definir nuestro destino, que es el centro educativo concreto que estamos dispuestos a pagar. ¿Prefieres pagar cuatro años en una universidad privada o seis años en una universidad pública? ¿Estás dispuesto a pagar todos los gastos relacionados con la educación o sólo una parte?

Veamos el ejemplo de Generosa Ginny. Su deseo es ayudar a pagar la educación universitaria de sus hijos cubriendo el 75 por ciento del coste de una universidad pública durante cuatro años. Realizando una búsqueda rápida, podemos averiguar el coste total de la matrícula, las tasas, los libros, el alojamiento y la comida en la universidad pública en la que cuentan con más probabilidades de ser admitidos. Luego corregimos esta cifra para incluir el aumento medio anual de los gastos relativos a la educación superior. Finalmente obtenemos la cantidad total que necesita para cuando sus hijos inicien sus respectivas carreras universitarias.

Partiendo de este punto, podemos calcular el importe que Ginny debe ahorrar cada mes para lograr su objetivo en materia educativa. Este cálculo da por supuesto que conseguirá una aceptable tasa de rendimiento anual de sus inversiones y se basa en una distribución acorde con el tiempo que puede ahorrar antes de que cada hijo comience la universidad. Por ejemplo, supongamos que, hoy por hoy, el 75 por ciento del coste total de estudiar en el centro educativo objetivo es de 17.500 dólares y que los costes van a aumentar un 4 por ciento al año. A partir de estas cifras, podemos calcular que para enviar a su hija de nueve y a su hijo de seis años a la universidad cuando cumplan la mayoría de edad necesitará ahorrar 225.000 dólares. Tomando como referencia una tasa de rendimiento del 6 por ciento sobre los activos invertidos, si quiere disponer de suficientes fondos cuando empiecen la educación superior tendría que ahorrar unos 700 dólares al mes para su hija y unos 575 dólares al mes para su hijo.

Regla n.º 2: Construye una cartera alineada con tu objetivo

> Si no sabes adónde vas, terminarás en algún otro lugar.
>
> Yogi Berra

En algún momento de nuestra vida, casi todos nosotros nos hemos comprado un coche. Antes de hacerlo, tenemos una cierta idea de para qué lo queremos. Durante mis años de universidad, necesitaba un coche que me llevara del punto A al punto B, así que busqué un coche que costara unos pocos miles de dólares y que funcionara relativamente bien. Cuando me casé, necesitaba un coche que fuera más fiable, que me llevara casi con total seguridad del punto A al punto B y que tuviera ciertas comodidades como un aire acondicionado que funcionase. Después de tener hijos, la seguridad se convirtió en una prioridad, y necesitaba un coche del que fuera fácil entrar y salir mientras trataba de sostener a unos niños pequeños que no paraban quietos. A medida que mis hijos fueron creciendo, me tocó conducir a los entrenamientos un coche compartido, y necesitaba un automóvil en el que pudiera acomodar a adolescentes revoltosos y un montón de material deportivo.

Todos sabemos el esfuerzo y la dedicación que conlleva la compra de un coche nuevo. Curiosamente, la mayoría de los inversores se preocupan bastante menos por sus inversiones a largo plazo. Por ejemplo, no es extraño que el inversor medio se pregunte: «¿Es hoy un buen momento para comprar acciones de Apple?».

Los inversores experimentados enfocarían esta decisión de forma diferente. Primero tratarían de obtener la visión general de lo que quieren conseguir, los objetivos financieros concretos que tienen, y luego se plantearían las siguientes preguntas: ¿cuánto debo asignar a acciones? ¿Qué porcentaje de mi inversión en acciones debe destinarse a grandes empresas? ¿Cuántas de estas acciones deberían ser de empresas estadounidenses? Una vez respondidas esas cuestiones, podrían preguntarse: «¿Encaja Apple en mi plan?». Es posible que aún no te consideres un inversor experimentado, pero te aseguro que después de leer este libro ¡tendrás más conocimientos que la mayoría de los profesionales!

Más allá de los objetivos

Ya hemos visto varios objetivos concretos de inversión, como lograr la independencia financiera o pagar la educación de tus hijos. Hay personas que tienen para sus activos un objetivo más ambicioso, como proporcionar una vida más cómoda a su familia en el futuro. Otros poseen una visión aún más amplia de su riqueza, en la que las causas benéficas o las futuras generaciones de la familia son los beneficiarios finales. Cumplir estos objetivos puede requerir el uso de diferentes carteras con distintos «ingredientes», lo que dictará qué activos son los más adecuados para mantener el equilibrio entre el deseo de crecimiento y la necesidad de preservar el patrimonio.

Este enfoque es radicalmente contrario a lo que indica el sentido común sobre acumular todo el dinero que sea posible. Por supuesto, la mayoría de la gente quiere ganar tanto dinero como sea posible, pero si ésa es la única meta, suele significar asumir riesgos de inversión innecesarios. El objetivo de los activos de tu cartera debe dictaminar la asignación, y no al revés. Sé que algunos pensarán: «No me importa ninguna de esas cosas. Mi objetivo es ganar todo el dinero que sea posible». Permíteme darte un ejemplo de por qué esto no es del todo cierto.

Supongamos que has acumulado suficientes activos, que sumados a tus prestaciones de la Seguridad Social te permitirán jubilarte dentro de diez años y vivir con unos cien mil dólares al año. Si te pregunto cuál es tu objetivo para los próximos diez años y me contestas que quieres acumular el mayor ahorro posible, entonces nos enfrentamos a un dilema de lo más interesante. Si de verdad ése es tu objetivo, los datos históricos y las estadísticas recomiendan tener un 10 por ciento o menos de la cartera en bonos, porque por lo general en un período de diez años el rendimiento de los bonos es mucho menor que el de las acciones.

Es posible que digas: «¡Me parece fantástico! Si eso es lo que dicen las estadísticas, lo invertiremos todo en acciones».

Sin embargo, si tu meta es jubilarte dentro de diez años con cien mil dólares anuales para gastar, necesitarás una cartera diferente de la del objetivo de máxima riqueza. Si lo que quieres es tener la máxima seguridad de que dentro de diez años vas a poder jubilarte con éxito, entonces lo más adecuado sería una cartera con un 20 a un 30 por ciento de bonos. La razón es que, aunque en el caso de los bonos cabe esperar que la tasa de rendimiento sea más baja, el rendimiento es mucho más predecible. Esto reduce la volatilidad de la cartera en general, lo que a su vez aumenta la posibilidad de obtener una rentabilidad en concreto. Es posible que con una cartera rica en acciones ganes más que con la tasa de rendimiento objetivo que necesitas para jubilarte, pero también hay más probabilidades de que obtengas un rendimiento muy inferior a tu tasa de rendimiento objetivo. Ante este panorama, la mayoría de los inversores se decantan por las probabilidades. A pesar de que no hay ninguna garantía, desean contar con la máxima probabilidad de lograr su objetivo de jubilación.

El mismo principio es aplicable a los más ricos. La gente cree que los superricos tienen una máquina secreta de hacer dinero, que en el mercado asumen enormes riesgos y duplican constantemente su riqueza. Esta percepción está muy alejada de la realidad; los más ricos están mucho más centrados en preservar su riqueza que en aumentarla. La mayoría de las personas más adineradas citan como objetivos principales dejar un patrimonio generacional o un legado benéfico, lo que puede dar pie a planes patrimoniales con muchas partes móviles. Crean fundaciones o fideicomisos para que sirvan de marco a su planificación financiera y dan prioridad a la gestión fiscal para que su patrimonio no se pierda por el camino. Saben que sus objetivos implican la construcción de una cartera en la que el objetivo principal no es la maximización de la riqueza, sino la gestión del riesgo o la eficiencia fiscal.

Por ejemplo, pongamos que un inversor muy acaudalado crea una fundación familiar que establece que todos los años el

5 por ciento de los activos de la fundación se distribuyan a organizaciones benéficas. Una cartera diseñada para esta fundación no tendría como objetivo maximizar el crecimiento de los activos. De hecho, casi todas las fundaciones familiares creadas por los más acaudalados contemplan una notable asignación en bonos. La principal razón por la que los megamillonarios prefieren los bonos es porque proporcionan seguridad. Al incluir bonos en su cartera, cuentan con más garantías de que la distribución anual se pueda cumplir sin tener que vender los activos más volátiles cuando, de manera inevitable, se devalúen. Si observas cualquiera de las grandes crisis recientes —el 11-S, el colapso bursátil de 2008-2009 o la pandemia del coronavirus—, verás que en todos los casos los bonos de alta calidad aumentaron su valor, mientras que las acciones bajaron entre un 40 y un 50 por ciento. Durante estos períodos adversos, para satisfacer las necesidades de distribución anual, una fundación con una asignación en bonos podría utilizar una combinación de los ingresos de la cartera y los bonos en lugar de vender acciones en los períodos de vulnerabilidad del mercado, lo que aumentaría la probabilidad de que la fundación perdiera todo su dinero y desapareciera.

En el capítulo 10 aprenderás los fundamentos de cómo construir y gestionar una cartera, no importa que acabes de empezar o que tengas quinientos millones de dólares: debes echar a andar con un objetivo o visión en la mente. Una vez que comprendas lo que esperas conseguir, el resto será más fácil.

Regla n.º 3: Revisa el plan

> Para saltar en caída libre no necesitas un paracaídas. Sólo necesitas uno para saltar dos veces en caída libre.
>
> Autor desconocido

En algún momento de nuestra vida, todos hemos participado en una carrera. Da igual que se trate de una competición vecinal dando la vuelta a la manzana o de una prueba olímpica de cuatrocientos metros, todas las carreras tienen dos cosas en común: una línea de salida y una línea de meta. Y todos los atletas profesionales saben con exactitud de dónde salen y adónde deben llegar.

Revisa tu plan financiero y tus previsiones una vez al año o cada vez que haya un cambio importante en tu vida (como por ejemplo un matrimonio, un hijo, una variación significativa de ingresos). Es posible que al hacer esta revisión adviertas que tu patrimonio neto ha cambiado porque durante este último año tu cartera se ha comportado mejor o peor de lo esperado. Quizá hayas recibido un sobresueldo inesperado, una herencia o una gran entrada de efectivo (como la venta de una propiedad). La línea de salida ha cambiado.

Tal vez ahora tus objetivos también sean diferentes. Puede que quieras jubilarte antes de lo que tenías pensado en un principio o preveas trabajar a tiempo parcial durante tu jubilación. Tal vez la universidad a la que quiere ir tu hija sea el doble de cara de lo que en un primer momento imaginabas. Quizá el bebé que esperabas era en realidad trillizos. Tal vez ahora estés casado, o estrenando soltería, o más sano, o más enfermo, de lo que habías previsto. La línea de meta puede haberse alterado.

La vida personal puede sufrir todo tipo de cambios que deberían traducirse en cambios en la cartera. Ten en cuenta que el énfasis en los cambios de la cartera se basa en los cambios personales y no en los que puedan tener lugar en los distintos mercados.

Supongamos que una inversora de sesenta años tiene como objetivo vivir con cien mil dólares anuales al cumplir los sesenta y dos. Para ello ha estimado una tasa de rendimiento de la cartera del 6 por ciento y está bien encaminada para lograrlo. Sin embargo, durante su revisión anual, comprueba que gracias a un fuerte mercado alcista el rendimiento de la cartera muestra una evolución muy superior a la prevista. Además, a medida que se aproxima su jubilación, la inversora se muestra cada vez más preocupada por la volatilidad de su cartera. Por suerte para ella, para alcanzar su objetivo ya no depende de una tasa de rendimiento del 6 por ciento. Las proyecciones de cartera muestran que bastaría con una tasa de rendimiento del 5 por ciento. Ante esta situación, la inversora puede optar por reducir su exposición a títulos de renta variable y aumentar su inversión en bonos de alta calidad. Haría esto sabiendo que está disminuyendo su tasa de rendimiento previsto a largo plazo, pero que a la vez está aumentando la probabilidad de obtener una tasa de rendimiento del 5 por ciento con una menor volatilidad.

La regla más importante de todas: ¡No lo estropees!

> PRESENTADOR: Entonces, ¿se trata de una oportunidad de compra?
>
> INVITADO: Yo no compraría ahora en este mercado (S&P en 2.710 puntos), pero sí lo haría a gran escala cuando el S&P baje hasta los 2.680 puntos.
>
> Visto en la cadena CNBC

Este diálogo ilustra a la perfección cómo enfocar una cartera erróneamente. ¿Por qué debería un inversor comprar acciones si el índice S&P alcanza los 2.680 puntos, pero no cuando cotiza en 2.710 puntos? Una vez que hayas armado tu cartera, muéstrate disciplinado. Sigue la pauta de las decisiones de inversión descrita en este capítulo o trabaja con un asesor que entienda, acepte e invierta sobre la base de estos principios. Ignora el ruido, no entres en pánico, no te distraigas durante una crisis y, lo más importante, concéntrate en tus objetivos.

Si todos estos factores te llevan a querer una segunda opinión sobre el diseño de tu actual cartera, estaremos encantados de ofrecerte un análisis detallado sin coste alguno. Entra en <www.creativeplanning.com>.

Capítulo 6

La gestión del riesgo

Todo el mundo tiene un plan hasta que recibe el primer golpe en la cara.

MIKE TYSON

La gestión del riesgo forma parte de nuestro día a día: cerrar las puertas con llave al salir de casa, ponerse el cinturón de seguridad antes de arrancar el coche y mirar a ambos lados antes de cruzar la calle. En el ámbito de la inversión, la gestión del riesgo significa estar seguro de que has gestionado tu exposición a las pérdidas financieras. Para los inversores que cuenten con un plan de ahorro estructurado o que han acumulado activos importantes, la mayor amenaza para su independencia financiera es una pérdida catastrófica provocada por algo ajeno a los mercados y a su control, como un incendio o el fallecimiento de un miembro de la familia. De nada sirve mejorar gradualmente el rendimiento de una inversión si por un incidente desafortunado lo pierdes todo.

Muchos de nosotros pasamos más tiempo decidiendo el tipo de pizza que deberíamos pedir para comer en familia («¿Esta vez Suzie se comerá el *pepperoni*?») que el tipo de seguro que deberíamos contratar para protegerla.[25] Aunque la gestión del riesgo forma parte de la gestión del patrimonio, tal vez te preguntes qué sentido tiene en un libro pensado para hacer de ti un inversor avezado. La verdad es que es de vital importancia que te protejas de todo posible riesgo financiero. Si no tienes ningún seguro, te estás autoasegurando, lo que significa que ante cualquier riesgo (y la vida tiene bastantes) asumirás toda la carga económica derivada de un desenlace desfavorable. A menudo, cuando hay turbulencias en los mercados, los inversores sacrifican sus planes de inversión porque temen el impacto financiero de su exposición personal al riesgo si el valor de su cartera cae. Por ejemplo, durante un mercado bajista, un inversor puede vender sus acciones por miedo a que si fallece de repente su familia no tenga suficiente dinero.

Los inversores experimentados nunca permitirían que algo así les sucediera. Si se cuenta con un buen plan, todos los riesgos estarán controlados al margen de los mercados, y eso te permitirá mantener tu estrategia (y dormir por la noche).

Ahora nos aseguraremos de que estarás protegido, ¿de acuerdo?

Seguro de vida

> El miedo a la muerte viene del miedo a la vida. Un hombre que vive plenamente está preparado para morir en cualquier momento.
>
> Mark Twain

Se dice que el seguro de vida se vende, no se compra. Muy raras veces las parejas se despiertan por la mañana, se miran a los ojos y exclaman: «¡Cariño, vamos a comprar un seguro!». Pero para muchas personas, el seguro de vida desempeña un papel fundamental tanto en la gestión del riesgo como en la del patrimonio.

---

25. Algunos dedicamos aún más tiempo a pensar en el tipo de masa de pizza que deberíamos pedir. Para ser justos, ésta es una decisión que también merece la pena ser estudiada con detenimiento.

El principio básico del seguro de vida es simple: en caso de fallecimiento, una compañía aseguradora pagará a su beneficiario una indemnización por fallecimiento. En contrapartida, tú pagas a la compañía aseguradora una determinada cantidad de dinero. Bastante sencillo, ¿verdad? Es evidente que en los últimos años algo tan sencillo se ha vuelto mucho más complicado. La industria ha creado todo tipo de seguros —y productos de inversión disfrazados de seguros— que han provocado que esta decisión sea mucho más difícil y compleja.

A la hora de contratar un seguro, uno de los retos reside en la propia estructura del sector asegurador. Por regla general, los agentes de seguros trabajan a comisión: reciben una parte del pago de las primas de las pólizas que venden. Si bien de por sí no hay nada malo en que las personas reciban comisiones por la venta de seguros, esto crea un posible conflicto de interés. Puestos a elegir, ¿recomendaría el agente el producto que más le conviene a su cliente (es decir, el que satisfaga la necesidad al menor coste) o el que sea mejor para sus propios intereses (es decir, el que pague la comisión más alta)? Como consumidor, una manera de protegerte es sabiendo antes de firmar ninguna póliza qué necesitas y por qué lo necesitas.

En Creative Planning somos conscientes de que, a la hora de ayudar a los clientes a conseguir una protección integral, la gestión de riesgos es una pieza fundamental, y para eso contamos con afiliados que proporcionan distintas coberturas como los seguros de vida. En un año normal, más del 95 por ciento de las pólizas que contratan nuestros clientes son seguros de vida temporales. Éstos son los productos menos rentables del sector, pero se adaptan perfectamente a las necesidades de la mayoría de las personas.

Seguro de vida temporal o a término

El seguro temporal es el seguro de vida más adecuado para casi todos los estadounidenses; sin embargo, los agentes de seguros no suelen recomendarlo porque las comisiones que perciben son muy bajas. Con una póliza de seguro de vida temporal estás asegurando tu vida durante un período determinado. Digamos que tu plan financiero establece con claridad que, si sigues ahorrando durante los próximos quince años, tu familia tendrá todo lo que necesita para satisfacer sus necesidades el resto de su vida. Un potencial escollo de este plan es que, si mueres mañana, tu familia te pierde a ti y tu flujo de ingresos.[26] En vez de necesitar dentro de quince años el dinero que has ahorrado, tu familia va a necesitarlo ahora. Esto significa que 1) al dinero no le va a dar tiempo a crecer y que 2) a esa inversión no se añadirán más ingresos.[27] Para agravar el problema, los reintegros no sólo comenzarán quince años antes de lo previsto, sino que también durarán quince años más de lo que se había estipulado. Este tipo de imprevistos pueden desbaratar tanto tu plan de inversión como el futuro de tu familia.

Al principio de mi carrera, recomendé a un médico un seguro de vida a término. Rechazó mi sugerencia porque había leído un artículo en el que se decía que todos los seguros eran malos. Lamentablemente, al cabo de un año falleció de forma inesperada, dejando a su familia sumida en la ruina económica. Su mujer y su hija sufrieron durante muchos años dificultades económicas sin necesidad, por no hablar del impacto emocional de haber perdido a un marido y a un padre. Hoy por hoy sigo trabajando con la familia y me entristece saber que su sufrimiento podría haber sido mucho menor si mi cliente hubiera contratado una póliza de seguro de vida temporal que sólo cuesta unos cientos de dólares al año.

Cualquier ser humano responsable debería asegurarse de contar con suficientes activos para proteger a su familia en el caso de que falleciera. Si no dispones de suficientes ahorros y no puedes autoasegurarte contra este riesgo, el seguro de vida a término representa una solución fácil. Comparativamente es barato porque las probabilidades de que vivas más allá del término son

---

26. Llamarlo «escollo» es quedarse corto.

27. Incluso si haces como Patrick Swayze en *Ghost* y vuelves del más allá para ayudar a esculpir cerámica, debemos dar por sentado que no causarás un impacto significativo en los ingresos de la familia.

altas. Si adquieres una póliza de seguro a quince años, las compañías de seguros confían plenamente en que vivas más allá de esos quince años, lo que reduce de manera significativa la probabilidad de que tengan que pagar una indemnización por defunción. Debido a que hay pocas probabilidades de que obtengas algún rendimiento de tu inversión, muchos agentes de seguros utilizan esta estadística para disuadir a los inversores de adquirir un seguro de vida a término. Este argumento no es válido; es como defender que deberías sentirte decepcionado porque has tenido un seguro de hogar durante años y tu casa no se ha quemado ni una sola vez. Para eso están los seguros: para asegurarte contra un hecho improbable dando una pequeña parte de tu riqueza a cambio de protección contra una hecatombe económica.

Determinar la cuantía del seguro de vida que necesitas debería ser una parte fundamental del diseño de tu plan financiero. Existen muchas técnicas para calcular la cuantía del seguro de vida que necesita una persona. Por desgracia, la mayoría de ellas no sirven para nada.[28] Por ejemplo, hay una regla muy extendida que dice que deberíamos contratar un seguro de vida equivalente a cinco veces nuestros ingresos. Si ganas 100.000 dólares al año y tienes ahorrados 5 millones, es posible que no necesites un seguro de vida de 500.000 dólares, tu familia se las podrá arreglar muy bien con tu patrimonio actual. Sin embargo, si te acabas de graduar en la Facultad de Medicina con una deuda de 250.000 dólares, has comprado una casa de 700.000 dólares y tienes tres niños pequeños, es probable que cinco veces tus ingresos no sean suficiente para mantener a tu familia.

Tal como aprendimos en el apartado sobre construir carteras, el mejor método es personalizar tu seguro para que se adapte a tu situación personal. En primer lugar, suma los costes de tus objetivos no cubiertos en caso de que mueras hoy, como los ingresos adicionales para mantener a tu familia, el fondo para la educación universitaria o el pago de las deudas pendientes (incluida la hipoteca y los plazos del coche). Una vez que hayas determinado la cuantía del seguro que necesitas, puedes establecer

---

28. Llegados a este punto, no deberías escandalizarte.

el plazo (es decir, la duración de la póliza) calculando cuánto tiempo te llevará ser económicamente independiente desde la perspectiva del seguro.[29] Por ejemplo, si hoy necesitas 500.000 dólares de seguro de vida temporal, ¿cuándo dejarás de necesitarlos? Puedes calcular la respuesta averiguando cuándo vencerá tu necesidad de estar asegurado en función del tiempo que tardarás en acumular la cantidad de activos que necesitas para igualar el importe de la póliza. Si basándote en tu tasa de ahorro ahorras otros 500.000 dólares en quince años, sólo necesitarás una póliza de quince años.

Un último apunte sobre los seguros de vida a término: mucha gente tiende a pasar por alto la necesidad de contratar un seguro de vida para el cónyuge que no trabaja. Aunque a su fallecimiento no haya ingresos que compensar, los cónyuges que no trabajan suelen encargarse de muchas labores domésticas (por ejemplo, el cuidado de los niños, el transporte, las tareas del hogar) y es probable que a partir de entonces el cónyuge superviviente tenga que contratarlas. Esto es algo importante que hay que tener en cuenta.

El seguro como «inversión»

La regla básica es estar seguros de que el tipo de póliza que queremos suscribir se ajusta a nuestras necesidades particulares. Las necesidades del superviviente están casi siempre mejor cubiertas con un seguro de vida temporal. Los productos muy especializados, como el seguro de vida universal o el seguro financiado por primas, pueden usarse para aportar liquidez al patrimonio de los ricos, pero como norma general los seguros en sí mismos nunca deben considerarse como una inversión. Es por esta razón por la

---

29. Desde la perspectiva de la jubilación, este momento puede ser diferente al de la independencia económica. Por ejemplo, una vez que tus hijos se hayan graduado en la universidad o hayas terminado de amortizar tu hipoteca, ya no tendrás que seguir pagando por la cobertura, pero es posible que necesites continuar ahorrando para tu jubilación.

que ni el seguro de vida permanente variable ni los seguros de renta variable tienen cabida en la cartera de un inversor avezado. Este tipo de productos combinan la inversión con los seguros y elevan los costes de ambos.[30] En su lugar, los inversores experimentados invertirán su dinero de forma eficiente y contratarán un seguro de vida temporal por separado para cubrir las necesidades de los supervivientes.[31]

Invalidez

> El tiempo y el dinero son dos valiosas posesiones que no apreciamos hasta que se nos han agotado.
>
> DENIS WAITLEY

¿Cuál crees que es tu mayor activo? Puede que pienses que es tu casa o incluso los ahorros para tu jubilación. Sin embargo, para la mayoría de las personas, el mayor activo es su capacidad para ganar un salario. Piensa en los objetivos que te has marcado para ti y tu familia. Todos estos objetivos, ya sea el ahorro para la compra de tu primera vivienda, la educación de tus hijos o tu legado benéfico, básicamente dependen de una cosa: tu capacidad para ganar dinero.

Mi padre es médico y a lo largo de toda su carrera profesional ha trabajado muy duro. Con una hipoteca, tres hijos camino a la universidad y muchas ganas de poder disfrutar en algún momento de los viajes y de la jubilación, sus objetivos eran terminar de pagar su casa, asegurarse de que sus hijos tuvieran una buena educación y llegar a ser financieramente independiente. Además de una muerte prematura, lo único que podría haber frustrado

---

30. Hay quien con este tipo de pólizas se enriquece. ¡Sólo que me refiero al agente de seguros, no a ti!

31. Da igual lo que te cuente el agente de seguros. Y sí, ya lo sé, es muy muy amable.

su plan hubiera sido una incapacidad que le impidiera trabajar. Si le hubiera pasado algo y se hubiera quedado incapacitado sin estar asegurado, ninguno de esos objetivos se podría haber cumplido. Por eso, quienes ganan el dinero necesario para financiar sus objetivos deben asegurar su capacidad para generar ganancias.

Al principio de mi carrera trabajé con un médico especialista en el tratamiento del dolor que había perdido parte del pulgar por culpa de una batidora. Esto era bastante más grave de lo que pudiera parecer, ya que todos los días solía utilizar el pulgar para poner inyecciones a los pacientes. Ya no podía trabajar, pero la cobertura por invalidez hizo posible que se siguieran atendiendo las necesidades de su familia. Este tipo de situaciones se dan más a menudo de lo que se cree. He trabajado personalmente con clientes que han sufrido lesiones traumáticas o que padecen enfermedades degenerativas como la esclerosis múltiple, la enfermedad de Lyme y la ELA. En muchos casos, lo que ha salvado la seguridad financiera de las familias ha sido la cobertura por invalidez.

El seguro de invalidez se divide en dos categorías principales: invalidez a corto plazo e invalidez a largo plazo. La invalidez de corta duración se clasifica como una incapacidad que te impide obtener ingresos durante noventa días o menos. Dado que el tiempo de baja laboral es comparativamente mínimo y el impacto económico no suele alterar las ganancias a largo plazo, la contratación de este tipo de seguro suele ser innecesaria. La invalidez de larga duración es la que te impide obtener ingresos por un período superior a noventa días hasta el último día de tu vida. Conviene tener en cuenta el riesgo que este tipo de incapacidad representa para tu independencia económica.

Al igual que el seguro de vida, un seguro de invalidez consiste en transferir un poco de tu riqueza a una compañía aseguradora a cambio de un flujo de ingresos que ayude a atender las necesidades de tu familia en caso de que quedes permanentemente incapacitado. Todos nos sentimos invulnerables hasta que dejamos de serlo, así que te recomiendo que no restes importancia a esta sección. Si ya has acumulado suficiente riqueza como para pagar tu casa, ser financieramente independiente, asegurar que tus hijos vayan a la universidad, etcétera, no necesitas contar con esta cobertura ni conservar una póliza de este tipo. Pero teniendo en cuenta tu salud actual, tus ingresos y otros factores relevantes a la hora de tomar la decisión, si existe una posibilidad de que una incapacidad tenga un impacto negativo en el futuro financiero de tu familia, merece la pena valorar una póliza de invalidez a largo plazo.

Por lo general, las empresas ofrecen a sus empleados una cobertura en caso de invalidez tanto a corto como a largo plazo, por lo que sería una buena idea empezar por aquí para ver qué hay disponible (o con qué cuentas ya). Si tu empresa no ofrece esta prestación o no proporciona la suficiente cobertura, puedes contratar un seguro de invalidez privado. Lo mejor es que consultes con un planificador financiero para que te confirme si un seguro de invalidez es apropiado en tu situación y qué tipo de póliza sería la más beneficiosa.

Cuidados de larga duración

> El 40 por ciento de las personas mayores de sesenta y cinco años ingresarán en una residencia de ancianos en algún momento de su vida.
>
> Morningstar[32]

Una de las principales preocupaciones de muchos estadounidenses, y con razón, es cómo sufragar los cuidados de larga duración. El coste de una residencia de ancianos varía según el lugar y va desde los 95.000 dólares anuales en Arizona hasta los

32. Christine Benz, «40 Must-Know Statistics About LongTerm Care», *Morningstar*, 9 de agosto de 2012. Véase: <https://www.morningstar.com/articles/564139/40mustknow-statistics-about-longterm-care>. [Fecha de consulta: 18/05/2021]

155.000 dólares anuales en la ciudad de Nueva York.[33] Dado que sólo el 44 por ciento de la población mayor de cincuenta tiene más de cien mil dólares en activos líquidos, no sería sorprendente que la mayoría de los que ingresan en asilos se arruinaran al cabo de unos pocos años. No obstante, si analizamos con detalle las estadísticas, vemos que el 68 por ciento de las personas que ingresan en una residencia de ancianos mueren menos de un año después de su llegada.[34] ¿Qué conclusión podemos sacar de esto?

Bueno, si tienes la suerte de disponer de una cartera multimillonaria, una asignación de inversiones bien estructurada te permitiría obtener el dinero necesario para cubrir el coste de los cuidados de larga duración. Para alguien en esa situación, el ingreso en un centro de atención especializada suele entrañar una disminución de sus gastos. Después de jubilados y mientras todavía disfrutaban de buena salud, estas personas con un alto poder adquisitivo viajaban por el mundo y gastaban 200.000 dólares al año, pero en la mayor parte del país las residencias de ancianos cuestan la mitad de eso. Dado que necesitar cuidados de larga duración elimina muchos otros gastos, las personas de alto poder adquisitivo no tienen que contratar un seguro para protegerse del coste asociado a los cuidados de larga duración.

Sin embargo, el resto de la gente se enfrenta a un gran dilema. A quienes disponen de unos pocos cientos de miles de dólares en activos les resultará casi imposible permitirse un seguro de dependencia en condiciones. Los que cuenten con unos ingresos elevados y más de quinientos mil dólares en activos se encontrarán en la disyuntiva de que necesitan un seguro con algo de cobertura, pero no quieren gastar tanto en ello por si pudiera poner en peligro su plan de ahorro para la jubilación.

En definitiva, los cuidados de larga duración representan el mayor riesgo potencial para la mayoría de las personas. Para establecer el curso de acción más adecuado, es necesario contar

33. Genworth, «Cost of Care Survey 2018», *Genworth*, 16 de octubre de 2018. Véase: <https://www.genworth.com/aging-and-you/finances/cost-of -care.html>. [Fecha de consulta: 18/05/2021]

34. Benz, ibídem.

con la ayuda de un planificador financiero, que deberá plantear diferentes opciones para protegerte del riesgo personal sin que el coste de la cobertura sea tan alto que no puedas jubilarte.

Seguro de salud

Hoy en día, los médicos cuentan con herramientas y alternativas de tratamiento que eran inimaginables hace tan sólo una generación. Los investigadores encuentran cada día nuevas formas de controlar y tratar enfermedades que hasta hace una década se consideraban totalmente incurables. El desafortunado efecto secundario de estas innovaciones es su coste. Sin un seguro médico, los gastos derivados de ir a consultas, salvo las más rutinarias, pueden dispararse con rapidez y superar los recursos disponibles de la mayoría de las familias. Es imprescindible que todos dispongamos de un seguro de salud.

Si está a tu alcance, la mejor opción es una póliza de seguro colectivo gestionada por tu empresa. Por varias razones, las pólizas colectivas suelen ser la forma más rentable de estar cubierto. En primer lugar, muchas empresas subvencionan los gastos de la cobertura, por lo que te ahorras parte del coste total de tu póliza. En segundo lugar, los precios de estas pólizas se basan en las características generales del grupo, por lo que el coste de la cobertura tiende a ser inferior al que podría obtener un individuo en el mercado libre.

Para los que no están cubiertos por su empresa, existen pólizas individuales. Al comparar seguros médicos, las personas suelen fijarse en los costes, pero de cara a evaluar las diferentes opciones, es importante tener en cuenta un par de consideraciones. La primera es que el riesgo determina el coste de las pólizas. Para una compañía de seguros, el riesgo se mide por quién tiene más dinero en juego cuando se produce un siniestro. Los seguros son más caros a medida que la aseguradora asume más riesgo. Si quieres reducir el coste del seguro, debes afrontar un riesgo mayor. Como dice el dicho, uno obtiene lo que paga.

La segunda consideración es qué necesitas tú de la póliza. ¿Acudes con frecuencia al médico o estás tratándote con varios medicamentos? Si es así, es importante que conozcas los gastos que no están cubiertos en cada uno de los planes. ¿Necesitas que te vean determinados médicos o especialistas? Si éste fuese el caso, para estar seguro de que recibirás la atención que buscas deberás comprobar que tus hospitales o médicos de referencia aceptan esa póliza.

Gráfico 6.1. Pérdidas de los propietarios de viviendas clasificadas por la gravedad de los siniestros

(Siniestro promedio), 2013-2017[1]

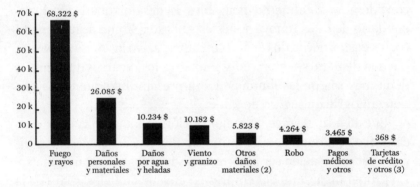

1. Para las pólizas de seguros multirriesgo del hogar de los propietarios de viviendas (HO-2, HO-3, HO-5 y HE-7 para Carolina del Norte). Están excluidas las pólizas de los inquilinos y de los dueños de edificios de apartamentos. Pérdidas registradas en el año del accidente, excluyendo los gastos de tasación (a saber, los costes de indemnización por siniestro en el año del accidente). Excluye Alaska, Texas y Puerto Rico.
2. Incluye actos de vandalismo y dolosos.
3. Incluye la cobertura por el uso no autorizado de varias tarjetas, falsificación, dinero falso y pérdidas sin clasificar.

«Aproximadamente uno de cada diecisiete hogares asegurados sufre un siniestro cada año.»
*CÁLCULOS DEL INSTITUTO DE INFORMACIÓN DE SEGUROS, basados en los datos relativos a las reclamaciones de indemnización por siniestro de los seguros de hogar de 2013 a 2017 de ISO, una empresa de Verisk Analytics.

El seguro de hogar cubre los costes de reparación del daño causado en tu vivienda, pero sólo dentro de los límites de la póliza. Lamentablemente, la mayoría de la gente no conoce los límites de su póliza hasta que hace una reclamación. Somos muy pocos los que podríamos permitirnos reconstruir por completo la casa de nuestros sueños en caso de que fuera destruida por un incendio, un tornado, un terremoto u otra catástrofe natural, pero la mayoría seguiríamos optando por contratar un seguro de hogar. Las probabilidades de que se produzca una destrucción total de nuestro hogar son escasas, pero existen. Por fortuna, como se trata de un suceso bastante infrecuente, el seguro de hogar es barato en relación con el valor de la propiedad que se quiere proteger.

Al igual que con cualquier otro seguro, el primer paso consiste en determinar la cuantía de la protección que se necesita, lo que en el mundo de los seguros se denomina *cobertura de la vivienda*. Para ello, has de calcular el valor de reposición de tu casa, que es distinto a su valor de mercado. La cobertura de la vivienda debería reflejar el coste de reconstruirla entera usando los mismos materiales (o los más similares). En algunas zonas del país, el coste de los materiales ha seguido aumentando pese a que el valor de las propiedades se ha mantenido constante, así que es importante que sepas cuáles son los costes de construcción actuales y te asegures de que la cobertura de tu vivienda se define correctamente. Tu agente de seguros debe conocer el coste medio de tu zona y ser la mejor fuente de información para realizar este cálculo. En caso de que se trate de una vivienda de gran valor, puedes solicitar una tasación de la propiedad que ayude a determinar el coste de reconstrucción.

Muchas personas se sorprenden cuando descubren que debido a los límites internos de cobertura de determinado tipo de daños o a las limitaciones en el pago de los artículos de valor, sus pólizas no proporcionan tanta cobertura como creían. Por esta razón, a menudo es conveniente que las personas con un alto poder adquisitivo hablen con aseguradoras especializadas que dispongan de productos orientados a proteger viviendas de lujo, propiedades en alquiler u otros bienes valiosos o únicos (por ejemplo, yates o automóviles de colección). La mayoría de las pólizas también limitan la cobertura de joyas, peletería, antigüedades y otros artículos de gran valor. Si deseas proteger el valor de estos bienes contra pérdida, es importante que hables con tu agente de seguros sobre la posibilidad de extender la cobertura de tu póliza actual o, en su caso, contratar una póliza aparte que asegure estos objetos de valor.

Reduce tu prima a partir de hoy

Otro componente importante de tu seguro de hogar es la franquicia deducible, que es el importe en dólares que uno debe pagar de un siniestro antes de que la póliza entre en vigor. Antes hablé del autoaseguramiento, que es simplemente la idea de que uno mismo asuma una parte —o la totalidad— del riesgo. Con un seguro de hogar, una forma de autoasegurarse es a través de la franquicia.

Desde el punto de vista financiero, estadísticamente lo más aconsejable es tener una franquicia de alrededor del 1 por ciento del valor de reposición de la vivienda (suponiendo que tu flujo de caja te permita realizar ese pago y que el ahorro en primas sea significativo). Al asumir más riesgo por tener una franquicia más elevada, tu prima debería disminuir lo suficiente como para justificar el dinero que tendrías que pagar en caso de siniestro.

El impacto al cambiar la franquicia puede variar mucho en función de una serie de factores, como tu historial de reclamaciones, el historial de reclamaciones en tu zona, la compañía de seguros y la antigüedad de tu vivienda. Como resulta imposible saber con seguridad qué franquicia se ajusta mejor a cada persona, una regla de oro es fijar un período límite de cinco años. Esto significa que a lo largo de cinco años, el ahorro en primas anuales ha de compensar el aumento de la franquicia. Si tienes una franquicia de 1.000 dólares y quieres subirla a 2.500, hazlo solamente si tu prima se reduce en, al menos, 300 dólares al año, porque ahora tu riesgo ha aumentado unos 1.500 dólares.

Otro aspecto de tu póliza que debes evaluar es la cobertura de responsabilidad civil. Si dispones de una póliza de responsabilidad extendida, y debería ser así (pronto hablaremos de ello), la cobertura de responsabilidad civil de tu seguro de hogar y automóvil debería ajustarse a los requisitos de tu póliza de responsabilidad extendida. Si no dispones de una póliza de responsabilidad extendida, lo mejor es que valores con tu agente cuánta cobertura necesitas en función de tu situación personal.

Por último, dependiendo de en qué zona del país esté tu casa, hay que considerar otros factores, como coberturas por inundación, terremoto, huracán o viento y granizo. Trata estas cuestiones con tu agente para asegurarte de que cuentas con la cobertura adecuada.

Seguro de automóvil

> Si hubiera preguntado a las personas qué querían, me habrían dicho que caballos más rápidos.
>
> HENRY FORD

Si posees un coche, la ley te obliga a contratar un seguro de automóvil para conducirlo por la vía pública. Esto garantiza que, en caso de que causes un accidente, cuentes con recursos suficientes para cubrir los gastos derivados del siniestro del que hayas sido responsable. Muchas personas optan por contratar una cobertura a todo riesgo o por colisión, que proporciona una protección adicional por los daños que haya sufrido tu vehículo. Antes de contratar estas coberturas adicionales, dedica un minuto a evaluar las franquicias asociadas. Si tus ingresos lo permiten, a largo plazo una franquicia más alta podría ahorrarte dinero. Pero si el coche lo conduce tu hijo adolescente, quizá es mejor una franquicia más baja que te proteja de la elevada probabilidad de que sufra un accidente. En cualquier caso, al igual que con la franquicia del seguro de hogar, la decisión de cambiar a una franquicia más elevada debe evaluarse siempre en función de lo que se ahorra en la prima.

A medida que tu coche envejece, puede ser recomendable eliminar las coberturas a todo riesgo o de daños por colisión de la póliza y optar por el conocido como seguro a terceros. En algún momento de nuestra vida, todos hemos tenido un coche de mil dólares[35] y no hay ninguna razón para asegurarlo al máximo.

Al igual que con la vivienda, tu cobertura de responsabilidad civil debe ajustarse a los requisitos de tu cobertura de responsabi-

---

35. ¡Yo he tenido tres!

lidad extendida. Si no dispones de una póliza de responsabilidad extendida, tu cobertura de responsabilidad civil dependerá de tu situación personal y de la recomendación de tu agente. A la hora de determinar la cobertura de responsabilidad civil, es importante no basarse en los requisitos legales mínimos impuestos por la mayoría de los estados. Con el aumento de los costes de los vehículos y de la atención médica, es fácil encontrarse en una situación en la que varios vehículos sufren daños (o varios conductores resultan heridos) mayores que el límite de la cobertura de tu seguro, viéndote obligado a pagar de tu bolsillo el exceso de costes.

Mención especial merecen los hijos mayores de edad que conducen vehículos de tu propiedad y que están cubiertos por tu póliza de seguro. Cuando personas adultas que no están unidas en matrimonio (ni nada que se le parezca) comparten sus activos, es muy probable que también compartan sus pasivos. Si mientras está conduciendo un coche de tu propiedad, tu hijo mayor de edad provoca un accidente y se convierte en objeto de una demanda a causa del accidente, puedes encontrarte con que por ser el propietario del vehículo tus activos peligran. No parece justo, ¿verdad? Si has llegado a un punto en el que ya no prestas ninguna ayuda económica a tus hijos más que el seguro y el vehículo que conducen, la mejor forma de evitar este riesgo es transfiriendo la propiedad del coche a tu hijo.[36] Es probable que la prima del coche aumente, pero en la mayoría de los casos pagar este incremento compensa con creces la reducción del riesgo por responsabilidad. No obstante, cada caso es diferente y debes evaluarlo con tu agente de seguros.

Póliza de responsabilidad extendida

> En cada acontecimiento de la vida suceden muchas cosas, y si tratas de controlarlas, significa que estarás luchando contra todo el universo, y eso es una tontería.
>
> DEEPAK CHOPRA

36. O diles que pidan un Uber.

Una póliza de responsabilidad extendida es justamente eso: un seguro que actúa de paraguas ampliando la cobertura. Si eres dueño de un paraguas de muy buena calidad, con una imagen de París o con un divertido diseño de lunares, deberías plantearte la posibilidad de asegurarlo. Es broma. Escribir sobre el mundo de los seguros me hace desvariar. De todos modos, ya casi hemos terminado con la gestión de riesgos. ¡Aguanta un poco más![37]

Un seguro de responsabilidad extendida es una póliza de seguro contra todo riesgo que extiende la cobertura de tus seguros del hogar y automóvil más allá de los límites de capital establecidos en el contrato. A menudo nos olvidamos de su existencia, pero puede ser la herramienta que te proteja de una serie de situaciones puntuales y de alto riesgo. Cubre cualquier eventualidad que pueda ocurrir en cualquier momento y por cualquier motivo, y que con frecuencia se manifiesta de formas que nunca hubiéramos imaginado. Si atropellas a un peatón mientras está cruzando la calle o los padres del pequeño Johnny te demandan por el daño que se hizo mientras saltaba en tu trampolín, hablamos de sucesos en los que una póliza de responsabilidad extendida puede proteger tus activos. Vivimos en una sociedad cada vez más proclive a los litigios.[38] Aunque hayas hecho todo lo posible para asegurar tu independencia financiera, si pierdes un juicio importante y oneroso, tus esfuerzos habrán sido en vano. Por esta razón, a muchas personas les convendría contratar una póliza de responsabilidad extendida. Este tipo de póliza te da acceso al equipo de abogados que trabaja para la compañía de seguros con la esperanza de que estos profesionales resuelvan cualquier problema de responsabilidad que pueda surgir.

Aunque las probabilidades de que surja un problema de responsabilidad que requiera la cobertura de una póliza de responsabilidad extendida son muy escasas, es algo que ocurre, y en muchos casos supone la única eventualidad que puede arruinar a alguien que ya es financieramente independiente. Por suerte, las

37. Seamos sinceros: la gestión del riesgo no es precisamente la parte más divertida de las finanzas personales. ¡Estoy haciéndolo lo mejor que puedo!

38. Casi puedo oírte pensar: «¡No me digas, Capitán Obvio!».

primas de las pólizas de responsabilidad extendida reflejan estas escasas probabilidades y con relación a la protección que ofrecen son baratas. Para una póliza de responsabilidad extendida, un buen punto de partida es que cuente con una cobertura de un millón de dólares, pero, dependiendo de tu patrimonio neto, puede resultar más conveniente una cobertura de entre dos y cinco millones de dólares (y en algunos casos, más). Es importante tener presente que la cobertura de tu póliza de responsabilidad extendida no tiene por qué coincidir exactamente con tu patrimonio neto; la póliza debe ser un incentivo para llegar a un acuerdo, no una indemnización en sí. Basta con que tengas la certeza de que cualquier demanda que se presente en tu contra se resolverá dentro de los límites de la póliza. Con respecto al coste de la cobertura, tu agente puede orientarte sobre cuál es la protección que mejor se adapta a tu situación. Una vez que hayas contratado una póliza, tienes que examinar tus seguros de hogar y de automóvil para cerciorarte de que las coberturas de responsabilidad civil de esos seguros se ajustan a los requisitos de tu póliza de responsabilidad extendida. Dado que se trata de una póliza de responsabilidad civil ampliada, cualquier discrepancia entre la cobertura ofrecida por la póliza de responsabilidad extendida y la cobertura real de tu seguro de hogar o de automóvil saldrá de tu bolsillo. Este tipo de pólizas deben ser estudiadas con antelación; de lo contrario, podría ocurrir que mientras estás ocupado prestando atención a otras cosas, como por ejemplo vivir tu vida y gestionar tu cartera, lo pierdas todo por un pequeño fallo en la cobertura.[39]

39. ¡Uf! Lo hemos conseguido. Date una palmadita en la espalda. Te has comprometido de verdad a hacer todo lo que esté en tu mano para mejorar tu vida financiera. O en realidad te encantan los seguros. Yo apostaría por lo primero. Has hecho un buen trabajo terminándote el capítulo. A partir de aquí será todo mucho más fácil.

Capítulo 7

Planificación patrimonial y sucesoria: tu último objetivo financiero

Alguien está sentado hoy a la sombra porque alguien plantó un árbol hace mucho tiempo.

WARREN BUFFETT

Si has llevado a cabo todo lo indicado en los capítulos anteriores, ¡felicidades! Has hecho grandes progresos al abordar las cuestiones clave de tu plan financiero. Ahora es el momento de pensar más allá de cómo tu plan te beneficiará a ti y centrarte en quién se beneficiará de tu patrimonio cuando ya no estés, porque en este mundo hay una realidad constante: no importa cuán exitoso sea tu plan, habrá un momento en el que ya no estés para disfrutarlo. Y si no planificas como se debe, el Gobierno te estará esperando con las manos extendidas.

Tanto si deseas simplificar las cosas para tu familia en caso de fallecimiento como si quieres dejar un legado que favorezca a las generaciones futuras, una planificación patrimonial adecuada garantiza que tus deseos se cumplan con una mínima carga de costes administrativos e impuestos. Planificar lo que quieres que suceda después de morir no hace que tu muerte sea más probable. Sin embargo, ayuda a garantizar el cumplimiento de tus objetivos y tu proyecto más allá de tu vida.

Empezar con lo básico

> Procrastinar es como una tarjeta de crédito: es muy divertida hasta que nos llega la factura.
>
> CHRISTOPHER PARKER

En cuanto menciono el tema de la planificación patrimonial, la primera pregunta que escucho es: «¿Cuándo debería empezar a pensar en la planificación patrimonial?». La respuesta es sencilla: si no dispones de ningún documento válido, el momento es ahora mismo. En caso de que fallezcas sin la debida documentación en regla, estarás delegando a otros la toma de decisiones importantes (como quién recibirá tus bienes y quién criará a tus hijos). ¿Quieres que sea un desconocido el que decida cómo se reparten los bienes entre tu familia y quién se queda con la custodia de tus hijos? No lo creo. E incluso aunque tengas los documentos en regla, cualquier cambio significativo en tu situación personal o financiera justifica una revisión de tu plan de sucesión patrimonial, como por ejemplo:

- El nacimiento de un hijo
- Una mudanza a otra ciudad
- Un cambio sustancial en tu patrimonio (por ejemplo, si recibes una herencia o ganas la lotería)
- La adquisición o venta de un negocio
- Un matrimonio o un divorcio (que te incluya a ti o a uno de tus beneficiarios)
- El deseo de cambiar los beneficiarios o el reparto de tus bienes
- El fallecimiento de un miembro de la familia
- Cualquier cambio en las leyes del impuesto sobre el patrimonio o las donaciones

Como «ahora mismo» no es la respuesta que la mayoría de la gente desea escuchar, enseguida aparecen las excusas:

- «Realmente no tengo demasiadas cosas, así que no lo considero importante.» Aunque tus finanzas sean simples y estén claras, necesitas un plan de sucesión patrimonial. Si no es importante, ¿por qué trabajas entonces? ¿Por qué inviertes? ¿Por qué haces presupuestos? Sabes que es importante. Sólo que no quieres enfrentarte a ello.
- «Poseo bastantes cosas, así que va a ser mucho lío.» Si crees que poner en orden la documentación va a ser un lío, imagínate lo que podría suponer para tus seres queridos que pasara algo que te incapacitara o fallecieras. Si posees un capital importante, deberías empezar ya a planificar tu sucesión patrimonial.

La realidad es que, para confeccionar un plan de sucesión patrimonial sólido, la mayoría de las personas necesitan tener sólo un par de documentos básicos en regla. No es tan complicado, así que dedica una tarde a poner tus asuntos en orden. Tu familia (y tu asesor financiero) te lo agradecerán.

Con un plan de sucesión patrimonial se resuelven estas dos cuestiones principales: la planificación en caso de incapacidad y la planificación de cómo se distribuyen los activos a tu fallecimiento. ¡Eso es todo! Es posible que para los más acaudalados también haya que considerar la protección de sus activos. Pero para la mayoría de los ciudadanos sólo son relevantes estas dos cuestiones. Veámoslas por orden.

Cuestión n.º 1: planificación en caso de incapacidad

Imaginemos que un cliente entra en mi despacho y me dice: «Si algún día me viese incapacitado, me daría igual quién tomara las decisiones sanitarias en mi lugar y me daría igual quién gestionara mis asuntos financieros. Si tuviera que elegir, pienso que el Gobierno sabría adoptar decisiones sensatas y acertadas, así que me parecería bien que fueran ellos los que se encargasen». Puede parecer una afirmación ridícula, pero si no has hecho ninguna planificación en caso de incapacidad, eso es exactamente lo que estás diciendo.

Incapacidad es un término legal que significa que tú ya no eres capaz de gestionar tus propios asuntos.[40] Puede ser provocada por un problema médico a cualquier edad, como por ejemplo un estado de coma. O puede ser consecuencia del proceso natural de envejecer, cuando se pierde la agudeza mental que permite tomar decisiones informadas sobre el propio bienestar. Independientemente del motivo, si ya no puedes tomar decisiones financieras y médicas por ti mismo, necesitarás un documento legal, conocido como *poder notarial*, que otorgue a otra persona la autoridad para decidir en tu nombre.

Cuestión n.º 2: distribución de activos

> Las mejores cosas de la vida son gratis.
> Pero que se las queden los pájaros y las abejas.
> Ahora dame dinero (eso es lo quiero).

> BERRY GORDY y JANIE BRADFORD,
> *Money (That's What I Want)*

Al planear la sucesión patrimonial, la mayoría de las personas suelen centrarse en la pieza más obvia del rompecabezas: indicar quién heredará sus bienes una vez que hayan fallecido.

Si no existe un reparto claro de los bienes, se abre la puerta a las tensiones financieras y a los conflictos familiares. Las historias sobre herederos que se pelean por sus respectivas herencias, hermanos que discuten por quién se queda con el antiguo anillo de compromiso de la abuela y parientes que aparecen de la nada para reclamar su parte de un patrimonio modesto son mucho más habituales de lo que nos gustaría creer. En caso de falleci-

---

40. Nótese que, a la hora de hacer ciertas cosas, no es lo mismo la incapacidad legal que la simple torpeza. He intentado explicárselo a mi mujer, ya que según ella no estoy capacitado para dar indicaciones en la carretera, para llevar en coche a nuestros hijos o para gestionar nuestra agenda social.

miento, las tiranteces se disparan y la única persona que podría poner las cosas en orden ya no está. Por eso es esencial que expreses tus deseos con claridad y ahorres a tu familia la angustia de tener que averiguarlo por su cuenta. ¿Crees que tus hijos se quieren? Seguramente sí, aunque su verdadera relación saldrá a la luz mucho después de que te hayas ido, cuando todos esos bienes que tanto trabajo te costaron se liquiden y se dividan entre ellos. Aunque la mayoría de las herencias se reparten de forma amistosa, no sería raro que uno de tus hijos apareciera en la reunión cantando la letra de la canción que abría esta sección.

Testamentos

> Si quieres conocer el verdadero carácter de un hombre, comparte una herencia con él.
>
> BENJAMIN FRANKLIN

La pieza central de un plan de sucesión patrimonial es el testamento. A la hora de redactar un testamento es necesario tomar tres decisiones importantes:

- *Elige a tus beneficiarios.* Tu testamento sirve para determinar quién quieres que herede tus bienes. Expresar tus deseos por escrito no sólo es importante desde el punto de vista legal, también ayuda a evitar que tu familia se enfrente por el reparto de los bienes cuando ya no estés.
- *Elige un albacea.* El albacea es la persona que nombras en tu testamento para que pague tus impuestos y tus deudas, cobre y administre tus bienes y distribuya tus activos conforme a tu voluntad. Muchas personas se decantan por un familiar, un amigo cercano, una empresa fiduciaria o un abogado. ¡Elige con cuidado!
- *Elige un tutor.* Si tienes hijos menores de edad, en tu testamento puedes designar un tutor; es decir, la persona (o

personas) que quieres que se encargue de criar a tus hijos en caso de que fallezcas. Lo mejor es que elijas como tutor a alguien que esté interesado en hacer ese trabajo (y, si es posible, que comparta tus valores y creencias).[41] Además, el tutor debe ser lo suficientemente mayor como para asumir la responsabilidad de la educación de tus hijos, pero lo suficientemente joven como para estar a su lado cuando crezcan. Si en el testamento no se nombra un tutor, cualquier persona que esté interesada en hacerse cargo de tus hijos puede solicitar la tutela ante un juez. Entonces será él quien decida la persona que se va a ocupar de la crianza de tus hijos, valiéndose únicamente de su criterio para dictaminar lo que es «el interés superior del niño».

Repartos directos frente a fideicomisos testamentarios

A la hora de decidir cómo se repartirán tus bienes, puedes optar por entregar tu dinero o tus propiedades directamente al beneficiario (lo que se llama un reparto *directo*), o puedes definir que los bienes se conserven en un *fideicomiso* a nombre del beneficiario. Un fideicomiso es simplemente un acuerdo legal para la custodia de activos. Un *fideicomiso testamentario* es un fideicomiso que se crea y financia en el momento del fallecimiento. Los fideicomisos testamentarios pueden cumplir muchas funciones, pero su objetivo principal es dejar estipulado cómo debe utilizarse tu dinero en beneficio de tus hijos u otros beneficiarios después de tu muerte.

Imagínate que un matrimonio que posee bienes por valor de 400.000 dólares decide que, cuando fallezcan, los bienes se dividan a partes iguales entre sus dos hijos, que en la actualidad tienen diecinueve y veinte años. Si ambos padres muriesen hoy, cada uno de ellos recibiría un cheque de 200.000 dólares sin ningún tipo de restricciones, lo que me lleva a la siguiente pregunta: ¿qué hubieras hecho tú a los diecinueve o veinte años con 200.000 dólares en el bolsillo? En su lugar, los padres pueden

41. ¡Imposible!

crear un fideicomiso testamentario en el que se estipule que sus hijos deben recibir el capital y los ingresos necesarios para garantizar su salud y educación hasta que cumplan treinta años, momento en el que se les entregará lo que quede de herencia.[42] El testamento también nombrará al *fideicomisario*, una persona o empresa designada por ti para guardar el dinero, invertirlo y distribuirlo de acuerdo con los términos del fideicomiso testamentario.

Asuntos financieros

Si te quedases incapacitado, no sólo habría que ocuparse del aspecto médico de tus cuidados, sino también de la administración de tus asuntos en tu nombre, como el pago de facturas, la firma de documentos legales y las gestiones con otras entidades (por ejemplo, tu compañía telefónica o tu aseguradora). Sin un documento de poder notarial válido, nadie está autorizado para actuar en tu nombre. Si ocurriese algo que te incapacitara y no tuvieses este documento en regla, tu cónyuge, familiares o amigos pueden solicitar judicialmente la potestad para administrar tus finanzas.

Un *poder notarial para asuntos financieros de duración indefinida* es un documento en el que designas a alguien para que tome decisiones financieras por ti. Un poder notarial de *duración indefinida* se diferencia de un poder ordinario en que sigue siendo válido incluso si quedas incapacitado y no puedes tomar decisiones por ti mismo, que suele ser el momento en que más se necesita. Muchas personas otorgan a su agente financiero un amplio poder sobre sus finanzas; sin embargo, puedes conceder a tu agente tanto o tan poco poder como tú quieras. Por ejemplo, hay quienes limitan la facultad de su agente financiero de entregar dinero y bienes a ellos mismos o a otras personas.

---

42. Estoy convencido de que los treinta son los nuevos dieciocho.

Atención sanitaria

Hace unos años, una clienta me llamó histérica. Mientras sollozaba y me relataba su historia, apenas podía entender lo que decía. Su hija había sufrido un grave accidente de coche mientras volvía de la universidad y había tenido que ser trasladada en helicóptero a un hospital de la zona. Como su hija había cumplido diecinueve años, mi clienta ya no tenía la patria potestad para tomar decisiones sanitarias en su nombre. Su hija se recuperó por completo, pero mi clienta se sintió conmocionada por su propia impotencia ante la situación. Desde entonces, aconsejo a mis clientes que dispongan de un poder notarial para la atención sanitaria no sólo para ellos, sino también para sus hijos adultos.

Cerca del 75 por ciento de los estadounidenses mueren en hospitales u otros centros sanitarios. Si no cumplimentas los documentos correspondientes, tu cuidado dependerá del criterio de los facultativos que te atiendan. En la mayoría de los casos, la misión del médico será mantenerte con vida utilizando para ello todos los medios a su alcance. Esto puede o no ser compatible con tus creencias y tus deseos personales con relación a los cuidados paliativos. Si hay alguna duda en torno a un procedimiento serio o una técnica para prolongar la vida, es posible que el médico no solicite el consentimiento de tus familiares cercanos. Y aunque el médico consulte a tu pareja o a un familiar, puede haber problemas si hay discrepancias sobre el tratamiento más adecuado.

La formalización de algunos documentos básicos en materia sanitaria te permitirá ejercer el control sobre tus opciones de atención médica y ayudará a garantizar que se cumplan tus deseos. Un *poder notarial de atención médica de duración indefinida*, también conocido como *poder legal para la atención médica*, otorga a otra persona la autoridad para tomar decisiones sanitarias en tu nombre en caso de que tú no puedas hacerlo. La persona que designes como tu apoderado para las decisiones médicas debe ser alguien de confianza y que respete tus deseos. Y recuerda que no todas las decisiones médicas son una emergencia de vida o muerte digna de un episodio de *Anatomía de Grey*. Un poder notarial para la atención sanitaria puede comprender decisiones como el cambio de médico o el traslado de un centro sanitario a otro. La persona que nombres como tu apoderado puede ser tu cónyuge, un pariente o un amigo. Es importante tener en cuenta que el apoderado que elijas podría tener que tratar con familiares, médicos y otras personas que actúen según sus propias creencias e intereses en lugar de los tuyos. Si consideras que existe esta posibilidad, comprueba que en caso de enfrentamiento tu apoderado sea capaz de llevar a cabo tus deseos. También sería útil que para la atención médica designaras, si fuera posible, a un apoderado que viviera cerca, así como a un apoderado sustituto en caso de que tu primera opción no esté disponible o no quiera ejercer de tal.

Un testamento vital (también conocido como *documento de voluntades anticipadas* o *de instrucciones previas*) recoge tus deseos con relación a los tratamientos que quieres recibir o evitar en caso de que no puedas comunicarlos por ti mismo. Una vez que el médico tiene el testamento vital en su poder, debe seguir sus instrucciones o transferirte a otro facultativo que sí lo haga. A diferencia del poder notarial para la atención sanitaria, en el que otorgas a otra persona el poder de tomar decisiones en tu nombre, un testamento vital te permite tomar las decisiones tú mismo. Un testamento vital abarca una serie de cuestiones como la donación de órganos, el tratamiento del dolor y el uso de la reanimación cardiopulmonar (cuando los pacientes no quieren ser reanimados, se denomina *orden de no resucitar*). Asegúrate de tenerlo listo para ti y tu cónyuge (si estás casado), y comprueba que tus padres e hijos adultos también lo tienen.

Planificación caritativa

> Vives gracias a lo que ganas. Construyes tu vida gracias a lo que das.
>
> WINSTON CHURCHILL

Los estadounidenses se encuentran entre las personas más generosas del mundo y, para muchos inversores, la planificación caritativa se ha convertido en un componente primordial de su planificación financiera. Donar dinero debería ser sencillo (y a menudo lo es), pero, para las personas de alto poder adquisitivo que desean dejar un legado benéfico, existen alternativas más complejas que merecen ser estudiadas.

A través de donaciones anuales periódicas, muchas personalidades de alto poder adquisitivo utilizan su dinero en beneficio de la sociedad. Sin embargo, a muchos les gustaría que su labor filantrópica continuara después de haber muerto y así dejar un legado de donaciones benéficas a las siguientes generaciones. Con una planificación adecuada, estos objetivos pueden hacerse realidad; pueden generarse las estructuras legales apropiadas para recibir las donaciones, estas estructuras pueden financiarse y gestionarse, y pueden elegirse administradores para continuar con el legado una vez que el inversor haya fallecido.

Veamos algunas formas de potenciar tus donaciones benéficas y tu legado financiero:

- Crear una fundación privada. Para los poseedores de grandes fortunas, crear una fundación privada puede ser una estupenda manera de dejar un legado benéfico que trascienda múltiples generaciones. Una fundación privada es una entidad benéfica independiente gestionada por un personal que dirige las operaciones y el reparto de bienes que sustentan la misión caritativa. Cada vez hay una regulación mayor en torno al uso y distribución de fondos de fundaciones privadas —lo que, junto con los salarios del personal, puede encarecer las operaciones—, pero los miembros de la familia pueden recibir un salario por su trabajo en estas entidades. Una fundación puede financiarse con activos tanto en vida del individuo como a su fallecimiento, y puede ser administrada por él o sus descendientes.
- Un consejo adicional para las personas con un gran patrimonio: si tienes pensado dejar a la beneficencia una cantidad importante cuando fallezcas, deberías reconsiderar tu idea. Si en su lugar realizas esa donación a una organización benéfica mientras sigues vivo, aunque sea a tu propia

fundación o a un fondo asesorado por donantes, no sólo evitarás el impuesto sobre sucesiones y donaciones, sino que también disfrutarás de una importante deducción en el impuesto sobre la renta.

Para determinar qué herramientas y técnicas son las más adecuadas para tu cartera, es esencial el desarrollo de una visión del tipo de legado benéfico que deseas dejar. Por ejemplo, supongamos que tu objetivo es crear una fundación capaz de donar cincuenta mil dólares a organizaciones benéficas a partir de este año y de forma indefinida (ajustando la inflación cada año). Para lograrlo, necesitarías dotar hoy a tu fundación con aproximadamente un millón de dólares. Además, la cartera de la fundación tendría que estructurarse para que la mayor parte de los repartos anuales se paguen con los ingresos y la revalorización de los activos, preservando el capital para las generaciones futuras. Como ocurre con cualquier otro objetivo, sólo estarás en disposición de diseñar una cartera que te permita establecer un plan de ahorro después de haber definido el marco de lo que quieres conseguir.

Hasta ahora hemos hablado de la planificación de cara a la jubilación, de la planificación en materia educativa y de la planificación caritativa, pero quizá hayas notado que todavía no hemos mencionado ninguna inversión. Con todo, hemos examinado las decisiones más importantes —determinar lo que quieres conseguir, establecer un marco para el ahorro e identificar cuáles son los mejores vehículos disponibles que ofrezcan la mayor probabilidad de éxito— y hemos sentado las bases de lo que está por venir. Una vez completada la fase de planificación, puedes comenzar a diseñar carteras para cumplir cada uno de tus objetivos.

Si quieres ser rico, empieza a *actuar* como los ricos.[43] Comienza con un enfoque articulado con claridad y luego dirige tus esfuerzos en esa dirección.

---

43. Ojo, esto no significa hablar como un esnob o verter champán en el suelo sólo para divertirte.

¡Hazlo!

Just do it! [¡Sólo hazlo!]

Nike[44]

Da igual que tu patrimonio sea de cien mil o de cien millones de dólares, lo cierto es que necesitas un plan de sucesión patrimonial y el resto de las personas también. Tus hijos mayores de edad necesitan un plan de sucesión patrimonial, tus padres necesitan un plan de sucesión patrimonial y es probable que también tu vecino de enfrente deba tener uno. A la hora de lograr la libertad financiera, ésta es la parte más fácil y sólo requiere de una o dos horas de reunión con un abogado especializado en planificación patrimonial. Sin embargo, este apartado de la planificación es el que menos se pone en práctica. ¿Por qué? Hay tres razones por las que las personas rehúyen la planificación patrimonial: no les gusta enfrentarse a la posibilidad de morir, no quieren tomar decisiones difíciles[45] y creen que les va a llevar mucho tiempo.

En lo que respecta a un plan de sucesión patrimonial, tener algo en marcha siempre es mejor que nada. La documentación siempre puede revisarse para ajustarse a las circunstancias del momento, pero el hecho de tener algo en marcha os proporcionará paz mental a ti y a tu familia. Te permitirá descansar tranquilo al saber que has evitado un sufrimiento injustificado e impuestos innecesarios. Y si tienes la fortuna de disponer de una gran riqueza y entre tus objetivos se incluyen un patrimonio generacional o un legado benéfico, una planificación patrimonial

---

44. Nike no nos ha pagado nada por esta referencia. Mensaje a los abogados de Nike: aceptamos bolsas con regalos promocionales. Sabemos que ya lo estáis haciendo con los raperos. Esto vendría a ser más o menos lo mismo.

45. Como la carta de Cheesecake Factory, sólo resulta abrumador en apariencia: al principio da la sensación de que las opciones son infinitas, pero, tras un momento de reflexión, la elección parece obvia, aunque sólo sea por un proceso de eliminación. De alguna manera, acaba saliendo.

puede ayudarte a garantizar que tu dinero, ese que te ha costado tanto ganar, se destine mayormente a apoyar a las personas y causas que te interesan, y no a engrosar las arcas públicas. Aunque es difícil pensar en cómo serán las cosas cuando ya no estés, merece la pena dedicarles un poco de tiempo y esfuerzo. *Just do it!* (¡Sólo hazlo!)

¡Lo has hecho!

¡Sí! Ya tienes un plan de sucesión patrimonial en marcha. Recapitulemos qué otros planes deben estar listos antes de que empieces a invertir (o si ya has empezado a invertir, esto te servirá para saber qué otras inversiones se adaptarían a tus circunstancias):

- Declaración de patrimonio neto
- Previsiones de jubilación
- Otras previsiones, como la educación
- Previsiones de seguros
- Plan de gestión de riesgos, que englobe seguros de vida, de invalidez, de cuidados de larga duración, de salud, de hogar, de automóvil y de responsabilidad extendida (siempre contratando exactamente lo que tu plan requiere y nada más)
- Plan de sucesión patrimonial, en el que se incluya toda la documentación necesaria como fideicomisos, testamentos, poderes notariales para asuntos financieros, poderes notariales para la atención médica y documentos relativos a la planificación caritativa

Todos estos elementos constituyen los pilares de la planificación financiera y deben ser abordados para garantizar tu bienestar financiero. Piensa en ellos como en el equipo que necesitas antes de comenzar la escalada; sin ellos, corres el riesgo de no alcanzar la cumbre. Los planes recogidos en este capítulo te permitirán trazar tu camino y en caso de que surja algún peligro imprevisto te protegerán a ti y a tu familia.

Antes de seleccionar una única inversión para nuestros clientes, en Creative Planning analizamos todas estas cuestiones. Si no sabemos en qué situación te encuentras ni adónde quieres llegar, no podemos diseñar la cartera que más te conviene. Y no importa lo buen inversor que seas si luego lo pierdes todo por una discapacidad, la muerte de un familiar o algún otro acontecimiento que no estaba contemplado en tu plan general. ¿Tu asesor está haciendo esto por ti? Si no es así, te recomiendo que muevas un elemento de la planificación al primer lugar de tu lista: buscar un nuevo gestor de patrimonio.

Parte III

El inicio del camino

Capítulo 8

Cómo funcionan los mercados

> El riesgo viene de no saber qué estás haciendo.
>
> WARREN BUFFETT

Dado que éste es un libro sobre inversión, vamos a empezar este capítulo revelándote algo que siempre ha generado beneficios. En los últimos ochenta y ocho años esta inversión ha ganado alrededor de un 10 por ciento anual y presenta una trayectoria ascendente constante. ¡Fíjate en el gráfico 8.1!

Gráfico 8.1.

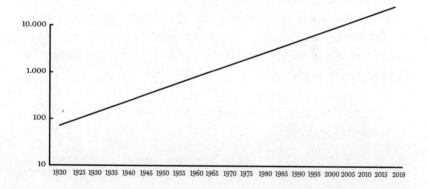

Si eres como la mayoría de los estadounidenses, esta clase de rendimiento constante y lucrativo te parecerá un auténtico sueño. ¿Y si te dijera que este rendimiento es real? Pues bien, es real y, lo que es más interesante, está a tu alcance. ¿En qué consiste esta increíble y maravillosa inversión? Se trata de algo de lo que sin duda habrás oído hablar: el mercado de valores.

La paradoja del oportunismo de mercado

Hay varios estudios importantes que comparan el rendimiento del inversor particular medio con el de los principales índices, como el S&P 500 o el Dow Jones. Todos estos estudios muestran cómo el inversor particular siempre va a la zaga del índice, y algunos incluso llegan a insinuar que la diferencia en el rendimiento puede ser de varios puntos porcentuales por año. Entonces, ¿qué impide a los inversores aprovechar toda la rentabilidad del mercado?

Una de las razones radica en que intentan anticiparse a los movimientos bursátiles. El oportunismo de mercado o *market timing* se basa en la idea de que hay momentos en los que es mejor estar en el mercado y momentos en los que es mejor estar fuera de él. A primera vista, parece algo interesante. ¿Por qué querrías invertir en el mercado de valores cuando está perdiendo? Pero como verás más adelante, es imposible predecir estas fluctuaciones con cierto grado de regularidad. Y, al igual que ocurre con muchas otras cosas, la regularidad es la clave para obtener todos los beneficios.[46]

Dejemos desde el principio una cosa clara. Simplemente, el *market timing* no funciona. Y no me digas que tú nunca has intentado elegir el mejor momento para invertir. Que nunca has dicho o pensado algo así:

«Tengo dinero en efectivo guardado y sólo estoy esperando a que las cosas se calmen».

46. Por no hablar de los costes impositivos y de transacción. Y las noches de insomnio.

«Tengo el bonus de la empresa en mi cuenta, pero esperaré a que haya un repunte.»

«Invertiré después de [inserta aquí una excusa poco convincente]. Algunas opciones: las elecciones, el año nuevo, que el mercado se corrija, que la crisis de la deuda pase, que el Congreso apruebe el presupuesto, que se resuelva el Brexit, etcétera.»

Todo esto es oportunismo de mercado.

¿Por qué querría alguien entorpecer una inversión que ha generado continuamente unos rendimientos tan fantásticos? El oportunismo de mercado puede parecer un pensamiento racional, pero en realidad revela una perspectiva emocional. Déjame explicarte. La bolsa no sube en línea recta. Si dibujáramos los rendimientos tal como se han generado a lo largo del tiempo, el esquema resultante sería parecido al que se muestra en el gráfico 8.2. Visto en retrospectiva, se puede apreciar que, si bien el mercado se ha hundido en muchas ocasiones a lo largo de ochenta y ocho años, ha tenido una tendencia al alza constante. A los que les toca vivir esas caídas del mercado, la situación puede parecerles el fin del mundo. Imagina la crisis emocional que provocó la Gran Depresión o la inercia e inutilidad de la inflación durante la década de 1970. La sensación de impotencia que se produjo durante el pánico de 2008 y la posterior recesión sigue estando muy presente en nuestra memoria. Cuando inviertes, unas pocas semanas pueden parecer toda una vida, especialmente cuando el mercado se mueve en tu contra. Y gracias al auge de los canales de noticias de veinticuatro horas y los avances tecnológicos de los teléfonos inteligentes, nunca ha sido tan fácil obsesionarse con los micromovimientos del mercado. A menudo vivir momentos como éstos hace que la gente piense que debe evitar las tendencias bajistas del mercado, cuando las pérdidas son completamente normales. Esto provoca que la gente venda acciones y se pierda los beneficios de la inversión a largo plazo.

Gráfico 8.2. Promedio industrial Dow Jones, rendimiento no lineal

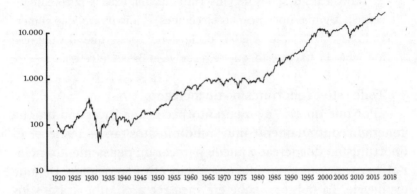

El primer paso para tomar decisiones informadas con relación a tus inversiones es deshacerte de cualquier idea equivocada sobre el mercado de valores. Reconocer lo que es normal en el mercado puede mejorar de manera drástica el rendimiento de tus inversiones. Los efectos secundarios de esta toma de conciencia incluyen la reducción de los niveles de estrés, el aumento de la probabilidad de alcanzar tus objetivos de inversión y la mejora de la calidad de vida.

Para ser claros, hay muchos tipos de «mercados». Los gráficos anteriores representan el promedio industrial Dow Jones, un índice de treinta grandes empresas estadounidenses que nos permite repasar cien años de historia de las finanzas. En la actualidad, el índice más extendido es el S&P 500, que agrupa a quinientas grandes empresas estadounidenses como Microsoft, Google, Procter & Gamble y McDonald's. Aunque existen miles de valores, las quinientas mayores empresas representan alrededor del 80 por ciento de la capitalización del mercado estadounidense; es decir, del valor total del mercado.[47] Esto se debe a que en el S&P 500, empresas como McDonald's son entre cincuenta

---

47. *Capitalización* es una forma elegante de decir valor total. El precio de las acciones de una empresa multiplicado por el número de acciones en circulación da como resultado su capitalización bursátil.

y cien veces más grandes que empresas como Cheesecake Factory.[48]

Para que nadie piense que estoy siendo selectivo a la hora de expresar mi amor por el índice bursátil más conocido, quiero aclarar que la premisa de la trayectoria alcista es válida tanto para las pequeñas acciones estadounidenses como para las acciones internacionales y las de los mercados emergentes. El caso es que todos los mercados amplios hacen lo mismo: subir. Mucho.

Todo esto se ve muy bien, ¿verdad? Pero para obtener estos rendimientos, hay que evitar cometer el primer gran error: el oportunismo de mercado. Esto no es tan fácil como parece, hay muchas personas que pueden animarte a cometer este error.

Gráfico 8.3. Grupos de oportunistas de mercado

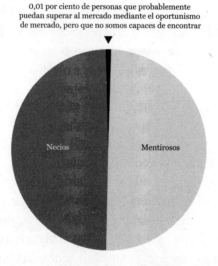

0,01 por ciento de personas que probablemente
puedan superar al mercado mediante el oportunismo
de mercado, pero que no somos capaces de encontrar

Entre ellas, los tertulianos de la televisión, tus amigos del trabajo, tu cuñado que «vendió justo antes de la última crisis»[49] y la mayor parte de la industria de los servicios financieros.

48. Está claro que la capitalización bursátil no tiene en cuenta quién hace los mejores postres. Ya hablaremos de ello más adelante. En este libro es ya mi segunda referencia a Cheesecake Factory, creo que está claro que toca hacerle una visita.

49. También hay mucha gente que afirma haber visto al yeti y al monstruo del lago Ness.

Tal como se ilustra en el gráfico 8.3, este grupo de oportunistas de mercado (*market timers*) puede dividirse en dos bandos.

Este gráfico no está basado en datos científicos. En realidad desconozco qué porcentaje de oportunistas de mercado son necios y qué porcentaje son deshonestos. Sin embargo, creo que todos los oportunistas de mercado pertenecen a uno de estos dos bandos, y los dos son peligrosos. Echemos un vistazo a ambos grupos.

Los necios

> ¿Qué hay que hacer cuando el mercado baja? Lee las opiniones de los gurús de la inversión que aparecen en *The Wall Street Journal*. Y mientras lees, ríete. Todos sabemos que los expertos no pueden predecir los movimientos del mercado a corto plazo. Sin embargo, ahí los tienes, tratando desesperadamente de mostrar que son muy inteligentes cuando en realidad no tienen ni idea.
>
> JONATHAN CLEMENTS

Hay inversores y asesores totalmente honestos que de verdad se creen capaces de elegir el mejor momento para entrar o salir del mercado. Están convencidos de que saben algo que nadie más sabe, o de que ven algo que nadie más ve. A menudo te dirán que ya han acertado antes, y es posible que alguna vez lo hicieran. Esta gente es como ese amigo tuyo que cuando vuelve de apostar en Las Vegas te dice: «¡Arrasé!», pero omite convenientemente las cinco veces que perdió. Estos asesores se olvidan de sus malas decisiones y sólo recuerdan las buenas. Puede que tengan buenas intenciones, pero a la larga acaban dañando tu cartera y la de cualquiera que haya confiado en ellos.

Los mentirosos

> Hay tres tipos de personas que se dedican a hacer predicciones sobre el mercado. Los que no saben, los que no saben qué es lo que no saben y los que saben muy bien que no saben, pero cobran mucho dinero por fingir que saben.
>
> BURTON MALKIEL[50]

Otros asesores financieros saben que es imposible anticipar cuál es el mejor momento para entrar o salir del mercado, pero su sustento depende de convencerte de que pueden «salvarte» con su «protección frente al riesgo bajista». Se trata de la venta más fácil en el mundo del asesoramiento financiero. ¿A quién no le gusta la idea de participar en las subidas de la bolsa y evitar todas sus caídas? Los inversores experimentados saben que esto no es posible, aunque siempre habrá alguien que quiera oírlo. Mientras esa gente exista, habrá decenas de miles de profesionales dispuestos a venderles remedios mágicos.

También he comprobado que muchos asesores financieros han tenido acceso a toda la información que necesitan para cambiar su punto de vista y alejarse del oportunismo de mercado, pero su elevado sueldo hace que les resulte difícil aceptar los hechos. Igual que cuando un miembro de una secta encuentra pruebas definitivas de que su fundador es un fraude, el asesor financiero puede encontrar la realidad demasiado difícil de asumir y decantarse por seguir siendo iluso e ignorante. Como dijo Descartes: «El hombre es incapaz de entender cualquier razonamiento que interfiera con sus ingresos».[51]

---

50. Burton Malkiel escribió un libro revolucionario sobre este tema titulado *Un paseo aleatorio por Wall Street* (Anaya, 2016). Malkiel es partidario del uso de índices como eje central de una cartera y utilizar la gestión activa en ciertos espacios «en los bordes», una filosofía con la que estoy de acuerdo.

51. Aunque sus libros no te enseñarán nada sobre inversión, otro tipo muy inteligente.

¿Por qué es tan difícil ganarle al mercado?

> En un mercado eficiente, el precio real de un valor será en todo momento una buena estimación de su valor intrínseco.
>
> EUGENE FAMA

Hay muchas razones por las que el *market timing* no funciona y hay otras muchas razones por las que los gestores de inversión intentarán convencerte de que sí lo hace. Empecemos analizando la situación general y sigamos luego con los gurús de la inversión y sus resultados reales.

Mercados eficientes

Desarrollada por el premio Nobel Eugene Fama, la hipótesis del mercado eficiente sostiene que es difícil vencer al mercado porque éste es eficiente a la hora de integrar toda la información relevante. Puesto que hay un montón de gente inteligente (y no tan inteligente) con la misma información sobre cualquier acción o bono determinado, resulta imposible obtener una ventaja sostenible que te permita superar la rentabilidad del mercado.

En la práctica, esto significa que, dado el gran número de participantes en el mercado —particulares, instituciones y ordenadores de alta velocidad— que compran y venden los mismos valores todo el tiempo, toda nueva información se «valora» casi al instante. Cada vez que ocurre algo bueno o malo que altera el beneficio potencial previsto de una empresa o del mercado en su conjunto, la subsiguiente avalancha de actividad bursátil hace que el precio de las acciones suba o baje con rapidez hasta alcanzar un punto en el que el precio de las acciones refleje el valor económico de la nueva información. Para cuando el inversor medio decide llevar a cabo una operación, la ventaja que creía tener ya ha desaparecido.

En los casos en que parece que se puede batir al mercado, casi siempre se debe a que el inversor asume un riesgo añadido. Por ejemplo, se ha demostrado que en períodos prolongados, las acciones de las pequeñas empresas se comportan mejor que las de las grandes empresas, pero es muy probable que esto se deba a que presentan un mayor riesgo (son más volátiles).[52]

Las masas se equivocan una y otra vez

> No podemos opinar sobre la situación de la bolsa, los tipos de interés o la actividad empresarial dentro de un año. Hace tiempo que pensamos que el único valor de las predicciones bursátiles es hacer quedar bien a los adivinos. Creemos que las previsiones de mercado a corto plazo son tóxicas y deben mantenerse bajo llave en un lugar seguro, lejos de los niños y también de los adultos que en los mercados se comportan como niños.
>
> WARREN BUFFETT

El inversor medio fracasa de forma sistemática y estrepitosa en sus cálculos de rentabilizar el mercado. Cuando el mercado bajista de 2001 tocó fondo, los inversores traspasaron una cantidad récord de acciones a dinero en efectivo. Luego, una vez que se recuperó volvieron a incorporarse al mercado. En el peor momento de la crisis de 2008-2009, los inversores batieron el récord anterior de retirada de fondos, traspasando acciones a dinero en efectivo en cifras sin precedentes. Éstos son ejemplos de la mentalidad de rebaño en su máxima expresión. Hoy el mercado acumula varias subidas desde esos mínimos. Los inversores fallaron por completo en sus previsiones, batiendo récords en ambos sentidos, y en ambas ocasiones en el momento equivocado.

52. DALBAR, «2018 Quantitative Analysis of Investor Behavior Report», *DALBAR*, 2018.

Los medios se equivocan una y otra vez

El que predice el futuro miente, aunque diga la verdad.

Proverbio árabe

El inversor típico extrae la información financiera de los medios de comunicación. Es importante señalar que el valor de la información proporcionada por los medios de comunicación sobre hacia dónde se dirige el mercado es igual a cero. En realidad, es menos que cero, porque si se confía en el criterio de los medios de comunicación con respecto al comportamiento del mercado, lo más probable es que, en lugar de neutro, el resultado sea negativo.

Los analistas de los medios de comunicación están deseando ofrecerte sus importantes y atrevidas predicciones sobre el rumbo del mercado. He sido invitado a participar en varios programas de canales nacionales dedicados a la información económica, como CNBC y FOX Business. Antes de dar comienzo al programa, a menudo el productor ha querido saber mi opinión sobre «hacia dónde va el mercado», y cuando le he respondido que a corto plazo «no lo sé», se ha mostrado decepcionado. Una cadena nacional de televisión por cable llegó a bautizarme como el asesor de «la máquina del tiempo», porque siempre antes de dar un consejo matizaba que no tenía ni idea de lo que pasaría a corto plazo, pero que tenía mucha confianza en el largo plazo.[53]

A los asesores financieros les resulta muy rentable fomentar la idea del oportunismo de mercado, y a los medios de comunicación no les interesa cuestionarlos porque saben que su audiencia sube en cuanto sus invitados se dedican a hacer predicciones disparatadas sobre el mercado.

Veamos con rapidez hasta qué punto es imprudente seguir el ejemplo de los expertos de los medios de comunicación.

---

53. Los dibujos eran bastante divertidos, se veía mi cabeza asomando fuera de una máquina del tiempo que se asemejaba a una cabina telefónica del pasado reciente. Mi cuñado siempre estará recordándomelo.

Los economistas se equivocan una y otra vez

> Las predicciones pueden decir mucho sobre quien las realiza, pero nada sobre el futuro.
>
> WARREN BUFFETT

Los economistas han sido incapaces de predecir el rumbo de la economía. Para que alguien pueda hacerlo con cierta precisión, hay demasiadas variables en juego, muchas de ellas conocidas y otras no tanto. A este respecto, la historia nos brinda dos grandes anécdotas.

El 15 de octubre de 1929, Irving Fisher, a quien Milton Friedman definió como el «mejor economista que ha tenido Estados Unidos», afirmó que «los precios de las acciones habían alcanzado lo que parecía ser una meseta alta y permanente». Una semana más tarde el mercado se desplomó, sumiéndonos en la Gran Depresión e iniciando una caída libre que provocaría que el Dow Jones perdiera el 88 por ciento de su valor. Tendrían que pasar casi ochenta años hasta que otro mercado bursátil cayera con tanta rapidez o intensidad. Y, por supuesto, también en esta ocasión hubo un economista de gran prestigio que realizó una audaz predicción justo antes de que se desencadenase la crisis. El 10 de enero de 2008, Ben Bernanke afirmó: «La Reserva Federal no contempla la posibilidad de una recesión actualmente».[54] La economía no le hizo caso y unos meses después se precipitó la peor recesión desde la Gran Depresión, haciendo que por el camino la bolsa se dejara más del 50 por ciento.

Pensarás: «De acuerdo, parece que esos dos tipos no eran buenos prediciendo el mercado, ¡pero eso no significa que no haya otros que sí acierten!». Gracias por sacar a relucir ese punto. Echemos un vistazo a toda esta industria de analistas económicos que hacen grandes predicciones y comprobemos el resultado de esas predicciones.

54. Párate a pensar en ello un momento. Es posible que la Reserva Federal esté dirigida por el mejor equipo económico del mundo. Si ni siquiera ellos son capaces de predecir qué va a suceder, y eso que controlan los tipos de interés, que condicionan al menos una parte de todo lo que sucede, ¿cómo se supone que tú, tu amigo o tu asesor financiero vais a saber predecirlo?

Gráfico 8.4. Aprendamos de las enseñanzas del tiempo

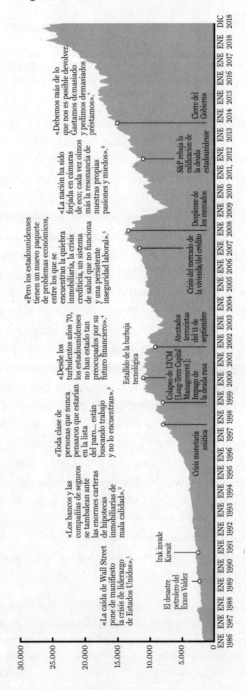

«La caída de Wall Street pone de manifiesto la crisis de liderazgo de Estados Unidos».[1]

El desastre petrolero del Exxon Valdez

Irak invade Kuwait

«Los bancos y las compañías de seguros se tambalean ante las enormes carteras de hipotecas inmobiliarias de mala calidad».[2]

«Toda clase de personas que nunca pensaron que estarían en la lista del paro... están buscando trabajo y no lo encuentran».[3]

Crisis monetaria asiática

«Desde los turbulentos años 70, los estadounidenses no han estado tan preocupados por su futuro financiero».[4]

Colapso de LTCM [Long-Term Capital Management]; Impago de la deuda rusa

Estallido de la burbuja tecnológica

Atentados terroristas del 11 de septiembre

«Pero los estadounidenses tienen un nuevo paquete de problemas económicos, entre los que se encuentran la quiebra inmobiliaria, la crisis crediticia, un sistema de salud que no funciona y una persistente inseguridad laboral».[5]

Crisis del mercado de la vivienda/del crédito

«La nación ha sido forjada en cámaras de eco; cada vez oímos más la resonancia de nuestras propias pasiones y miedos».[6]

Desplome de los mercados

S&P rebaja la calificación de la deuda estadounidense

«Debemos más de lo que nos es posible devolver. Gastamos demasiado y pedimos demasiados préstamos».

Cierre del Gobierno

30.000

25.000

20.000

15.000

10.000

5.000

0

ENE 1986 ENE 1987 ENE 1988 ENE 1989 ENE 1990 ENE 1991 ENE 1992 ENE 1993 ENE 1994 ENE 1995 ENE 1996 ENE 1997 ENE 1998 ENE 1999 ENE 2000 ENE 2001 ENE 2002 ENE 2003 ENE 2004 ENE 2005 ENE 2006 ENE 2007 ENE 2008 ENE 2009 ENE 2010 ENE 2011 ENE 2012 ENE 2013 ENE 2014 ENE 2015 ENE 2016 ENE 2017 ENE 2018 DIC 2018

Afortunadamente, no he necesitado dedicar nada de tiempo a investigar para averiguarlo. Los economistas Jerker Denrell y Christina Fang recopilaron primero todas las predicciones realizadas entre julio de 2002 y 2005 en la Encuesta de Previsiones Económicas de *The Wall Street Journal*.[55] Luego afinaron la búsqueda para identificar al grupo de economistas que había cosechado un mayor éxito en la predicción de resultados improbables. Para ello consideraron como predicción «extrema» aquella en la que la estimación del economista era un 20 por ciento superior o un 20 por ciento inferior a la media.

Entonces, Denrell y Fang examinaron el resto de las predicciones hechas por este grupo y descubrieron que estos economistas, que ostentaban la mayor tasa de éxito en la predicción de acontecimientos «extremos», en realidad registraban un peor resultado general. Dicho con otras palabras, es probable que un economista que se dedica a hacer predicciones descabelladas marque un gol de vez en cuando, pero es aún más probable que su tasa de fallos esté muy por encima de lo normal. ¿Éste es el tipo de personaje que quieres que te asesore en materia de inversión? La cuestión es: *Cuanto más seguro se muestre un analista de su predicción, menos probable es que esta persona acierte y más probable es que la predicción sea un derivado de su talento para el espectáculo.* En el mundo de la inversión, cuanto más aventurada sea la predicción, menos válida es la fuente. Si te preocupa tu bienestar financiero, los datos indican con claridad que lo mejor es que los ignores. Según Joe Stiglitz, economista galardonado con el Premio Nobel,[56] los economistas aciertan «unas tres o cuatro veces de cada diez».[57] Con esas probabilidades, yo paso. Y tú también deberías.[58]

55. Jerker Denrell y Christina Fang, «Predicting the Next Big Thing: Success as a Signal of Poor Judgment», *Management Science*, vol. 56, n.º 10, 2010, pp. 1653-1667.
56. Ya estamos otra vez con los premios Nobel.
57. Tim Weber, «Davos 2011: Why Do economists Get It So Wrong?», BBC.co.uk, 17 de enero de 2011. Véase: <https://www.bbc.com/news/business-12294332>. [Fecha de consulta: 18/05/2021]
58. O cada vez que escuches un vaticinio bursátil o económico aventurado, simplemente añade al final las palabras «o no».

Los gestores de inversión se equivocan una y otra vez

> Claro que sería estupendo salirse del mercado bursátil cuando marque el máximo y volver a entrar cuando marque el mínimo, pero en los cincuenta y cinco años que llevo en el negocio, no sólo no he conocido a nadie que supiera hacerlo, sino que nunca he conocido a nadie que hubiera conocido a alguien que supiera hacerlo.
>
> JOHN BOGLE

Hay miles de asesores financieros que aseguran disponer de «indicadores del mercado» que les ayudan a tomar el pulso al mercado. Pero como dijo Don Phillips, director general de Morningstar: «No puedo citar ningún fondo de inversión en ninguna parte del mundo que utilizando el *market timing* como principal criterio de inversión haya conseguido unos resultados superiores a largo plazo».[59] Creo que se trata de una afirmación convincente. Si apuestas el trabajo de toda tu vida al oportunismo de mercado y resulta que el tipo que dirige la empresa más reputada de valoración de fondos declara que él nunca ha visto que haya funcionado bien, ¡quizá te convenga más escuchar este último consejo!

La conclusión es la siguiente: no hay pruebas de que los gestores de inversión puedan anticipar los movimientos del mercado de forma eficaz y repetida. Las probabilidades de acertar con el paso del tiempo son extremadamente bajas y sólo los necios se jugarían los ahorros de toda su vida. Incluso los más tontos pagarían a otra persona para que se jugara su dinero de esta manera. Si vieras a un jugador con una enorme montaña de fichas en plena racha ganadora, ¿pensarías que esa persona va a seguir ganando siempre? Al igual que sucede en Las Vegas, las probabi-

59. Diana Britton, «Is Tactical Investing Wall Street's Next Clown Act?», *Wealthmanagement.com*, 1 de diciembre de 2011. Véase: <https://www.wealth management.com/investment/tactical-investing-wall-streets-next-clown-act>. [Fecha de consulta: 18/05/2021]

lidades están tan en contra del que pretende detectar el mejor momento para entrar o salir del mercado que cualquier resultado a largo plazo que no sea el fracaso, ya sea moderado o catastrófico, es casi inevitable.[60] Un consejo: si en una reunión una asesora financiera te asegura que puede traspasar tu dinero a efectivo antes de que estalle una crisis, busca en otro sitio.

Los boletines se equivocan una y otra vez

> La única manera de ganar dinero con un boletín es vendiendo uno.
>
> MALCOLM FORBES

Decenas de miles de estadounidenses están suscritos a boletines dedicados al oportunismo de mercado. Estos ciudadanos abonan la cuota y dedican buena parte de su tiempo a leer este tipo de publicaciones sólo para aumentar sus posibilidades de obtener un rendimiento inferior al del mercado.

En 1994, analizando los datos aportados por Mark Hulbert,[61] John Graham y Campbell Harvey llevaron a cabo lo que muchos consideran el estudio más completo sobre la capacidad de los boletines para predecir el mercado.[62] Estudiaron más de quince mil previsiones de *market timing* de 237 boletines a lo largo de trece años. La conclusión fue abrumadora: el 75 por ciento de los boletines generaron rendimientos negativos anormales. ¡Seguir los consejos de la mayoría de estos escritos provocó un rendimiento negativo! La antaño famosa *Granville Market Letter*

60. Regla número uno de la inversión: evita el fracaso estrepitoso. El fracaso estrepitoso es malo.

61. Mark Hulbert administra un servicio que realiza un seguimiento de las predicciones y del rendimiento de los boletines informativos.

62. John R. Graham y Campbell R. Harvey, «Market Timing Ability and Volatility Implied in Investment Newsletters' Asset Allocation Recommendations», febrero de 1995. Véase: <https://papers.ssrn.com/sol3/papers.cfm?abstract_id=6006>. [Fecha de consulta: 18/05/2021]

arrojó un rendimiento medio anual negativo del -5,4 por ciento. La publicación *Elliot Wave Theorist,* una de las favoritas de los fanáticos de las tesis catastrofistas, produjo un rendimiento anual negativo del -14,8 por ciento.[63] Durante el mismo período, el S&P 500 ganó un 15,9 por ciento anual, por delante de las tres cuartas partes de los boletines informativos.

Te preguntarás: «¿Y ese 25 por ciento que sí consiguió igualar o superar al mercado?». En realidad, el estudio sobrestima el rendimiento de estos boletines, ya que entrar y salir del mercado sale caro. Si el estudio hubiera tenido en cuenta las comisiones, los costes de las transacciones y los impuestos, ese rendimiento inferior habría sido ¡aún más bajo! Por último, los autores ampliaron su estudio para comprobar si los que habían ganado han seguido haciéndolo. La conclusión es clara: «Rara vez los ganadores vuelven a ganar». En la conclusión de su estudio, los autores se muestran tajantes y rotundos: «No hay ninguna evidencia de que los boletines puedan saber cuándo es mejor invertir o salir del mercado».

La propia investigación de Mark Hulbert revela que los pocos boletines que logran superar al mercado en un año determinado no son los mismos que los que lo hacen en los años siguientes.[64] Y hay más datos que demuestran que ¡ni uno solo de los boletines dedicados al oportunismo de mercado ha batido al mercado a largo plazo!

Lo que dicen los inversores inteligentes sobre el *market timing*

> El Salón de la Fama del oportunismo de mercado es una sala vacía.
>
> Jane Bryant Quinn

---

63. ¿No es interesante ver cómo los fanáticos de las tesis catastrofistas terminan perdiendo su dinero a pesar de sus desesperados intentos por salvarlo?

64. Kim Snider, «The Great Market Timing Lie», *Snider Advisors*, 22 de julio de 2009. Véase: <https://ezinearticles.com/?The-Great-Market-Timing-Lie&id=2648301>. [Fecha de consulta: 18/05/2021]

De los grandes inversores de todos los tiempos, ninguno aboga por el *market timing*. Un joven inversor le preguntó a J. P. Morgan, que en el siglo xix dominaba las finanzas, sobre qué haría el mercado. Morgan le respondió: «Fluctuará, muchacho. Fluctuará». Benjamin Graham, el padre de la inversión moderna, estaba en contra del *market timing*. En 1976, llegó a afirmar: «Si algo he aprendido a lo largo de estos sesenta años en Wall Street es que la gente fracasa al predecir qué va a pasar en la bolsa». John Bogle, el fundador de Vanguard, la mayor compañía de fondos del mundo, declaró en repetidas ocasiones que, en su opinión, las estrategias oportunistas eran imposibles e inútiles. Warren Buffett, un referente de la inversión moderna, se ha burlado varias veces del oportunismo de mercado, calificándolo como la cosa más estúpida que pueden hacer los inversores. Le ha dedicado muchas frases, como: «Los oportunistas existen para hacer quedar bien a los adivinos», y con un estilo más directo: «Nunca he conocido a un hombre capaz de saber cuándo es el mejor momento para invertir o salir de los mercados».

Entonces, ¿qué debe hacer un inversor? Al fin y al cabo, los economistas, los analistas, los asesores y los boletines atraen la atención de los medios de comunicación porque a todo el mundo le interesa contar con una ventaja que le ayude a progresar. Si no puedes confiar en la ayuda de ninguno de estos gurús, ¿cómo vas a protegerte? La respuesta es contando con un plan de inversiones sólido, que te permita estar preparado para la volatilidad del mercado incluso antes de que se produzca. Llevo un paraguas en el coche porque en algún momento sé que lloverá y lo necesitaré. Al invertir en los mercados y construir una cartera, cabe esperar un poco de lluvia de vez en cuando; en el caso de los mercados, esto significa desde correcciones (una «lluvia de verano») hasta mercados bajistas (un «chaparrón torrencial»).

Correcciones de mercado

> En el mercado de valores hay recesiones y hay caídas. Si no comprendes que eso va a suceder, entonces no estás preparado. No te irá bien en los mercados.

> PETER LYNCH

Se dice que sólo hay dos cosas seguras en este mundo: la muerte y los impuestos. Yo diría que falta una: *las correcciones bursátiles*. ¿Cómo me atrevo a hacer semejante afirmación? Lo hago porque constantemente se producen correcciones bursátiles. Predecir una es como predecir que volverá a llover en Seattle.

¿Qué es exactamente una *corrección*? Una corrección es una caída del mercado del 10 por ciento o más. Si el mercado cae un 20 por ciento, la corrección pasa a ser un mercado bajista. ¿Con qué frecuencia se produce una corrección? Desde 1900, por término medio las correcciones se producen aproximadamente cada año, por lo que es importante que seas capaz de entenderlas y que te sientas cómodo con ellas. Si ya has cumplido cincuenta años, te esperan como mínimo unas treinta y cinco correcciones más.

Habrá quien diga: «¿Por qué no nos retiramos del mercado una vez que haya perdido un 10 por ciento, pero antes de que se convierta en un mercado bajista?». Porque la mayoría de las correcciones nunca adquieren la condición de mercado bajista. A lo largo de la historia, las correcciones han sufrido una caída media del 13,5 por ciento, la mayoría no ha superado los dos meses y su duración media ha sido de sólo cincuenta y cuatro días. En realidad, apenas una de cada cinco correcciones deriva en un mercado bajista. Dicho de otro modo, el 80 por ciento de las veces el mercado se sobrepone a las correcciones.

Por tanto, cuando surja una corrección no tiene sentido que liquides tus posiciones y te cargues de efectivo. La mayoría de las veces estarías pasándote al dinero en efectivo justo antes de tocar fondo. Si vendieras, aunque sólo fuera en unas pocas correcciones, podrías causar un daño irreparable a tu cartera. Sabemos que se producen correcciones todo el tiempo, sabemos que la mayoría de las correcciones no derivan en mercados bajistas y también sabemos que a lo largo de la historia los mercados se han recuperado de todas las correcciones. Es totalmente absurdo dejarse llevar por el pánico y recurrir al dinero en efectivo.

Al igual que sucede con el *market timing*, hay asesores financieros que intentan predecir las correcciones del mercado. En ocasiones hay razones que llevan al mercado a hacer una corrección, y en otras no las hay; sin embargo, es divertido ver cómo los expertos bursátiles hacen el ridículo intentando *predecirlas*. El gráfico 8.5 refleja tanto la obstinación del mercado como la incapacidad de los profesionales para predecir las correcciones del mercado.

Gráfico 8.5.

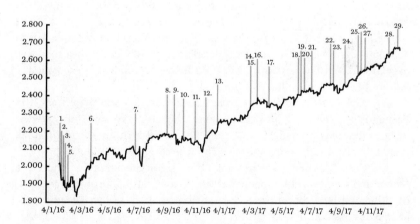

Cada uno de los siguientes números se corresponde con la fecha de la predicción en el gráfico:

1. «Soros: Es otra vez la crisis de 2008», Matt Clinch, CNBC, 7 de enero de 2016.[65]
2. «¿Será 2016 el año en que el mundo se hunda de nuevo en una crisis económica?», Larry Elliott, *The Guardian*, 9 de enero de 2016.[66]
3. «Vendedlo todo antes de que la bolsa se derrumbe, dicen los economistas de RBS», Nick Fletcher, *The Guardian*, 12 de enero de 2016.[67]
4. «Se avecina la mayor caída de la bolsa desde hace una generación», Chris Matthews, *Fortune*, 13 de enero de 2016.[68]
5. «Éstas son las clásicas señales de un mercado bajista», Amanda Díaz, CNBC, 20 de enero de 2016.[69]
6. «Posiblemente la primera gran quiebra está a punto de llegar», Harry Dent, *Economy & Markets*, 14 de marzo de 2016.[70]
7. «Evidencias claras de que una nueva crisis financiera

65. Matt Clinch, «Soros: It's the 2008 Crisis All Over Again», CNBC, 7 de enero de 2016. Véase: <https://www.cnbc.com/2016/01/07/soros-its-the-2008-crisis-all-over-again.html>. [Fecha de consulta: 18/05/2021]

66. Larry Elliott, «Is 2016 the Year When the World Tumbles Back into Economic Crisis?», *The Guardian*, 9 de enero de 2016. Véase: <https://www.theguardian.com/business/2016/jan/09/2016-world-tumbles-back-economic-crisis>. [Fecha de consulta: 18/05/2021]

67. Nick Fletcher, «Sell Everything Ahead of Stock Market Crash, say RBS Economists», *The Guardian*, 12 de enero de 2016. Véase: <https://www.theguardian.com/business/2016/jan/12/sell-everything-ahead-of-stock-market-crash-say-rbs-economists>. [Fecha de consulta: 18/05/2021]

68. Chris Matthews, «Here Comes the Biggest Stock Market Crash in a Generation», *Fortune*, 13 de enero de 2016. Véase: <http://fortune.com/2016/01/13/analyst-here-comes-the-biggest-stock-market-crash-in-a-generation/>. [Fecha de consulta: 18/05/2021]

69. Amanda Díaz, «These Are Classic Signs of a Bear Market», CNBC, 20 de enero de 2016. Véase: <https://www.cnbc.com/2016/01/20/these-are-classic-signs-of-a-bear-market.html>. [Fecha de consulta: 18/05/2021]

70. Harry Dent, «This Chart Shows the First Big Crash Is Likely Just Ahead», *Economy & Markets*, 14 de marzo de 2016. Véase: <https://economymyandmarkets.com/markets/stocks/this-chart-shows-the-first-big-crash-is-likely-just-ahead/>. [Fecha de consulta: 18/05/2021]

global ya ha comenzado», Michael T. Snyder, *Seeking Alpha*, 17 de junio de 2016.[71]

8. «Citigroup: Una victoria de Trump en noviembre podría provocar una recesión mundial», Luke Kawa, *Bloomberg*, 25 de agosto de 2016.[72]

9. «Los valores se acercan a la segunda corrección de 2016», Michael A. Gayed, *MarketWatch*, 7 de septiembre de 2016 (15).[73]

10. «Razones para que la bolsa se desplome en 2016», *Money Morning*, 26 de septiembre de 2016.[74]

11. «Economistas: Una victoria de Trump hundiría los mercados», Ben White, *Politico*, 21 de octubre de 2016.[75]

12. «Es muy probable que estemos ante una recesión global sin final a la vista», Paul Krugman, *The New York Times*, 8 de noviembre de 2016.[76]

71. Michael T. Snyder, «The Stock Market Crash of 2016: Stocks Have Already Crashed In 6 Of The World's Largest 8 Economies», *Seeking Alpha*, 17 de junio de 2016. Véase: <https://seekingalpha.com/article/3982609-stock-market-crash-of-2016-stocks-already-crashed-in-6-of-worlds-8-largest-economies>. [Fecha de consulta: 18/05/2021]

72. Luke Kawa, «Citigroup: A Trump Victory in November Could Cause a Global Recession», *Bloomberg*, 25 de agosto de 2016. Véase: <https://www.bloomberg.com/news/articles/2016-08-25/citigroup-a-trump-victory-in-november-could-cause-a-global-recession>. [Fecha de consulta: 18/05/2021]

73. Michael A. Gayed, «Stocks Are Inching Closer to the Second Correction of 2016», *MarketWatch*, 7 de septiembre de 2016. Véase: <https://www.marketwatch.com/story/stocks-inch-closer-to-2016s-second-correction-2016-09-07>. [Fecha de consulta: 18/05/2021]

74. Money Morning News Team, «Reasons for a 2016 Stock Market Crash», *Money Morning*, 26 de septiembre de 2016. Véase: <https://money morning.com/2016/09/26/reasons-for-a-2016-stock-market-crash/>. [Fecha de consulta: 18/05/2021]

75. Ben White, «Economists: A Trump Win Would Tank the Markets», *Politico*, 21 de octubre de 2016. Véase: <https://www.politico.com/story/2016/10/donald-trump-wall-street-effect-markets-230164>. [Fecha de consulta: 18/05/2021]

76. Paul Krugman, «We Are Very Probably Looking at a Global Recession with No End in Sight», *The New York Times*, 8 de noviembre de 2016. Véase: <https://www.nytimes.com/interactive/projects/cp/opinion/election-

13. «El economista Harry Dent predice un colapso "sin pre-
    cedentes" del mercado y dice que el Dow Jones podría
    perder 17.000 puntos», Stephanie Landsman, *CNBC.
    com*, 10 de diciembre de 2016.[77]

14. «Ahora puede ser el momento de vender sus acciones»,
    Laurence Kotlikoff, *The Seattle Times*, 12 de febrero de
    2017.[78]

15. «Cuatro pasos para proteger su cartera de la inminente
    corrección del mercado», John Persinos, *Street*, 18 de fe-
    brero de 2017.[79]

16. «La corrección del mercado bursátil estadounidense po-
    dría desencadenar una recesión», Alessandro Bruno,
    Lombardi Letter, 1 de marzo de 2017.[80]

17. «Tres indicadores clave apuntan a que una caída de la
    bolsa en 2017 es una posibilidad real», Michael Lombar-
    di, *Lombardi Letter*, 28 de marzo de 2017.[81]

night-2016/paul-krugman-the-economic-fallout>. [Fecha de consulta: 18/05/
2021]

77. Stephanie Landsman, «Economist Harry Dent Predicts "Once in a Li-
fetime" Market Crash, Says Dow Could Plunge 17,000 Points», CNBC, 10 de
diciembre de 2016. Véase: <https://www.cnbc.com/2016/12/10/economist
-harry-dent-says-dow-could-plunge-17000-points.html>. [Fecha de consulta:
18/05/2021]

78. Laurence Kotlikoff, «Now Might Be the Time to Sell Your Stocks»,
The Seattle Times, 12 de febrero de 2017. Véase: <https://www.seattletimes
.com/business/new-voice-on-raising-living-standard/>. [Fecha de consulta:
18/05/2021]

79. John Persinos, «4 Steps to Protect Your Portfolio from the Looming
Market Correction», *The Street*, 18 de febrero de 2017. Véase: <https://www
.thestreet.com/opinion/4-steps-to-protect-your-portfolio-from-the-looming
-market-correction-13999295>. [Fecha de consulta: 18/05/2021]

80. Alessandro Bruno, «The US Stock Market Correction Could Trigger
Recession», *Lombardi Letter*, 1 de marzo de 2017. Véase: <https://www
.lombardiletter.com/us-stock-market-correction-2017/8063/>. [Fecha de consulta: 18/05/2021]

81. Michael Lombardi, «3 Economic Charts Suggest Strong Possibility of
Stock Market Crash in 2017», *Lombardi Letter*, 28 de marzo de 2017. Véase:
<https://www.lombardiletter.com/3-charts-suggest-strong-possibility-stock
-market-crash-2017/9365/>. [Fecha de consulta: 18/05/2021]

18. «Advertencia crítica del economista Harry Dent: "Esto es sólo el comienzo de un escenario de pesadilla a medida que el Dow Jones se desploma hasta los 6.000"», Laura Clinton, *Economy & Markets*, 30 de mayo de 2017.[82]

19. «Por qué hay más posibilidades de las que usted cree de que se produzca un colapso del mercado en 2017», *Money Morning*, 2 de junio de 2017.[83]

20. «Se nos viene encima la peor crisis de nuestra vida», Jim Rogers, entrevista con Henry Blodget, *Business Insider*, 9 de junio de 2017.[84]

21. «Va a terminar "extremadamente mal", las acciones se desplomarán como mínimo un 40 por ciento, advierte Marc *Doctor Catástrofe* Faber», Stephanie Landsman, CNBC, 24 de junio de 2017.[85]

22. «Tres razones por las que a finales de verano o principios de otoño se avecina una corrección bursátil», Howard Gold, *MarketWatch*, 4 de agosto de 2017.[86]

82. Laura Clinton, «Critical Warning from Rogue Economist Harry Dent: "This is Just the Beginning of a Nightmare Scenario as Dow Crashes to 6,000"», *Economy & Markets*, 30 de mayo de 2017. Véase: <https://economyandmarkets .com/exclusives/criticalwarning-from-rogue-economist-harry-dent-this-is -just-the-beginning-of-a-nightmarescenario-as-dow-crashes-to-6000-2/>. [Fecha de consulta: 18/05/2021]

83. Money Morning News Team, «Stock Market Crash 2017: How Trump Could Cause a Collapse», *Money Morning*, 2 de junio de 2017. Véase: <https:// moneymorning.com/2017/06/02/stock-market-crash-2017-how-trump -could-cause-a-collapse/>. [Fecha de consulta: 18/05/2021]

84. Jim Rogers, entrevista con Henry Blodget, *Business Insider*, 9 de junio de 2017. Véase: <https://www.businessinsider.com/jim-rogers-worst-crash -lifetime-coming-2017-6>. [Fecha de consulta: 18/05/2021]

85. Stephanie Landsman, «It's Going to End "Extremely Badly", with Stocks Set to Plummet 40% or More, Warns Marc "Dr. Doom" Faber», CNBC, 24 de junio de 2017. Véase: <https://www.cnbc.com/2017/06/24/stocks-to -plummet-40-percent-or-more-warns-marc-dr-doom-faber.html>. [Fecha de consulta: 18/05/2021]

86. Howard Gold, «Three Reasons a Stock Market Correction Is Coming in Late Summer or Early Fall», *MarketWatch*, 4 de agosto de 2017. Véase: <https://www.marketwatch.com/story/3-reasons-a-stock-market-correction

23. «El mercado de valores está a punto de sufrir una importante corrección», Mark Zandi, *Fortune*, 10 de agosto de 2017.[87]

24. «Prepárate para una corrección del mercado en dos meses», Silvia Amaro, CNBC, 5 de septiembre de 2017.[88]

25. «Cuatro razones por las que podríamos vivir otro desplome bursátil en octubre», David Yoe Williams, *Street*, 2 de octubre de 2017.[89]

26. «AVISO sobre una caída de la bolsa: el lunes negro viene otra vez», Lana Clements, *Express*, 7 de octubre de 2017.[90]

27. «Morgan Stanley: La corrección bursátil parece "más cerca"», Joe Ciolli, *Business Insider*, 17 de octubre de 2017.[91]

28. «La probabilidad de una corrección en el mercado bursátil estadounidense se sitúa ahora en el 70 por ciento:

-is-coming-in-late-summer-or-early-fall-2017-08-03>. [Fecha de consulta: 18/05/2021]

87. Mark Zandi, «Top Economist: Get Ready for a Stock Market Drop», *Fortune*, 10 de agosto de 2017. Véase: <https://finance.yahoo.com/news/top -economist-ready-stock-market-162310396.html>. [Fecha de consulta: 18/05/2021]

88. Silvia Amaro, «Brace Yourself for a Market Correction in Two Months», CNBC, 5 de septiembre de 2017. Véase: <https://www.cnbc.com/2017/09/05/brace-yourself-for-a-market-correction-in-two-months-investment -manager.html>. [Fecha de consulta: 18/05/2021]

89. David Yoe Williams, «4 Reasons We Could Have Another October Stock Market Crash», *The Street*, 2 de octubre de 2017. Véase: <https://www .thestreet.com/markets/commodities/4-reasons-we-could-have-another -october-crash-14325547>. [Fecha de consulta: 18/05/2021]

90. Lana Clements, «Stock Market Crash WARNING: Black Monday Is Coming Again», *Express*, 7 de octubre de 2017. Véase: <https://www.express .co.uk/finance/city/863541/Stock-market-crash-dow-jones-2017-Black -Monday-1987-forecast>. [Fecha de consulta: 18/05/2021]

91. Joe Ciolli, «Morgan Stanley: A Stock Market Correction Is Looking "More Likely"», *Business Insider*, 17 de octubre de 2017. Véase: <https://www .businessinsider.com/stock-market-news-correction-looking-more-likely -morgan-stanley-2017-10>. [Fecha de consulta: 18/05/2021]

Vanguard Group», Eric Rosenbaum, CNBC, 29 de noviembre de 2017.[92]

29. «La corrección bursátil es inminente», Atlas Investor,
Seeking Alpha, 19 de diciembre de 2017.[93]

¿La conclusión? Se producen correcciones todo el tiempo,
la mayoría no se convierten en mercados bajistas y a lo largo de
la historia los mercados se han recuperado de todas las correcciones. Así que no te asustes y no hagas caja.

Gráfico 8.6. Caídas intraanuales del S&P 500 frente a la rentabilidad del año natural

A pesar de que la media de las caídas intraanuales es del 13,9 %,
el rendimiento anual fue positivo en 29 de 39 años

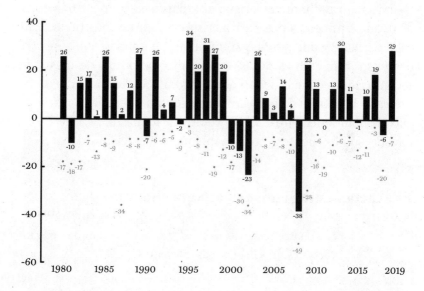

92. Eric Rosenbaum, «Chance of US Stock Market Correction Now at 70 Percent: Vanguard Group», CNBC, 27 de noviembre de 2017. Véase: <https://www.cnbc.com/2017/11/27/chance-of-us-stock-market-correction-now-at-70-percent-vanguard.html>. [Fecha de consulta: 18/05/2021]

93. Atlas Investor, «Stock Market Correction Is Imminent», *Seeking Alpha*, 19 de diciembre de 2017. Véase: <https://seekingalpha.com/article/4132643-stock-market-correction-imminent>. [Fecha de consulta: 18/05/2021]

Mercados bajistas

> Si te cuesta imaginar que el mercado de valores sufra una
> pérdida del 20 por ciento, no deberías invertir en acciones.

> JOHN BOGLE

Los mercados bajistas no son tan frecuentes como las correcciones, pero también aparecen muy a menudo. Un mercado bajista equivale a una caída del mercado de como mínimo el 20 por ciento y suele tener lugar cada tres o cinco años. Desde 1900 se han producido 35 mercados bajistas, y sólo 15 desde 1946.[94] Los cuatro mercados bajistas más recientes han estado marcados por distintas crisis: un atentado terrorista, un colapso económico, una crisis de deuda europea, la preceptiva crisis del petróleo que tiene lugar cada década[95] y una pandemia mundial. En un mercado bajista el descenso promedio es del 33 por ciento, pero más de un tercio registra caídas de más del 40 por ciento. La duración media de un mercado bajista es de aproximadamente un año, y la mayoría de ellos se mantienen entre ocho y veinticuatro meses. Los mercados bajistas son frecuentes y, con la misma frecuencia, ¡desaparecen!

Es exactamente lo mismo, aunque diferente

> Las cuatro palabras más peligrosas en el mundo de la inversión son: «Esta vez es diferente».

> JOHN TEMPLETON

94. Aquellos que reivindican los «buenos tiempos» en los que los mercados eran estables no conocen su historia. Son los mismos a los que les encantaría volver a los buenos tiempos en los que no había calefacción, aire acondicionado, cañerías interiores, teléfonos, internet ni asistencia médica avanzada.

95. Así todo el mundo puede quejarse de que los precios del petróleo están demasiado bajos durante un tiempo y luego volver a quejarse de que están demasiado altos.

Si sabemos que todos los mercados bajistas acaban volviéndose alcistas, ¿por qué entonces a todos les entra el pánico y optan por el dinero en efectivo? La respuesta es que, si bien los mercados bajistas tienden a desencadenarse por un acontecimiento que genera una crisis inmediata y espectacular en los fundamentos del mercado, estos acontecimientos generadores de crisis suelen ser diferentes entre sí.

Lo que hace que una economía de libre mercado funcione es la capacidad de los proveedores de mover libremente sus bienes y servicios para satisfacer la demanda de quienes los necesitan. Cuando estas dos fuerzas están compensadas, se dice que el mercado está en *equilibrio*.[96] Estas mismas fuerzas son las que determinan el precio de las acciones y de casi todo lo que se compra y se vende en el mundo.

Gráfico 8.7. Mercados bajistas: frecuencia, duración y gravedad

Año(S)	Días de duración	Caída del S&P 500 (%)
1946-1947	353	-23,2 %
1956-1957	564	-19,4 %
1961-1962	195	-27,1 %
1966	240	-25,2 %
1968-1970	543	-35,9 %
1973-1974	694	-45,1 %
1976-1978	525	-26,6 %
1981-1982	472	-24,1 %
1987	101	-33,5 %
1990	87	-21,2 %
1998	45	-19,3 %
2000-2001	546	-36,8 %
2002	200	-32,0 %
2007-2009	515	-57,6 %

96. Aquí termina la clase de economía más breve del mundo.

En un mercado bajista, estas fuerzas normales del mercado sufren una importante perturbación. Por ejemplo, después del 11-S, los mercados se desplomaron hasta niveles muy inferiores a los actuales debido a una interrupción en la demanda. Antes de que terminara la caída, el índice S&P 500 se había hundido un 44 por ciento y el NASDAQ un 78 por ciento. En los días, semanas y meses que siguieron al atentado terrorista, las fábricas, las empresas y los servicios estuvieron abiertos y en funcionamiento en todo el mundo. Era evidente que el problema no fue la falta de suministro. El problema fue que todos se quedaron encerrados en sus casas, mostrándose reticentes a desarrollar las actividades que hacen funcionar una economía, como comprar. Los estadounidenses se preguntaban si más adelante habría otros ataques terroristas, si el Gobierno adoptaría alguna medida para evitarlos y cuánto tiempo tardarían en volver a sentirse realmente seguros. Con el tiempo, la gente empezó a volver a la normalidad, la demanda se reanudó y los mercados se recuperaron por completo, registrando nuevos máximos.

En la crisis financiera de 2008 y 2009 ocurrió todo lo contrario. Todos conocemos la historia: los grandes bancos fueron imprudentes con su propio dinero y con el de sus inversores, y en un abrir y cerrar de ojos el sistema financiero sufrió una parálisis por la falta de oferta. El mercado de préstamos se congeló. No se podía conseguir o mantener un préstamo prácticamente para nada. Al no tener acceso a fondos, las empresas empezaron a quebrar, lo que contrajo el suministro de todo tipo de cosas. Al mismo tiempo, los estadounidenses sentían que tenían menos recursos y el miedo los atenazaba. Esa combinación hizo que los estadounidenses no quisieran comprar hasta sentirse seguros. Cuando el 9 de marzo de 2009 el mercado tocó fondo, había perdido un 53 por ciento desde su máximo. En esta ocasión, al final la crisis se resolvió gracias a que el Gobierno federal avaló a los bancos (atendiendo a la oferta), concedió a los consumidores exenciones fiscales, redujo el coste de los préstamos y ofreció numerosos incentivos financieros a los consumidores. Esta fórmula, además de otras medidas, consiguió estabilizar el sistema e incentivar a los particulares a gastarse el dinero (atendiendo a la demanda). Con el tiempo, la gente empezó a volver a la normalidad y los mercados se recuperaron por completo, registrando nuevos máximos.

A principios de enero de 2020, el mundo abrió los ojos a un nuevo coronavirus —que pronto se conocería como COVID-19—, que se presentaba en forma de neumonía y que no sólo era altamente contagioso, sino que tenía la capacidad de volverse mortal con rapidez. En pocos meses, la enfermedad se propagó por todo el mundo, con cerca de 23 millones de casos confirmados y 800.000 muertes en todo el planeta. En menos de un mes, mientras se informaba a diario de nuevas infecciones, muertes, cierres de empresas y cuarentenas, los mercados bursátiles de todo el mundo cayeron más de un 30 por ciento.

En este caso, la reacción del mercado se debió a las perturbaciones en la oferta y la demanda. Antes incluso de que se decretaran las cuarentenas, con el fin de reducir el riesgo de contagio, la gente empezó a quedarse en casa y a evitar lugares con grandes concentraciones de gente —como cines, centros comerciales o acontecimientos deportivos—. La demanda de bienes y servicios se interrumpió. Al mismo tiempo, las fábricas y las tiendas comenzaron a echar el cierre para ayudar a controlar la propagación de la enfermedad. Las restricciones a los viajes provocaron la suspensión de vuelos, cruceros, hoteles y parques temáticos. La oferta de bienes y servicios se interrumpió. A medida que transcurrían las semanas, la incertidumbre sobre cuánto durarían estas interrupciones y cuánto tiempo llevaría la recuperación alimentó nuevas caídas.

Al mismo tiempo, empezamos a ser testigos de algo más. El Gobierno puso en marcha una serie de medidas drásticas y novedosas para apoyar la economía. Mientras trabajaban para mantener los servicios esenciales en funcionamiento, los individuos comenzaron a guardar distanciamiento físico. Los médicos e investigadores empezaron a desarrollar y perfeccionar los tratamientos y, poco a poco, las perspectivas fueron mejorando. De forma lenta pero segura, se estaba construyendo un «puente» entre el anterior mercado alcista y la prosperidad futura.

Pero sólo quienes conocen la historia del mercado entienden

este ciclo. Lo hemos observado a lo largo de la historia en otros mercados bajistas. Los que hemos vivido alguna de las grandes crisis bursátiles recordamos con nitidez el miedo y la incertidumbre iniciales, que al final dieron paso a una recuperación total del mercado y a subidas aún mayores.

Como cada caída importante que genera un mercado bajista está motivada por una historia distinta, los inversores se dejan llevar por el pánico, convencidos de que «esta vez es diferente». Aunque el origen que hay detrás de cada mercado bajista puede ser diferente —sea una crisis informática, una burbuja tecnológica, un atentado terrorista y una guerra, una crisis de liquidez o una pandemia—, el resultado es siempre el mismo: la economía encuentra la forma de salir adelante.

La próxima vez que nos enfrentemos a un mercado bajista, recuerda todo por lo que hemos pasado en los últimos ochenta años: la Segunda Guerra Mundial (1940), la guerra de Vietnam (1960-1970), la hiperinflación (1970-1980), la crisis de las materias primas (1970-1980), el colapso inmobiliario y bancario (1980), la crisis de los mercados emergentes (1980), el colapso relámpago (1987), la crisis financiera asiática (1990), el estallido de la burbuja tecnológica (2000), los atentados del 11 de septiembre y las posteriores guerras en Afganistán e Iraq (2001) y la crisis de liquidez (2008).[97] Si la economía ha logrado sobrevivir a todo esto, ten por seguro que también conseguirá superar el próximo mercado bajista. Y sólo hemos citado los ejemplos más destacados. De vez en cuando surgen un sinfín de minicrisis que inducen a los analistas a predecir la llegada de un mercado bajista, ya sea una rebaja de la calificación crediticia de Estados Unidos, un debate presupuestario, unas elecciones o aquello que ocupe el espacio informativo del día. En diciembre de 2018, por la preocupación de una ruptura de las conversaciones arancelarias con China y por la subida de los tipos de interés, los valores

97. Nótese que Estados Unidos y su economía también han sobrevivido a los pantalones bombacho, a los calcetines hasta la rodilla (dos veces), a las gorras de béisbol de neón y a las Kardashian. En realidad no hay nada que pueda impedir que sigamos progresando.

estadounidenses cayeron un 19,8 por ciento desde su nivel máximo, prácticamente bordeando territorio bajista.

Si bien un mercado bajista es algo inevitable, no es predecible. Al igual que sucede con las correcciones del mercado, no hay nadie capaz de anticipar de forma constante y recurrente en qué momento se producirá un mercado bajista.

Es importante tener en cuenta que para sacar provecho de los mercados bajistas, hay que saber cuándo salir (vender) y cuándo volver a entrar (comprar), y hacerlo de forma repetida. Buena suerte con la búsqueda del tipo que lo haya conseguido. Esa persona no existe. Es una leyenda urbana.[98] Quieres creer que existe y, por un momento, crees que existe. Después llegas a un punto en el que sabes lo suficiente como para saber que no existe, pero eres incapaz de admitirlo. Y luego, finalmente, quizá lo aceptes. Tampoco ayuda el hecho de que haya por ahí un montón de individuos haciéndose pasar por el tipo en el que tanto quieres creer.

Gráfico 8.8. De bajista a alcista

Año(s)	Siguientes 12 meses (S&P 500)
13 de junio de 1949	42,07 %
22 de octubre de 1957	31,02 %
26 de junio de 1962	32,66 %
26 de mayo de 1970	43,73 %
3 de octubre de 1974	37,96 %
12 de agosto de 1982	59,40 %
4 de diciembre de 1987	22,40 %
21 de septiembre de 2001	-12,50 %
23 de julio de 2002	17,94 %
9 de marzo de 2009	69,49 %

98. Y vive en un mundo de fantasía con el Ratoncito Pérez y el Conejo de Pascua. La única diferencia es que con el tiempo somos lo suficientemente maduros como para darnos cuenta de que estos dos últimos no son reales.

Puedo oírte decir: «Pero ¿qué pasa con [inserta el nombre del economista/operador bursátil/chiflado] que salió el otro día en la televisión hablando sobre cómo vaticinó la crisis?». Lo que pasa con muchas de estas personas es que siempre están pregonando que algo malo va a pasar, y al final aciertan, igual que un reloj estropeado acierta dos veces al día. Por desgracia, es más probable que un reloj estropeado dé la hora correcta que no que un gurú de la inversión dé en un programa de televisión un consejo válido sobre cómo anticiparse y sacar provecho de los movimientos bursátiles.

Cuando los mercados bajistas cambian, hacen que la gente que se ha quedado fuera parezca tonta

La idea de que una campana suene para indicar cuándo los inversores deben entrar o salir del mercado de valores simplemente no es creíble. No conozco a nadie que lo haya hecho con éxito y de manera regular. Ni siquiera conozco a nadie que conozca a alguien que lo haya hecho de manera satisfactoria y regular.

JOHN BOGLE

Espero que a estas alturas estés de acuerdo en que no es posible entrar y salir del mercado bursátil repetidas veces y con éxito. No obstante, es posible que pienses: «Hasta que las cosas se calmen, al menos recurriré al dinero en efectivo, y luego volveré a entrar; sólo me perderé una pequeña parte de la remontada». ¡Me temo que eso tampoco funcionará! Nadie recibe por sorpresa una mañana un correo electrónico anunciando el inicio de un mercado alcista. Por el contrario, los mercados suelen tener algunas salidas en falso para luego dispararse como un cohete, remontando con rapidez y sin titubeos (y dejando tras de sí a los oportunistas bursátiles en medio de una nube de polvo). El gráfico 8.8 ilustra este punto a la perfección.

La volatilidad es algo que pasa

> Nuestra actitud con respecto a quedarnos quietos responde a la idea de que el mercado de valores está diseñado para transferir dinero del inversor activo al paciente.
>
> WARREN BUFFETT

A veces pasa un año sin que el mercado sufra una corrección, y mucho más de un año sin que se produzca un mercado bajista. A veces, al final del año el mercado registra una excelente rentabilidad, y echando la vista atrás, todo parecía fácil. Sin embargo, esto es algo que ocurre muy rara vez. Desde 1980, el mercado ha experimentado un descenso medio intraanual del 13,9 por ciento, y a pesar de ello en veintinueve de los treinta y nueve años transcurridos ha terminado con un rendimiento positivo. ¡Eso es una proporción muy grande! Los mercados se mueven un montón, así que será mejor que te vayas acostumbrando. Mejor aún, ¡acéptalo, asúmelo y disfrútalo![99]

Como hemos señalado antes, los mercados bajistas también son muy comunes. Si tienes cincuenta y cinco años, te aguardan como mínimo siete mercados bajistas en el horizonte. ¿Vas a dejarte llevar por el pánico cada vez que aparezcan? ¿Vas a intentar calcular el momento oportuno para entrar y salir de cada uno? No, no lo harás, ¡porque tú sabes más! Al igual que los mercados siempre se recomponen de las correcciones, los mercados bajistas siempre se convierten en mercados alcistas. Entonces, ¿por qué cunde tanto el pánico entre los inversores? Porque la mayoría de los individuos no basan sus decisiones de inversión en el pensamiento racional, sino en las emociones.

---

99. Uno sabe que se ha convertido en un inversor experto cuando considera que las correcciones y los mercados bajistas son oportunidades que los dioses han tenido a bien regalarnos.

Confianza del consumidor

> Las encuestas sobre la confianza del consumidor resultan
> «inútiles».

Dean Croushore, Universidad de Richmond[100]

Durante los mercados bajistas, debido a que gran parte de la economía depende del consumo, los comentaristas tienden a hablar de la *confianza del consumidor*. Si los consumidores no tienen confianza en la economía, lo más probable es que no quieran gastar dinero. Y si no gastan dinero, entonces las empresas tampoco pueden ganarlo. Y si las empresas no ganan dinero, los mercados no podrán reactivarse. Este razonamiento tendría sentido si no fuera por un hecho importante: el mercado no mira al presente. El mercado siempre mira al mañana. Para el mercado, la situación actual de la economía y la opinión de los consumidores son mucho menos importantes que lo que pueda deparar el futuro. Los mercados alcistas acostumbran a aparecer justo cuando los inversores ven peor el futuro. El gráfico 8.9 resume el comportamiento del mercado de valores durante los doce meses posteriores a que el índice de confianza de los consumidores se situara por debajo del 60 por ciento.

Gráfico 8.9. ¿Quién necesita confianza?

Confianza del consumidor < 60 %	Siguientes 12 meses (S&P 500)
1974	+37 %
1980	+32 %
1990	+30 %
2008	+60 %
2011	+15 %

100. Dean Croushore, «Consumer Confidence Surveys: Can They Help Us Forecast Consumer Spending in Real Time?», *Business Review (Federal Reserve Bank of Philadelphia)*, T3, abril de 2006, pp. 1-9.

Asegúrate de que puedes vivir con tu asignación

Conócete a ti mismo.

SÓCRATES

Tengo tres hijos y cada vez que vamos al parque de atracciones observo cómo examinan las distintas montañas rusas. Algunas son demasiado aburridas para los pequeños y otras entusiasman a los mayores. Cuando el mayor era más pequeño y nos parábamos junto a las montañas rusas invertidas, me echaba una mirada del tipo «quizá la próxima vez». Decidir qué clase de atracción pueden tolerar es siempre un proceso.

En el pasado me subía a cualquier montaña rusa que ellos quisieran. En los últimos años, a menudo me he arrepentido de tomar esa decisión, en especial cuando subo con lentitud alguna cuesta ridículamente empinada y durante el posterior y mareante descenso. Pero incluso en esos momentos soy consciente de que no es una buena idea intentar bajarse de la montaña rusa en mitad del trayecto. Lo cierto es que hay muchas probabilidades de salir indemne del trance sólo aguantando hasta que llegue el final.

Los mercados son iguales.

El mercado de bonos es como la montaña rusa para niños de Legoland: casi todo el mundo puede tolerarla. El mercado de valores es como una gran montaña rusa en uno de los parques de Six Flags: es emocionante y da muchas vueltas y giros. El mercado inmobiliario es como la Montaña Espacial en Disney World: rápida y a oscuras. El mercado de las materias primas se parece más al Detonador: una atracción que te eleva y te deja caer de forma inesperada. Todas estas atracciones poseen diferentes niveles de velocidad y sobresaltos. Algunos encuentran emocionantes las sacudidas; otros las encuentran mareantes. Pero, en todos los casos, incluso para los pasajeros que se preguntan adónde demonios se han metido, las atracciones suelen concluir de una forma tranquila.

El mejor momento para valorar si te apetece subir a tu montaña rusa preferida es cuando estás en suelo firme (es decir, cuando el mercado es relativamente estable). Es mucho más fácil tomar la decisión entonces que una vez que la atracción vuelve a ponerse en marcha, y no hay duda de que algún día lo hará.

Resulta más fácil decirlo que hacerlo. A los estadounidenses se les da muy bien olvidar las cosas —un útil mecanismo de supervivencia que nos permite seguir adelante—. Después de subir con mi hijo a una montaña rusa, siempre me digo a mí mismo que nunca más volveré a hacerlo. Pero luego, en nuestra siguiente visita juntos al parque de atracciones, olvidando casi del todo lo mal que me sentí la última vez, accedo a montarme en la atracción que hace que se me revuelva el estómago. Ahora ya no lo olvido y me aseguro de que venga con nosotros uno de sus amigos.

Los inversores inteligentes personalizan su montaña rusa, tomando elementos de diferentes mercados para construir una cartera que satisfaga sus necesidades a corto, medio y largo plazo. Asumiendo la volatilidad necesaria para alcanzar los objetivos específicos del inversor, una cartera puede dar muchas vueltas y giros, pero debe estar estructurada dentro de los parámetros que el inversor es capaz de tolerar. Para muchos, la mejor cartera es la que alcanza los objetivos deseados con la menor volatilidad posible. Si la volatilidad está fuera de tu límite de tolerancia, puede que tengas que reajustar tu objetivo o tu plan de ahorro.

Subestimar el riesgo del *market timing*

> Nunca intento ganar dinero en la bolsa. Compro partiendo de la base de que los mercados podrían cerrar al día siguiente y no volver a abrir en cinco años.
>
> WARREN BUFFETT

A estas alturas, ya hemos comprobado que el *market timing* es ineficaz. Es posible que digas: «¿Cuál es el problema? No me importa perderme parte de las ganancias a cambio de tener mi dinero a buen recaudo». Ésta es siempre la principal objeción para mantener la inversión cuando el mercado está bajando. La respuesta es sencilla: el riesgo de estar fuera del mercado es mucho mayor que el de estar dentro. Imagínate que has recibido una gran suma de dinero (como una paga extra o una herencia) y que estás decidiendo entre invertir ahora o esperar a un acontecimiento aleatorio e imposible de cuantificar que te haga sentir mayor seguridad a la hora de colocar tu dinero en el mercado. Si inviertes ahora, hay tres resultados posibles: el mercado subirá (eso siempre es algo bueno), se estabilizará (no hay nada malo en cobrar esos dividendos) o bajará (oye, eso pasa, pero no dura eternamente). Si el mercado baja, conviene recordar dos cosas: 1) sigues obteniendo ingresos en forma de dividendos, y 2) el mercado volverá a subir. No pierdes nada por mantener tu dinero invertido, ya que para un inversor a largo plazo cualquier caída del mercado es temporal e irrelevante. ¿Qué pasa si guardas tu dinero en efectivo? Con resultados diferentes, tenemos las mismas tres opciones:

1. Podría subir. (¡Mira todo el dinero que no has ganado!)
2. Puede estabilizarse. (¿Qué tal te va con ese 0,06 por ciento de interés en tu cuenta de ahorros?)
3. Puede bajar. (Si antes te daba miedo invertir, ¿de verdad vas a interpretar una caída del mercado como una señal para comprar? Seamos sinceros: ambos sabemos que la respuesta es ¡no!)

Ésta es la parte que la mayoría de la gente pasa por alto: si cuando el mercado repunta tienes todo en efectivo, puedes haberte perdido para siempre la oportunidad de obtener esas ganancias. Sí, aún puede volver a bajar en el futuro, pero ¿volverá a registrar su mínimo anterior? Tal vez. Pero tal vez no. Si no vuelve a caer a ese nivel, los inversores que tuviesen guardado el dinero en efectivo nunca podrán disfrutar del rendimiento que se han perdido. Pregúntale a toda esa gente que en 2008 se dejó llevar por la corriente y liquidó todas sus posiciones sólo para después ser testigos de cómo el mercado se disparaba durante los años siguientes. Por lo general, quedarse al margen supone perderse los beneficios permanentemente. Por otra parte, para el particular que invierta hoy, lo peor que le puede pasar es que experimente pérdidas temporales. La diferencia es notable.

Tal vez sea perfecto[101]

> Sólo los que mienten logran estar «fuera» en los momentos malos y «dentro» en los buenos.
>
> BERNARD BARUCH

A pesar de todas las pruebas que dicen lo contrario, hay algunas personas que se creen «don Perfecto». Que pueden encontrar perfectamente la manera de predecir cuál es el mejor momento para entrar o salir del mercado y que todos estos datos que acabo de exponer no se aplican a ellos. Para poner a prueba a quienes dicen que pueden invertir perfectamente sobre esta premisa, el Schwab Center for Financial Research analizó las cinco decisiones disponibles para un inversor que cuenta cada año con 2.000 dólares en efectivo para invertir durante veinte años:[102]

1. Guardar todo el dinero en efectivo.
2. Invertirlo todo y de forma inmediata cada año.
3. Invertir el efectivo con un plan de inversión constante (*Dollar-cost-average*)[103] a lo largo del año y en idénticas cuotas mensuales.
4. Invertir todo el dinero de forma involuntaria el peor día

---

101. No deberías creerte todo lo que te dice tu madre.

102. Mark W. Riepe, «Does Market Timing Work?», *Charles Schwab*, 16 de diciembre de 2013. Véase: <https://www.schwab.com/resource-center/insights/content/does-market-timing-work>. [Fecha de consulta: 18/05/2021]

103. *Dollar-cost-average* significa simplemente colocar el dinero en los mercados en cantidades iguales a lo largo del tiempo.

de cada año (comprando el día en que el mercado registra su máximo anual).

5. Tener la suerte de invertir todo el dinero el mejor día de cada año. (Éste eres tú, don Perfecto, esperando a que el mercado se encuentre exactamente en el nivel más bajo del año para invertir todo tu efectivo.)

Los resultados son, como mínimo, sorprendentes. El inversor que calculó perfectamente el mejor momento para invertir en el mercado terminó con 87.004 dólares, mientras que la persona que invirtió todo de inmediato se quedó en un cercano segundo lugar con 81.650 dólares. Si admites que no vas a poder invertir todo tu dinero en el mejor día de cada año durante los próximos veinte años, la opción de invertir el dinero de inmediato parece razonable. La diferencia de 6.000 dólares entre el *timing* perfecto e invertir de inmediato es casi inapreciable. Y nótese que los que invierten en el peor día del año siguen ganando 22.000 dólares más que los que lo guardan todo en efectivo. Una vez más, ¡es mejor formar parte del mercado que quedarse fuera!

Gráfico 8.10. Incluso el oportunismo de mercado vence a la inercia

Riqueza acumulada (1993-2012)

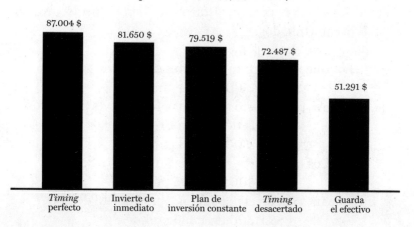

Aprender a volar

Estoy aprendiendo a volar, pero no tengo alas.

TOM PETTY

Hay un momento en que los polluelos deben abandonar el nido, dar un salto y echar a volar. Eso es algo que ya han intentado muchos inversores, aunque han acabado cayendo de bruces. De vuelta en el nido, se afanan en buscar el momento para dar el salto de nuevo.

Si echamos la vista atrás, no vemos ningún caso en el que la bolsa se haya apropiado ni siquiera de un dólar de otra persona. Alguien sin nociones de inversión y que se haya dedicado simplemente a comprar valores en el S&P 500 habrá acumulado pingües beneficios en los últimos diez, veinte o treinta años. Sin embargo, aquellos inversores que hayan cometido errores con su cartera o cuyos asesores hayan cometido errores en el *market timing* o seleccionando valores habrán perdido montones de dinero. Y, teóricamente, aún más habrán perdido los que se quedaron con todo el efectivo sin invertir nada. Sin duda, un inversor que en un momento determinado hubiera realizado una compra en los mercados en lugar de guardarse el efectivo tendría hoy en día más dinero. Echemos un vistazo a los denominados inversores más desafortunados:

Los que invirtieron justo antes del crac de 1987:
S&P 500 en 334 puntos
Los que invirtieron justo antes de la recesión de principios
de la década de 1990:
S&P 500 en 363 puntos
Los que invirtieron el día antes del 11-S:
S&P 500 en 1.096 puntos
Los que invirtieron el día del máximo bursátil de 2007:
S&P 500 en 1.526 puntos

Gráfico 8.11. La volatilidad del mercado en perspectiva

Incluso para los inversores más disciplinados, la volatilidad del mercado a corto plazo puede ser un reto. La historia aporta perspectiva y nos muestra que la volatilidad es sólo el precio que los inversores pagan por el rendimiento de las acciones a largo plazo.

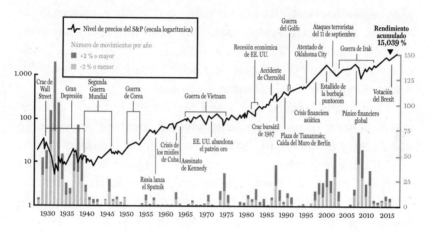

Aunque estos individuos hayan invertido en momentos «desafortunados», les fue mucho mejor que al pájaro que se quedó en el nido a la espera del momento «adecuado» para dar el salto. En el momento de escribir este libro, aunque sin incluir dividendos, que promediaron más del 2 por ciento y desde 2007 equivalen a más de 460 puntos adicionales, el índice S&P 500 estaba en los 2.830 puntos. Incluso los inversores que compraron justo en el peor momento están muy por delante del «inversor» que sigue hasta arriba de efectivo esperando a que las cosas «se calmen».

Muchos se asustan cuando los titulares dicen: «El mercado está en máximos históricos». Bueno, a menudo esto es cierto, aunque es algo que sucede continuamente. Si te parece que suena demasiado aterrador como para dar el salto al mercado, lo más probable es que nunca te sientas cómodo.

Naturalmente, la respuesta a este argumento es que siempre es mejor entrar después de que un mercado se corrija o se desplome; sin embargo, nadie sabe cuándo ocurrirá eso ni, lo que es más importante, cuánto subirá el mercado antes de que ocurra. Si el Dow Jones sube de 25.000 a 26.000 y luego vuelve a caer hasta los 25.000 puntos, aparte de perderte los dividendos, ¿qué has conseguido guardando tu dinero en efectivo? Además, todavía no he encontrado al inversor que se ponga nervioso cuando el Dow Jones alcanza los 25.000 puntos, pero que, a cambio, se sienta superbién si invierte cuando baja hasta los 23.000 puntos. Si te pones nervioso cuando las cosas van viento en popa, no te sentirás mejor invirtiendo cuando las cosas no pinten tan bien. Sea cual sea la crisis de turno, no dudes de que el mercado encontrará la forma de sobrevivir y salir adelante; siempre lo ha hecho. El gráfico 8.11 lo resume muy bien.

El mercado hará lo que tenga que hacer. Entender que las correcciones y los mercados bajistas son frecuentes y normales, y que ningún gestor de inversiones, economista o cualquier otro analista puede predecir el momento adecuado para invertir, es un paso importante para entender cómo funcionan realmente los mercados. Para los inversores disciplinados, el mejor momento para invertir es siempre hoy, y eso sólo porque ayer ha dejado de ser una opción. Ahora que posees conocimientos que te sirven de alas, estás preparado para volar en los mercados.

Capítulo 9

Todo está en tu cabeza

La cualidad más importante de un inversor es el temperamento, no el intelecto.

Warren Buffett

Los seres humanos no hemos sido programados para ser grandes inversores; simplemente no estamos hechos para eso. Tendemos a desconfiar de los cambios, pero *también* a ser impulsivos, y a menudo tomamos decisiones basadas en las emociones o en la «intuición» más que en los hechos. Todos cargamos con sesgos heredados que están tan arraigados que pueden llevarnos por el camino equivocado. Antes de que te des cuenta, el viaje que tenías planeado te lleva directamente a un precipicio. Para mantener el rumbo, es necesario ser consciente de estos sesgos y protegerse de ellos.

La mayoría de las personas con ganas e ilusión por invertir se lanzan a investigar, leen sobre el oportunismo de mercado o la selección de valores, utilizan servicios en línea y ven constantemente las noticias financieras. Su idea es que cuanta más información manejen, más preparados estarán y menos probabilidades tendrán de cometer un error. Como ya sabes, esto no funciona así. Si tu nivel de inteligencia es aceptable y comprendes los principios básicos de este libro, lo más probable es que consigas mejores resultados que la gran mayoría de los inversores. La clave está en no liar las cosas.

Por desgracia, hay muchas formas de hacerlo. Hasta ahora, hemos analizado estrategias que es posible que hagan mucho más mal que bien, como acudir a un corredor de bolsa o tratar de adivinar el mejor momento para invertir, pero personalmente no he visto nada que cause más destrucción financiera que los errores emocionales que cometen los inversores. El secreto está en aprender a reconocer tus comportamientos impulsivos para que de manera consciente puedas protegerte de cometer estos errores. Entremos en materia.

El miedo, la codicia y el rebaño

> Sé temeroso cuando los demás son avariciosos y avaricioso cuando los demás son temerosos.
>
> WARREN BUFFETT

En una entrevista de 2014, Alan Greenspan, expresidente de la Reserva Federal, reflexionaba sobre todo lo que había aprendido. Curiosamente, más que un análisis económico o histórico expuso sus observaciones sobre el comportamiento humano:

> Si eres capaz de apretar los dientes y no permitir que los descensos a corto plazo —o incluso a largo plazo— del mercado te influyan, saldrás ganando. Quiero decir que si inviertes tu dinero en acciones y vas a casa y no miras tu cartera, te irá mucho mejor que si tratas de realizar alguna operación con ella. El motivo de que esto sea así se debe a esta asimetría entre el miedo y la euforia.[104] Los operadores de bolsa más exitosos, los mejores inversores, son los que saben

---

104. Don Petulante usando la palabra *euforia* en lugar de *codicia*. Misma idea.

que el sesgo asimétrico del miedo frente a la euforia es un concepto negociable y que precisamente por esta razón no pueden fallar. Así que hay estabilidades que son muy importantes, pero a la par hay más estadísticas inútiles, más análisis que no sirven para nada y más boletines bursátiles de los que deberían escribirse. Es un poco ridículo.[105]

A lo largo de su carrera, Greenspan aprendió que casi todo es ruido y que los mejores inversores nunca se asustan al vender y aprovechan la oportunidad de comprar cuando otros tienen miedo. Básicamente, Greenspan está avalando un único concepto negociable: controlar el miedo y la codicia. Controla tus emociones, huye del rebaño y es posible que todo salga bien. Es una visión bastante interesante de alguien que durante gran parte de su mandato fue considerado como la persona más poderosa del mundo.

Gráfico 9.1. Promedio industrial Dow Jones

1 de enero de 2016 a 31 de diciembre de 2016

105. Justin Fox, «What Alan Greenspan Has Learned Since 2008», *Harvard Business Review*, 7 de enero de 2014. Véase: <https://hbr.org/2014/01/what-alan-greenspan-has-learned-since-2008>. [Fecha de consulta: 18/05/2021]

El gráfico 9.1 representa un año bursátil normal e incluye una serie de comentarios que acompañan a cada movimiento del mercado. ¿Te suena algo de esto? Este tipo de comentarios reflejan el miedo y la codicia que alimentan muchas de las peores decisiones del mercado. El miedo y la codicia son dos de las fuerzas más poderosas (y dos de los atributos más desagradables) que existen en nuestra vida. Condicionan nuestra vida diaria y pueden llegar a tener desastrosas consecuencias en los inversores. Mientras que los grandes maestros de la inversión saben cómo controlar estas emociones, los inversores novatos pueden ser presa de estos sentimientos, pues los medios de comunicación financieros y generales fomentan la histeria con la ayuda de los «gurús» y expertos del mercado. Al combinar miedo y codicia con nuestra instintiva mentalidad de rebaño, se obtiene la fórmula para el desastre.

Como humanos, nacimos con el instinto de movernos en manada, de seguir a la multitud y de buscar la seguridad en el consenso. Cuando los mercados se hunden y todas las voces, desde los medios de comunicación hasta nuestros amigos, gritan «¡abandonen el barco!», nuestro instinto de seguir al rebaño (sumado a la fuerza incontenible del miedo) nos lleva a hacer lo mismo. Cuando los mercados suben y las voces en nuestra cabeza nos dicen que «vayamos a por todas», nuestro instinto de rebaño (sumado a la fuerza igualmente incontenible de la codicia) nos anima a unirnos al grupo.

Aunque cuando nuestros antepasados cazaban mastodontes nuestro instinto de seguir al grupo resultó útil, hoy se ha convertido en un asesino de carteras. El miedo impulsa a los inversores a abandonar los mercados con un rendimiento inferior, y la codicia los lleva a comprar en los mercados con un rendimiento superior, yendo así en manada en la dirección equivocada en el momento equivocado. Tal como se muestra en el gráfico 9.2, esto sucede en casi todos los mercados alcistas y en todos los mercados bajistas.

Gráfico 9.2. Flujos de caja de los inversores

	Fecha	Proporción de acciones	Flujos de caja de los inversores en los dos años anteriores (en millones)		Rendimiento de los mercados de valores (acumulado)	
			Fondos de renta variable	Fondos de renta fija	2 años anteriores	2 años siguientes
Mercado alcista a principios de los noventa	31/1/1993	34%	-	-	-	-
Máximo del mercado alcista	31/3/2000	62%	393.225 $	5.100 $	41%	-23%
Mínimo del mercado bajista	28/2/2003	40%	71.815 $	221.475 $	-29%	53%
Máximo del mercado alcista	31/10/2007	62%	424.193 $	173.907 $	34%	-29%
Mínimo del mercado bajista	28/2/2009	37%	-49.942 $	-83.921 $	-51%	94%

A pesar del crecimiento constante de los mercados, dejándose llevar por el miedo y la codicia los inversores provocan un daño irreparable a sus carteras. Durante los mercados bajistas, suelen volverse vendedores netos (venden más acciones de las que compran); si se hubieran estado quietos, habrían obtenido importantes ganancias. En cambio, para los inversores expertos, un mercado bajista es una oportunidad para comprar más, lo que suele denominarse *rebalanceo oportunista*. Las caídas bursátiles importantes brindan a los inversores la oportunidad de comprar más activos para sus carteras con un descuento considerable, de modo que aprovechan las fases bajistas para vender una parte de sus bonos y comprar acciones. Se trata de una estrategia que durante el inevitable repunte del mercado añade un enorme valor a su cartera. Este enfoque siempre resulta rentable; la única cuestión es el tiempo que tarda en dar frutos. A lo largo de su ilustre carrera, en los momentos en que el pánico se apoderaba de los inversores, Warren Buffett ha conservado sus posiciones a la vez que aumentaba de forma activa su importante cartera. Su afirmación de que los inversores expertos deberían «ser temerosos cuando los demás son avariciosos, y avariciosos cuando los demás son temerosos» es un sabio consejo para los que no quieren caer en las trampas del miedo, la codicia y la mentalidad de rebaño.[106]

El doctor Frank Murtha, cofundador de la empresa de economía del comportamiento MarketPsych, dijo: «Invertir es estresante, y ese estrés provoca que durante los períodos complicados del mercado tomemos decisiones emocionales, por lo general basadas en el miedo». Además, afirma que las decisiones basadas en el miedo impiden alcanzar los objetivos financieros porque se centran más en las necesidades emocionales que en las financieras, en particular en el deseo de «volver a tener el control». Para tener éxito en el mercado es esencial apartar las emociones de las decisiones financieras. Esto no sólo evita tomar decisiones precipitadas en estado de pánico, sino que permite aprovechar las oportunidades que se esconden detrás de la volatilidad del mercado. Más que una fuerza destructiva, la volatilidad debería ser una herramienta para el crecimiento futuro.

Sesgo de confirmación

El sesgo de confirmación es nuestro enemigo más preciado. Nuestras opiniones, nuestra perspicacia, todo ello es el resultado de años en los que hemos elegido selectivamente prestar atención sólo a aquella información que confirma lo que nuestra limitada mente ya acepta como verdad.

INA CATRINESCU

---

106. He observado que es mejor seguir sus consejos de inversión que sus consejos dietéticos. Warren es famoso por desayunar todos los días comida de McDonald's seguida de varias Cherry Cokes, y a partir de ahí va cuesta abajo.

Tras varias reuniones con clientes en Nueva York, propuse a mi equipo en la zona ir a cenar juntos. Me hablaron de un asador local muy recomendable. Les expliqué que estaba abierto a cualquier sugerencia, pero que, al ser de Kansas City, mi apetito por la carne a la parrilla ya estaba satisfecho. A su vez, ellos insistieron en que Nueva York es donde se sirven los mejores filetes. Discutimos un poco, y como era de esperar acabamos en el asador. El camarero trajo un carrito con los cortes de carne de vacuno maravillosamente presentados. Dedicó su tiempo a cada corte hasta que llegó a la parte media del lomo.

El camarero nos explicó que este filete era el mejor y lo recomendó por encima de los demás. Después, puso el broche final afirmando: «De hecho, ¡nos lo acaban de traer hoy mismo desde Kansas City!». En ese momento escuché exactamente lo que quería oír: que Kansas City tiene los mejores filetes. Mis colegas argumentaron que también era una prueba de que ¡Nueva York siempre tiene lo mejor de lo mejor! Queridos amigos, así es cómo funciona el sesgo de confirmación.[107]

El *sesgo de confirmación* es la tendencia de las personas a buscar y apreciar la información que confirma sus ideas preconcebidas y creencias, y a evitar, infravalorar o despreciar la información que no se ajusta a sus creencias. Tomemos como ejemplo la política. A una persona conservadora le gusta leer *The Wall Street Journal*, *The Weekly Standard* o *The National Review*, visitar la web del recopilador de contenidos Drudge Report, escuchar en la radio a Rush Limbaugh, Sean Hannity o Glenn Beck, y ver FOX News. En cambio, un individuo liberal prefiere leer *The New York Times*, visitar las páginas web de Huffington Post y Salon.com, escuchar la programación de NPR, y ver a John Oliver, Bill Maher o el canal MSNBC. Ambas personas buscan fuentes de información con las que confirmar sus ideas, al mismo tiempo que evitan las que pueden entrar en conflicto con ellas. ¿Con qué frecuencia accedes a nuevos canales, sitios web o comentaristas políticos que defienden puntos de vista opuestos a los tuyos? Si eres como la mayoría de los mortales, es probable que

107. Debo admitir que era un extraordinario bistec de Kansas City.

pases la mayor parte del tiempo validando lo que ya crees que es verdad.

La gente piensa que siempre tiene razón en todo —desde la política fiscal hasta la forma correcta de colgar un rollo de papel higiénico—[108] y trata constantemente de corroborar estas creencias. A nuestro cerebro le cuesta trabajo asimilar nuevas ideas que no coincidan con lo que ya sabemos (o con lo que creemos saber), un fenómeno que los psicólogos llaman *disonancia cognitiva*. En cambio, nos resulta mucho más fácil aceptar información adicional que concuerde con los hechos tal como nosotros los percibimos. Quizá no sea sorprendente que las personas muy inteligentes hagan exactamente lo contrario: buscan puntos de vista opuestos, cuestionan sus propias ideas y, en ocasiones, llegan incluso a alterar sus propias convicciones. Los inversores expertos hacen lo mismo.

Hay abundantes pruebas que apuntan a que el sesgo de confirmación desempeña un papel importante en la mayoría de las decisiones que toman los inversores. Por ejemplo, un inversor que se incline por una inversión en particular tenderá a buscar información (en lugares como los foros de internet) que valide su decisión al respecto. Incluso un inversor consumado como Warren Buffett admite ser víctima del sesgo de confirmación, por lo que busca activamente inversores con opiniones contrarias a las suyas.

Si hay alguna inversión que te llame la atención, te recomiendo que la sometas a un riguroso examen. ¿Qué podría salir mal en esta inversión? Si esta inversión fuera a perder dinero, ¿de qué modo sucedería? ¿Y cuáles son los riesgos de esta inversión? Al forzarte a reconocer los posibles fallos de una determinada estrategia, te abres a analizar ideas y creencias contrarias a las tuyas. Y eso te convierte en un inversor mejor.

---

108. Los «expertos» dicen que la forma correcta es encima; es decir, con el extremo suelto sobre la parte superior. Para aquellos que sufran un trastorno obsesivo-compulsivo como el mío, no dudéis en dejar el libro e ir de inmediato a «corregir» cualquier rollo de papel higiénico de vuestra casa que no se ajuste a la norma.

El efecto del exceso de confianza

> El problema de este mundo es que la gente inteligente está llena de dudas, mientras que la gente estúpida está llena de confianza.
>
> CHARLES BUKOWSKI

Hace poco vinieron a nuestras oficinas varios miembros de una empresa que gestiona un fondo de inversión alternativo para presentarnos sus ideas de inversión. Hablaron con una gran confianza, utilizando palabras como *seguro* y *libre de riesgo*. De inmediato me sonó la alarma. Un buen asesor financiero sabe que hay un montón de incertidumbres y que casi nada en el mundo de la inversión es «seguro» o «libre de riesgo». Los representantes de esta empresa nos demostraron que o bien en realidad no entendían el funcionamiento del mercado, lo que les generaba un exceso de confianza, o bien lo entendían, pero estaban dispuestos a maquillar los riesgos. En cualquier caso, nuestro interés disminuyó con rapidez. El exceso de confianza que nos transmitieron fue más que suficiente para que mi equipo les agradeciera su tiempo y descartara de raíz su oferta.

El efecto del exceso de confianza establece que, en especial cuando la confianza es relativamente alta, la confianza subjetiva de un individuo en su propio juicio es mayor que su precisión objetiva. En pocas palabras, la gente tiende a creerse mejor y más inteligente de lo que en realidad es. Esto es distinto a confiar en tus capacidades, que es un indicador razonable de confianza; se trata de creer que tus capacidades te hacen mejor que los demás.

En su libro *The Psychology of Judgment and Decision Making*, Scott Plous escribió que «el exceso de confianza ha sido calificado como el más "omnipresente y potencialmente catastrófico" de todos los sesgos cognitivos de los que son víctimas los seres humanos.[109] Se le han atribuido demandas, huelgas, gue-

---

109. Scott Plous, *The Psychology of Judgment and Decision Making*, McGraw-Hill, Nueva York, 1993.

rras, así como burbujas y cracs bursátiles». No es una exageración. Hay innumerables estudios que hablan del enorme impacto que causa el efecto del exceso de confianza:[110] un 93 por ciento de los alumnos de autoescuelas se consideran mejores conductores que la media, un 94 por ciento de los profesores universitarios piensan que sus clases son superiores a la media y es casi imposible encontrar a alguien que no crea que es un amante por encima de la media.[111] Uno de mis favoritos es un estudio relacionado con el comportamiento de los estudiantes:[112] el 79 por ciento opinó que su conducta era mejor que la media, ¡a pesar de que el 27 por ciento admitió haber robado alguna vez en una tienda y un altísimo 60 por ciento reveló que el año anterior había copiado en un examen![113]

El efecto del exceso de confianza también ha sido objeto de estudio en el mundo de la inversión, con resultados reveladores. Los profesores de finanzas Brad Barber y Terrance Odean compararon la rentabilidad de las inversiones realizadas por hombres con la de las realizadas por mujeres.[114] Tras analizar los patrones de inversión de 35.000 hogares durante un período de cinco años, descubrieron que el exceso de confianza de los hombres en sus capacidades se traducía en un 45 por ciento más de actividad bursátil que sus homólogas femeninas. Este exceso de transacciones no sólo provocó que los hombres obtuvieran unos resultados inferiores a los de las mujeres, con una rentabilidad media anual un

110. K. Patricia Cross, «Not Can, But *Will* College Teaching Be Improved?», *New Directions for College Education*, n.º 17, 1977, pp. 1-15.

111. ¡Quién querría afirmar lo contrario!

112. David Crary, «Students Lie, Cheat, Steal, But Say They're Good», Associated Press, 30 de noviembre de 2008. Véase: <https://www.foxnews.com/printer_friendly_wires/2008Nov30/0,4675,StudentsDishonesty,00.html>. [Fecha de consulta: 18/05/2021]

113. Los estudios muestran que, cuando alguien dice que está seguro en un 99 por ciento, en realidad lo está en un 80 por ciento. No soy capaz de quitármelo de la cabeza porque son muchos los que usan esta expresión, ¡y ya no puedo tomármela en serio!

114. Brad M. Barber y Terrance Odean, «Boys Will Be Boys: Gender, Overconfidence, and Common Stock Investment», *The Quarterly Journal of Economics*, vol. 116, n.º 1, 2001, pp. 261-292.

2,65 por ciento menor, sino que además pagaron más en comisiones de transacción e impuestos. El exceso de confianza sale caro.

¿Y los profesionales? Al fin y al cabo, tienen acceso a un mayor volumen de datos sobre las empresas, a sofisticados programas informáticos de análisis y a formación especializada. Si no puedes confiar en tus propias capacidades, al menos puedes confiar en las suyas. ¿Verdad? Las investigaciones han puesto de manifiesto que cuando los analistas de inversiones están un 80 por ciento seguros de que una acción subirá, sólo aciertan el 40 por ciento de las veces. En 2006, James Montier pidió a trescientos gestores de fondos profesionales que calificaran su rendimiento; el 74 por ciento de los gestores se mostraba convencido de que su rendimiento laboral era superior a la media.[115] Andrew Zacharakis y Dean Shepherd descubrieron que, al preguntar a los inversores de capital riesgo sobre su grado de convicción en las posibilidades de éxito de sus empresas en cartera, ¡un impresionante 96 por ciento mostró un exceso de confianza![116] Esto nos lleva a un importante estudio sobre el exceso de confianza. En *Psychology of Intelligence Analysis*, Richards Heuer investigó los sesgos conductuales de los analistas de la CIA.[117] Una de las principales conclusiones de su investigación fue que una vez que un analista disponía de la cantidad mínima de información para emitir un juicio informado, la información adicional no aumentaba la precisión del juicio, sino sólo la confianza en él hasta el punto de provocar un exceso de confianza.

Esto evidencia la raíz del problema del sesgo del exceso de confianza: los seres humanos malinterpretamos la información adicional como inteligencia añadida. En lugar de aportarnos más conocimientos, a menudo la información adicional sirve para re-

115. James Montier, *Behaving Badly*, Dresdner Kleinwort Wasserstein Securities, Londres, 2006.

116. Andrew Zacharakis y Dean Shepherd, «The Nature of Information and Overconfidence on Venture Capitalists' Decision Making», *Journal of Business Venturing*, vol. 16, n.º 4, 2001, pp. 311-332.

117. Richard J. Heuer, Jr., *Psychology of Intelligence Analysis*, Center for the Study of Intelligence (CSI), Central Intelligence Agency (CIA), Washington D. C., 1999.

forzar nuestras creencias y fortalecer nuestras convicciones. En el campo de la inversión, esto suele ir en detrimento nuestro. Cuanto más investigan y mayor información recaban los inversores, más incitados se ven a operar en los mercados, y cuanto más operan, peor es el rendimiento que obtienen. Al final, además de perder un tiempo y un dinero preciosos, el inversor demasiado confiado hace un esfuerzo y sufre un estrés innecesario.

Si te crees demasiado inteligente para dejarte engañar por este efecto,[118] quisiera señalarte un dato más de la investigación de Plous: «Las discrepancias entre precisión y confianza no están relacionadas con la inteligencia de quien toma las decisiones». No sólo eso, también hay pruebas evidentes de que una mayor inteligencia conduce a un mayor exceso de confianza. ¡Quizá la ignorancia sea realmente una bendición!

Anclaje

> La heurística del anclaje parece estar presente en todos los procesos de decisión humanos.
>
> TODD MCELROY y KEITH DOWD[119]

En la década de 1970, en una investigación que abrió las puertas a un sesgo humano que influye en todo tipo de decisiones, los psicólogos Daniel Kahneman y Amos Tversky identificaron el efecto de «anclaje».[120] El *anclaje* es un término que utilizan los psicólogos para explicar el modo en que el cerebro toma atajos mentales para llegar a una conclusión. En resumen, los seres humanos tenemos tendencia a confiar demasiado en el primer dato que recibe nues-

118. ¡Qué irónico resulta tu exceso de confianza!

119. Todd McElroy y Keith Dowd, «Susceptibility to Anchoring Effects: How Openness-to-Experience Influences Responses to Anchoring Cues», Judgment and Decision Making, vol. 2, n.º 1, 2007, pp. 48-53.

120. Daniel Kahneman y Amos Tversky, «Choices, Values, and Frames», *The American Psychologist*, vol. 39, n.º 4, 1984, pp. 341-350.

tro cerebro. Este fragmento de información es el «ancla». Una vez que el ancla se ha fijado, todas nuestras decisiones futuras giran en torno a ella, contaminando el pensamiento racional. Si alguna vez dudas sobre cuál podría ser la respuesta correcta, es probable que caigas víctima del sesgo de anclaje y hagas una estimación sobre la base de la información más reciente que hayas escuchado. Por ejemplo, si alguien te pregunta si la población de Zimbabue es mayor o menor de veinte millones, tú responderás lo que creas más conveniente. Si después te preguntan cuál crees que es la población real, quizá tu respuesta ronde los veinte millones.[121] Tanto los negociadores novatos como los más experimentados entienden el funcionamiento del anclaje. El primer precio que se propone en una negociación suele convertirse en el ancla de todas las conversaciones futuras. También los profesionales del marketing han aprovechado el efecto de anclaje para influir en los hábitos de compra de los consumidores. Brian Wansink, Robert Kent y Stephen Hoch llevaron a cabo un fascinante experimento[122] que consistió en instalar un expositor de sopa Campbell's que anunciaba un precio de oferta de 79 céntimos sin límite de compra, por lo que los consumidores podían adquirir tantas latas como quisieran.[123] Posteriormente, montaron otro expositor con la misma oferta, pero con un cartel que decía: «Límite de doce unidades por persona». Los clientes que compraron la sopa de la oferta sin límite de unidades se llevaron una media de 3,3 latas. Los clientes que compraron la sopa de la oferta con un «límite» de doce latas se llevaron siete latas. Los clientes se anclaron en el número 12, confiriéndole un significado (por ejemplo: «¡Vaya! Debe de ser una oferta realmente buena y el supermercado no quiere que compre mucho o perderá dinero»). Hay infinidad de estudios sobre el efecto de anclaje. Es un fenómeno real, vivo, y durante años muchos de nosotros hemos sido sus víctimas sin saberlo.

121. En 2019, la población de Zimbabue era de 14,65 millones de personas. ¡Estuviste muy cerca!

122. Dicen que me dejo fascinar con facilidad.

123. Brian Wansink, Robert J. Kent y Stephen J. Hoch, «An Anchoring and Adjustment Model of Purchase Quantity Decisions», *Journal of Marketing Research*, vol. 35, n.º 1, 1998, pp. 71-81.

¿Adónde quiero llegar con esto? En el ámbito de la inversión, el efecto de anclaje suele ser el precio de compra de las acciones. Si compras una acción por cincuenta dólares, pero más tarde su precio baja a treinta dólares, puedes conservarla hasta que vuelva a los cincuenta dólares (o incluso comprar más si de verdad crees que vale los cincuenta dólares que pagaste al principio). En cambio, si la acción pasa de valer cincuenta a setenta dólares, es posible que la vendas pensando que ahora está sobrevalorada porque su precio es mayor a los cincuenta dólares que pagaste por ella. En este tipo de situaciones, tu poder de decisión se ve condicionado por tu ancla. Muchos inversores son víctimas del anclaje al comprar una acción que se ha alejado mucho de su máximo («¡ahora es una ganga!») o al no comprar una acción que ha alcanzado nuevos máximos («¡ahora está demasiado sobrevalorada!»). La realidad es que las acciones suelen tener un precio bastante cercano al que deberían, con el mismo número de compradores en un lado que de vendedores en el otro. La única razón que lleva al inversor a pensar que es una «verdadera ganga» o que está «sobrevalorada» es la dirección en la que la acción se ha movido respecto a su precio de anclaje anterior. Si somos conscientes del efecto de anclaje, podremos evitar conservar valores perdedores demasiado tiempo y vender los ganadores demasiado pronto. Y quizá también puedas ahorrar algo de dinero en el supermercado.

Ilusión de control

Gráfico 9.3.

CALVIN AND HOBBES © 1988 Watterson. Reproducido con permiso de ANDREWS MCMEEL.

A la gente le gusta sentir que tiene el control o, por lo menos, que es responsable del resultado de sus actos. Si eres de los que se ponen nerviosos cuando viajan en coche, sabrás exactamente de qué estoy hablando. Siempre y cuando seas tú quien tenga las manos al volante y los pies en los pedales, no te preocupa viajar en coche. Conducir el vehículo te hace sentir que tienes el control de la situación.

La *ilusión de control* se define como nuestra tendencia a sobrestimar nuestra capacidad de controlar los acontecimientos, incluso asumiendo la responsabilidad de unos resultados sobre los que no podemos ejercer ninguna influencia. Piensa en el camino que sigues para ir al trabajo o cualquier otro destino habitual. Es probable que creas que puedes controlar la rapidez con la que llegas hasta allí programando tu salida y planeando la mejor ruta. En realidad, el límite de velocidad, la cantidad de tráfico, el tiempo de espera en los semáforos, los accidentes de tráfico fortuitos, los animales que cruzan la carretera y las obras no solamente son factores determinantes en la duración del viaje, sino que están completamente fuera de tu capacidad de influencia. En resumen, a veces podemos ejercer influencia sobre una situación, pero no hay que confundir la influencia con el control.

Este efecto también está presente en otros ámbitos de la vida.[124] La psicóloga Ellen Langer, que dio nombre a este efecto, realizó un experimento que giraba en torno a un sorteo.[125] A unos cuantos participantes se les permitió elegir sus propios números y a otros les fueron entregadas papeletas con números al azar. A continuación, se les dio la oportunidad de cambiar su papeleta por otra con mayores probabilidades de obtener un premio. Langer descubrió que aquellos que habían elegido sus propios números eran más reacios a intercambiarlos. Aunque los sorteos eran completamente aleatorios, los participantes actuaron como

124. Podría escribirse un libro entero sobre cómo la crianza de los hijos representa la máxima ilusión de control.

125. Ellen J. Langer, «The Illusion of Control», *Journal of Personality and Social Psychology*, vol. 32, n.º 5, 1975, pp. 311-328.

si el número elegido fuera de alguna manera importante para el resultado.

Muchas personas se comportan igual con sus inversiones. A los inversores les suele resultar difícil desprenderse de las posiciones que ellos mismos han elegido o con las que están más familiarizados, a pesar de que una cartera mejor diversificada les ofrezca una mayor probabilidad de alcanzar sus objetivos. Los inversores inteligentes saben que sus acciones no son las responsables de buena parte del rendimiento de su cartera, sino los mercados.

La aversión a la pérdida y el efecto dotación

Pruébese éste.

Cualquier empleado en una joyería

Daniel Kahneman y Amos Tversky son conocidos por sus investigaciones sobre la *aversión a la pérdida*, el sesgo humano que prefiere evitar una pérdida antes que obtener una ganancia. En otras palabras, pesa más el miedo a perder que la alegría de ganar. Numerosos estudios realizados sobre este sesgo muestran que experimentamos aproximadamente el doble de dolor por una pérdida que el placer que experimentamos por una victoria.

En uno de sus estudios, dividieron a las personas en dos grupos: un grupo tenía bolígrafos con adhesivos de precio de 3,98 dólares y el otro grupo no tenía bolígrafos.[126] A continuación, preguntaron al grupo sin bolígrafos cuánto pagarían por uno y al grupo con bolígrafos por cuánto venderían los suyos. El grupo sin bolígrafos estimó su valor en una cantidad mucho menor que el grupo con bolígrafos. ¿A qué se debe esto? La respuesta es simple: el grupo con bolígrafos no quería sentir que había perdi-

126. Daniel Kahneman, Jack L. Knetsch y Richard H. Thaler, «Anomalies: The Endowment Effect, Loss Aversion, and Status Quo Bias», *Journal of Economic Perspectives*, vol. 5, n.º 1, 1991, pp. 193-206.

do al venderlo por menos de 3,98 dólares, y el grupo sin bolígrafos tampoco quería sentir que había perdido al pagar más de 3,98 dólares.

¿Has estado últimamente en una joyería? Siempre los vendedores se ofrecen a depositarte las joyas en las manos o preguntan si quieres probártelas. Están intentando poner en práctica la aversión a la pérdida para convencerte de que compres su producto. En esta modalidad de aversión a la pérdida, conocida como *efecto dotación* o *efecto statu quo*, una vez que alguien tiene en sus manos un bolígrafo, una joya o cualquier otro artículo, siente como si fuera suyo y no lo quiere perder.[127]

Es posible que la aversión a la pérdida cause más daño a los inversores que a cualquier otro grupo. Es la razón que hace que, a pesar de que saben perfectamente que su dinero está perdiendo poder adquisitivo, los inversores prefieran el efectivo. Durante décadas, el rendimiento promedio del mercado monetario ha estado muy por debajo de la inflación, pero los inversores están dispuestos a perder un poco de dinero cada día para evitar las pérdidas reales de las inversiones que, según su percepción, son mayores. Con este plan, ¡en sólo veinticuatro años el poder adquisitivo de tu dinero puede reducirse a la mitad!

La aversión a la pérdida es la razón que te lleva a no querer regalar los vaqueros que no te quedan bien desde 1994, el jersey que no te has puesto desde 2003 y todas las cosas que están sin usar en tu garaje. La aversión a la pérdida es la razón por la que uno se aferra a un valor mucho tiempo después de que su cotización haya caído. No quieres reconocer la pérdida, ya que eso te obligaría a admitir que cometiste un error. Es mucho mejor esperar hasta que (tal vez) se recupere, ¿verdad? Cuando hablo con clientes que tienen una inversión que no piensan vender hasta que remonte, les hago una pregunta sencilla: «Si tuvieras dinero en efectivo en lugar de estas acciones, y sabiendo qué intentas conseguir, ¿hoy por hoy comprarías las mismas acciones?». Casi

---

127. «Veamos si este collar te queda bien.» «Estoy seguro de que esta blusa te quedaría muy bien. Pruébatela a ver qué te parece.» «¿Qué tal si damos una vuelta con el coche para probarlo?»

siempre la respuesta es negativa y, en ese caso, sabemos que el inversor está aguantando por aversión a la pérdida. Comprender cómo afecta la aversión a la pérdida a nuestra toma de decisiones puede ayudarnos a ser mejores inversores.[128]

Contabilidad mental

> Como en un momento determinado la mente consciente sólo es capaz de procesar unos pocos pensamientos, intenta constantemente «trocear» las cosas para hacer que la complejidad de la vida sea un poco más fácil de manejar. En lugar de contar cada dólar que gastamos, dividimos nuestros dólares en compras concretas. Confiamos en los atajos que nos llevan a error porque carecemos de la capacidad de cálculo necesaria para pensar de otra manera.
>
> JONAH LEHRER[129]

Richard Thaler es conocido por su trabajo en el campo de la economía conductual, y por identificar y definir la *contabilidad mental*, el proceso de dividir en porciones separadas e intransferibles los activos actuales y futuros de una persona.

En un estudio sobre el impacto de la contabilidad mental,[130] se pidió a los participantes que imaginaran el siguiente escenario: has decidido ir a ver una película y pagas diez dólares por la entrada. Nada más entrar en el cine, te das cuenta de que ¡has perdido la entrada! Por desgracia, el ticket no se puede reclamar. ¿Pagarías diez dólares por otra entrada? Sólo el 46 por ciento de los participantes dijo que compraría otra entrada. A continua-

---

128. Y reducir la posibilidad de que salgamos en el próximo episodio de *Acumuladores compulsivos*.

129. Jonah Lehrer, «The Curse of Mental Accounting», Wired, 14 de febrero de 2011. Véase: <https://www.wired.com/2011/02/the-curse-of-mental-accounting/>. [Fecha de consulta: 18/05/2021]

130. Kahneman y Tversky, ibídem.

ción, se pidió a los participantes que imaginaran un escenario diferente: has decidido ir a ver una película cuya entrada cuesta diez dólares. Nada más entrar en el cine, te das cuenta de que has perdido un billete de diez dólares. ¿Seguirías pagando diez dólares por una entrada al cine? Aunque el impacto económico es exactamente el mismo que en el primer escenario, el 88 por ciento de los participantes dijo sí: ¡comprarían una entrada!

En esencia, a pesar de haber perdido diez dólares justo antes, en ambos escenarios se les pidió a los participantes que gastaran diez dólares en una entrada. La disparidad en las respuestas es atribuible al poderoso efecto de la contabilidad mental. Una vez que los participantes tenían una entrada, la asignaban a la columna «entretenimiento» de su cuenta mental. Ya habían agotado el presupuesto para la película, así que no querían excederse y comprar otra entrada. Los del último grupo perdieron diez dólares; sin embargo, aún no habían asignado los diez dólares a la entrada y, por tanto, estaban dispuestos a comprar una a pesar de su pérdida anterior. El estudio revela que, aunque desde el punto de vista financiero tendría mucho sentido que lo hiciéramos, no valoramos todos los dólares de la misma manera.

Las investigaciones del psicólogo Hal Arkes nos indican que la contabilidad mental es la razón por la que las devoluciones de impuestos y las ganancias en la lotería suelen esfumarse con rapidez.[131] La contabilidad mental ubica esos fondos en la columna de «dinero libre». Refiriéndose a un estudio sobre el mercado de la prostitución en Oslo, la socióloga Viviana Zelizer afirma que este principio se aplica incluso a cómo gastan sus ingresos quienes ejercen la profesión más antigua del mundo.[132] Resulta que las prostitutas utilizan sus cheques de asistencia social y sus

131. Hal R. Arkes, Cynthia A. Joyner, Mark V. Pezzo, Jane Gradwohl Nash, Karen Siegel-Jacobs y Eric Stone, «The Psychology of Windfall Gains», *Organizational Behavior and Human Decision Processes*, vol. 59, n.º 3, 1994, pp. 331-347.

132. Viviana A. Zelizer, *The Social Meaning of Money: Pin Money, Paychecks, Poor Relief, and Other Currencies*, Basic Books, Nueva York, 1994. Versión castellana de María Julia de Ruschi, *El significado social del dinero*, Fondo de Cultura Económica, Madrid, 2012.

prestaciones sanitarias para pagar el alquiler y otras facturas, y utilizan el dinero que adquieren vendiendo sexo para comprar drogas y alcohol. Parece que la contabilidad mental es algo que forma parte de la condición humana.

La contabilidad mental influye en la forma en que tomamos decisiones en nuestra vida diaria, pero no debería afectar a los inversores experimentados. Los inversores que analizan cada inversión por separado crean cuentas mentales distintas para cada participación. Si mantienes cuentas de inversión separadas, no debes valorarlas individualmente, sino plantearte si contribuyen de manera adecuada a tu objetivo a largo plazo. Al observar la imagen completa, es mucho más fácil saber si estás en el buen camino para alcanzar tus metas a largo plazo. Mirar cada participación o subcuenta por separado puede generar una contabilidad mental y provocar malas decisiones. Mientras inviertes, una forma de amortiguar el influjo de la contabilidad mental es agrupando el mayor número posible de inversiones en una sola cuenta. De este modo, es mucho más fácil que las decisiones se tomen con criterio y teniendo en cuenta todo el conjunto.

Sesgo de inmediatez

> Los inversores proyectan a futuro aquello que han experimentado de manera más reciente. Éste es un hábito inquebrantable.
>
> WARREN BUFFETT

El *sesgo de inmediatez* es la tendencia a proyectar a futuro experiencias u observaciones recientes. Esto nos permite hacer predicciones sobre el futuro basándonos en los acontecimientos del pasado inmediato.[133]

A pesar de las muchas y sorprendentes capacidades de la

---

133. El sesgo de inmediatez es también la razón por la que, en su próxima fiesta de la escuela, mi hijo de diecisiete años tiene prohibido quedarse hasta

mente humana, confiamos en la identificación de patrones para ayudarnos a simplificar el proceso en la toma de decisiones. Algunas veces, los patrones que observamos pueden resultarnos útiles. Si varios días seguidos ves que hay un coche patrulla en el mismo lugar, te asegurarás de vigilar tu velocímetro en esa zona. Sin embargo, en materia de inversión, el sesgo de inmediatez puede resultar caro y peligroso.

Los estudios realizados demuestran que los corredores de bolsa tienden a recomendar a sus clientes valores atractivos que han registrado un rendimiento superior al del mercado el año anterior para al año siguiente obtener un rendimiento inferior. Los inversores tienden a inclinarse por las inversiones que han crecido durante muchos meses consecutivos, esperando que la tendencia continúe, pero luego llegan justo cuando la fiesta está terminando, habiéndose perdido todas las ganancias y siendo a cambio partícipes de todas las pérdidas. Después de que la burbuja tecnológica y el 11-S provocaran mercados bajistas consecutivos, hubo muchos inversores que previeron otro mercado bajista y se perdieron la posterior recuperación bursátil. Después de la crisis financiera de 2008-2009, muchos inversores interpretaban cada retroceso del mercado como un indicador de un próximo desplome.

Ojalá el mercado funcionara así. En cambio, en un año cualquiera existen muchas posibilidades de que el mercado termine en positivo independientemente de cómo haya acabado el año anterior. Además, lo más probable es que se produzca una corrección, al margen de lo que haya ocurrido en las semanas, meses o año previos. Independientemente de lo que haya ocurrido en la década anterior, un inversor puede contar con unos dos mercados bajistas por década. Al igual que el hecho de sacar cara tres veces seguidas al lanzar una moneda no cambia las probabilidades de sacar cruz la vez siguiente, el pasado inmediato no es un indicador fiable de lo que se puede esperar que suceda en los mercados.

---

más tarde de la medianoche. También es la razón por la que, en su próxima fiesta de la escuela, él quiere quedarse hasta pasada la medianoche.

Una forma de contrarrestar los efectos del sesgo de inmediatez es adoptando un sistema disciplinado de gestión del dinero. Por ejemplo, si tu cartera se compone de un 60 por ciento de acciones y un 40 por ciento de bonos, podrías volver a ajustar la proporción original sólo cuando tu asignación se desvíe más de un 5 por ciento. El hecho de adoptar un enfoque sistemático en tus decisiones de inversión te ayudará a evitar que los últimos acontecimientos del mercado condicionen tus actos.

En la vida real, el sesgo de inmediatez tiene implicaciones positivas y negativas, pero si no se controla, en lo que respecta a la inversión puede llegar a causar mucho más mal que bien.

Aversión miope a la pérdida

> Si estamos tranquilos y preparados, deberíamos poder encontrar una compensación en cada desilusión.
>
> HENRY DAVID THOREAU

Las personas con más éxito son las que no permiten que el fracaso frustre sus objetivos y sueños. Nuestro instinto natural hace que, cuando una situación se vuelve difícil, nos rindamos o huyamos antes que intentarlo de nuevo o poner en práctica una estrategia diferente. En especial si las cosas no van como esperábamos en un principio, tenemos tendencia a centrarnos en los resultados a corto plazo más que en nuestros objetivos a largo plazo. Los expertos en finanzas conductuales lo llaman *aversión miope a la pérdida*.

Animamos a nuestros hijos a subirse otra vez a la bicicleta cuando se caen por décima vez, pero necesitamos que alguien haga lo mismo por nosotros. Incluso si entendemos y acordamos una determinada estrategia de inversión, puede ser difícil seguir adelante si no da resultados inmediatos por mucho que estemos de acuerdo en que debería darlos a largo plazo. Suele ser habitual que los inversores quieran desprenderse de un activo si no les genera un rendimiento inmediato.

Para evitar la aversión miope a la pérdida, es esencial comprender las inversiones que uno tiene y su finalidad en la cartera. A menudo, nos centramos en el rendimiento actual de una inversión sin tener en cuenta su utilidad en nuestra cartera. Los estudios han revelado que los inversores suelen establecer plazos arbitrarios para evaluar la rentabilidad de un activo o de una estrategia de inversión. Aunque no sea un punto de referencia adecuado para la inversión, lo más normal es que opten por volver a evaluar el rendimiento al cabo de un año.[134] Toda cartera inteligente está estructurada para tener activos que generen valor a lo largo del tiempo, desde el momento presente hasta dentro de diez años (o más). Si no necesitas vender un activo hoy, su precio actual es irrelevante.

Los inversores con un gran patrimonio suelen tener en su cartera un componente de capital privado, del que hablaremos con más detalle en el próximo capítulo. Durante las primeras fases, ¡algunas de estas inversiones generan rendimientos negativos! Casi todos los tipos de inversión presentan un amplio margen de cotización (grandes fluctuaciones en el precio) y un rendimiento imprevisible a corto plazo, sin embargo, esas mismas clases de activos tienen un rendimiento bastante predecible a largo plazo. Si quieres controlar el instinto de aversión miope a la pérdida, ¡deberás tenerlo en cuenta! Mientras tus necesidades no cambien y la composición de tu cartera siga alineada con tus objetivos, debes darles tiempo a tus inversiones para que generen su valor.

Tendencia a la negatividad

> Una y otra vez, la mente humana reacciona a las cosas malas con más rapidez, fuerza y persistencia que a las cosas buenas equivalentes.
>
> JONATHAN HAIDT

134. Hacer un seguimiento de tus inversiones cada hora no es una forma eficaz de evaluar la eficiencia de tu cartera.

La tendencia a la negatividad hace referencia tanto a nuestra naturaleza humana de recordar las experiencias negativas con mayor intensidad que las positivas como a las acciones conscientes y subconscientes que realizamos para evitar resultados negativos.

Al igual que la prevención de las pérdidas, la tendencia a la negatividad es una fuerza poderosa. Teresa Amabile y Steven Kramer descubrieron que, a lo largo de una jornada laboral, los pequeños contratiempos negativos alteraban la felicidad de los profesionales el doble que los avances positivos.[135] Según los investigadores, también aprendemos más rápido con el refuerzo negativo que con el positivo. Al analizar nuestro lenguaje, los investigadores observaron que el 62 por ciento de las palabras relacionadas con las emociones y el 74 por ciento de las palabras sobre rasgos de personalidad son negativas.[136] No parece que sea una conducta aprendida, ya que las investigaciones demuestran que en los niños pequeños existe una evidente tendencia a la negatividad. Cuando se les pidió que valorasen si una expresión facial era buena o mala, los niños interpretaron las caras positivas como buenas, y como malas tanto las negativas como las neutras. Según los investigadores, los bebés también presentan tendencia hacia la negatividad.[137]

Dada la intensidad con la que respondemos a los acontecimientos negativos, no debería extrañarnos que nuestro proveedor de noticias esté tan lleno de ellos. Es mucho más probable que oigas hablar del último robo cometido en tu barrio que sobre su menor índice de criminalidad. Y durante el período de campaña electoral, en lugar de centrarse en las virtudes propias, las campañas publicitarias de los candidatos casi siempre se basan en los ataques negativos dirigidos a los oponentes. Son intentos

135. Teresa Amabile y Steven Kramer, «The Power of Small Wins», *Harvard Business Review*, vol. 89, n.º 5, 2011, pp. 70-80.

136. Estudiar el sesgo de negatividad no es precisamente la actividad más edificante o inspiradora.

137. J. Kiley Hamlin, Karen Wynn y Paul Bloom, «Three Month-Olds Show a Negativity Bias in Their Social Evaluations», *Developmental Science*, vol. 13, n.º 6, 2010, pp. 923-929.

flagrantes de aprovecharse de nuestra predisposición a la negatividad y provocar una respuesta emocional más potente.

En el mundo de la inversión, la tendencia a la negatividad también es evidente. Es esta visión negativa la que hace que los inversores quieran vender durante las correcciones bursátiles o los mercados bajistas. En esos momentos recurrir al efectivo se convierte en una forma de evitar la experiencia negativa de ver cómo se hunde su posición. Cuando los acontecimientos relevantes más recientes aún están frescos en nuestra memoria, lo que los científicos del comportamiento denominan *viveza*, es en especial tentador caer en el sesgo de la atención a lo negativo. Por ejemplo, cuando los inversores experimentan un fuerte mercado a la baja, como la crisis financiera de 2008-2009 o la pandemia del coronavirus, la tendencia a la negatividad puede hacer que reaccionen de forma exagerada a la menor corrección, y temiendo que se avecine otra crisis vendan al contado en un ataque de pánico.

Como con cualquier otro sesgo conductual, la clave para mitigar el efecto del sesgo de negatividad es saber que existe, de modo que puedas darte cuenta de cuándo estás empezando a mostrar síntomas y detenerte antes de que te perjudique a ti o a tu cartera. ¡El sesgo de la atención a lo negativo es tan poderoso que hemos dedicado el primer capítulo de este libro a explicar cómo vencerlo!

Sesgo del *home run* o «pelotazo»

> *I want it all, and I want it now* [Lo quiero todo y lo quiero ya].
>
> FREDDY MERCURY, Queen

Todos nos inclinamos más hacia la opción de obtener los mejores resultados en el menor plazo posible que a enfocarnos en los cambios graduales que se producen a lo largo del tiempo. Esto se conoce como el sesgo del pelotazo, y las dietas de moda son un buen ejemplo. Todos sabemos que la clave para perder peso de forma sostenida es consumir menos calorías y hacer ejercicio, pero aun así hay millones de personas que buscan un atajo a través de pastillas, zumos depurativos y dietas extremas.[138] El mundo de la inversión es muy similar, pues en lugar de centrarse en los rendimientos sostenibles a largo plazo, los inversores buscan dar ese «pelotazo».

Los inversores y los jugadores de béisbol que buscan dar un pelotazo se enfrentan al mismo inconveniente: las probabilidades de que la mayoría de los intentos acaben en fracaso. En cambio, con el tiempo, los jugadores que cada vez que están al bate intentan hacer un buen giro conseguirán mejores resultados (y por el camino también golpearán algunos *home run*). Tu filosofía de inversión debe adoptar el mismo enfoque: adquiere los activos más afines a tus objetivos y aprovecha las oportunidades que te ofrezca el mercado. Por el camino, pegarás tus propios «pelotazos», pero también evitarás cometer demasiadas faltas cuando el «partido» (en este caso, tu independencia financiera) está en juego.[139]

El jugador

You've got to know when to hold them,
know when to fold them.
Know when to walk away,
know when to run.
[Hay que saber cuándo mantenerlas,
saber cuándo doblarlas.
Saber cuándo retirarse,
saber cuándo correr.]

KENNY ROGERS, *The Gambler*

---

138. Como un amigo mío que perdió bastante peso con la dieta de la zanahoria. Durante toda una semana no comió otra cosa que no fueran zanahorias. Consiguió adelgazar; por desgracia, también se volvió naranja. Lo digo en serio.
139. No más analogías deportivas, ¡te lo prometo!

Algunas personas son especuladoras y hacen del mercado su propio casino personal, apostando por un puñado de valores, operando con opciones o determinando el mejor momento para invertir con la esperanza de ganar a lo grande o superar al resto del mercado.[140] La mayoría de las personas prefieren ser inversoras y seguir una estrategia constante y disciplinada orientada a mejorar la probabilidad de alcanzar sus objetivos a largo plazo. Muchos pertenecen a ambos bandos.

El deseo de apostar forma parte de nuestra naturaleza. La industria del juego gira en torno a la fisiología y la psicología: ganar hace que nuestro cuerpo libere endorfinas (que provocan una sensación de euforia), que empujan a nuestro cerebro a querer seguir jugando. Cuando perdemos, nuestro cerebro nos pide que sigamos jugando para que las endorfinas vuelvan a fluir y para evitar el dolor emocional causado por nuevas pérdidas.[141] Los casinos saben cómo explotar esto en su beneficio: bombean oxígeno en la sala para mantenernos alerta y nos dan bebidas gratis para reducir nuestras inhibiciones. Saben que cuanto más juguemos nosotros, más ganan ellos.

Ya hemos hablado de cómo operar activamente juega en tu contra, pero favorece a la entidad —en este caso, a las empresas de corretaje—. La negociación activa genera comisiones que se traducen en ingresos para el corredor de bolsa. Piensa en los anuncios de las empresas que promocionan transacciones gratuitas o de bajo coste, que animan a empezar a elegir los valores ganadores y que dan acceso a herramientas sofisticadas para obtener una «visión» del mercado. ¿Crees que es una coincidencia que las plataformas digitales dedicadas a la inversión financiera sean similares a las de los casinos, con colores verdes y rojos, teletipos dinámicos, imágenes que parpadean y sonidos de llamada?

---

140. La última moda son las criptodivisas, las cuales han hecho ricos a un puñado de apostadores mientras que la mayoría ha perdido.

141. Los casinos funcionan tan bien porque el juego se alimenta de muchos de los sesgos que tratamos en este capítulo. Por si fuera poco, a menudo ofrecen un bufet gratuito.

No es fácil contener al jugador que llevamos dentro. A largo plazo, mantener todos tus activos invertidos de acuerdo con tu estrategia global te proporcionará las mayores probabilidades de éxito. Pero si no eres capaz de desactivar completamente al jugador que llevas dentro, considera la posibilidad de abrir una cuenta de valores independiente con una pequeña cantidad de fondos con los que puedas «jugar». Así podrás sentir la emoción del juego sin poner en peligro tu independencia económica.

Sesgo político

Seguramente hayas escuchado que los estadounidenses estamos algo divididos en lo que respecta a la política. Con los años, esta división, alimentada por los medios de comunicación que sólo nos dicen lo que queremos oír, ha empeorado mucho. De hecho, ha llegado a ser tan grave que he visto a muchos inversores causar graves daños a sus carteras al basar importantes decisiones de inversión en opiniones políticas. En 2008, la victoria electoral del presidente Obama desató la histeria en la mayoría de los medios financieros, que llegaron a afirmar que el socialismo estaba en camino y que destruiría los mercados. En cambio, durante sus ocho años de presidencia, el mercado experimentó una de las mejores rachas de la historia. En 2016, cuando Trump fue elegido presidente, los medios financieros aseguraron que los mercados no serían capaces de soportar su imprevisibilidad, que la amenaza bélica provocaría un colapso bursátil y que sus políticas acabarían con la trayectoria positiva del mercado. Por el contrario, los mercados vivieron uno de los mejores años de su historia y por primera vez registraron ganancias todos los meses hasta que se cumplió un año de su elección.

La cuestión es la siguiente: al mercado no le importa quién se siente en el Despacho Oval. Al mercado sólo le importan los ingresos futuros (beneficios empresariales). Si bien hay muchos factores que influyen en los ingresos futuros, sólo unos pocos están condicionados por quién sea el presidente de Estados Unidos. Sin duda, estos factores son importantes, aunque no tanto como para contrarrestar el gran número de otros factores sobre los que el presidente no tiene control, como los tipos de interés. Tanto si en términos políticos eres de derechas como de izquierdas, a la hora de invertir es mejor que te quedes en el centro. Nunca tomes decisiones que puedan afectar a tu cartera en función del partido político que esté en el poder.

Libera tu mente

Si bien este pequeño paréntesis en los fundamentos de la planificación y la inversión pudiera parecer una distracción, creo que hemos demostrado que no es el caso. No hay ninguna clase de planificación e inversión que pueda compensar un grave (¡y evitable!) error de comportamiento cometido a lo largo del camino. Como bien dice el clásico de En Vogue de 1992: «*Free your mind, and the rest will follow*» [libera tu mente y el resto vendrá por sí solo].

Capítulo 10

Clases de activos

Por término medio, el 90 por ciento de la variabilidad de los rendimientos se debe a la asignación de activos.

ROGER G. IBBOTSON

Llegados a este punto, hemos cubierto varias áreas importantes en materia de inversión. En primer lugar, ahora comprendes el mercado: sus altibajos (y lo que cabe esperar de ellos), su evolución general y cómo puede favorecer a los inversores a largo plazo. En segundo lugar, ahora entiendes el estado emocional que necesitas mantener para permanecer firme durante las turbulencias bursátiles: no debes permitir que los medios de comunicación, los corredores de bolsa o tu propio miedo te distraigan. Con esto, ya estás listo para dar paso a las inversiones propiamente dichas. Comenzaremos con un recorrido por las principales clases de activos, su funcionamiento y su función en la cartera de un inversor.

Efectivo: la ilusión de la seguridad

Lo único que te voy a decir es que la peor inversión que puedes tener es el dinero en efectivo. Todo el mundo habla de que «el efectivo es el rey» y ese tipo de cosas. Con el tiempo, el efectivo va a valer menos. Pero con el tiempo, los buenos negocios van a valer más.

WARREN BUFFETT

Cuando piensas en clases de activos de riesgo, puede que pienses en materias primas (por ejemplo, oro y petróleo), bienes inmuebles, acciones e incluso algunos bonos. Es posible que el dinero en efectivo sea lo último en la lista. No obstante, el dinero en efectivo tiene muchos riesgos inherentes. En primer lugar, porque de todas las principales clases de activos es la que ha obtenido el peor rendimiento en general.[142] Si pensamos en largos períodos, el efectivo siempre ha rendido menos que las demás clases de activos principales. Cuanto más tiempo mantengas una parte importante de tu patrimonio en efectivo, mayor será la probabilidad de que tu cartera genere un rendimiento inferior.[143]

En segundo lugar, guardar el dinero en efectivo durante largos períodos prácticamente garantiza quedarse a la zaga de la inflación y perder poder adquisitivo. En esencia, tu efectivo valdrá menos cada año, ya que los precios de los bienes subirán y tu dinero se mantendrá estático. Imagina que depositas cien mil dólares en el banco y ganas cerca del 1 por ciento anual durante diez años. Al retirar tu efectivo, es posible que te sientas bastante bien; sin embargo, ese 1 por ciento aproximado que has ganado no se ajusta al coste de un sello de correos, un traje, una chocolatina, la asistencia médica o la educación superior. Quizá pienses que has ganado dinero, pero en realidad has perdido un valioso poder adquisitivo.

Una de las razones por las que muchos «inversores» guardan su dinero en efectivo es para poder comprar o vender en función

142. Qué buen comienzo, ¿verdad?
143. Los gestores profesionales de carteras lo saben e incluso tienen un término para ello: costes por capital no invertido (cash drag). ¡Si no inviertes capital no obtienes rendimientos!

de los futuros movimientos del mercado. Buscan tener «liqui-dez» a mano. Lo hacen a pesar de que no existe ningún estudio documentado en el mundo real que demuestre que pasar repetidas veces del mercado al efectivo y de nuevo al mercado sea una estrategia que funcione. Al fin y al cabo, es necesario acertar el momento exacto en el que hay que salir y en el que hay que entrar, y ser capaz de repetir el proceso de forma sistemática. Si fallas una sola vez, el rendimiento de tu cartera puede verse afectado de forma permanente. Pero eso ya lo sabes, ¡porque le hemos dedicado un capítulo entero!

Por último, muchos inversores guardan efectivo ante la posibilidad de que se produzca un Armagedón financiero, una situación en la que el mercado bursátil se hunde hasta llegar a prácticamente cero y nunca se recupera. Si por algún motivo nos toca vivir una realidad en la que Amazon, Nike, McDonald's y el resto de las empresas predominantes en todo el planeta se hunden y nunca se recuperan, lo más probable es que coincida con un impago de los bonos del Tesoro por parte del Gobierno estadounidense. ¿Cómo puede el Gobierno hacer frente a los pagos de sus bonos si todas las grandes empresas estadounidenses han quebrado? ¿Quiénes trabajarían y pagarían los impuestos para cubrir los pagos de la deuda? En este caso, la garantía de la FDIC (Corporación Federal de Seguros de Depósitos) sobre tus cuentas bancarias no significaría casi nada y el dinero en efectivo perdería su valor. Si no crees que las principales empresas de Estados Unidos puedan sobrevivir, la conclusión natural es que el propio sistema económico estadounidense no puede sobrevivir. Si así fuera, el dinero en efectivo podría ser el peor activo que poseer.[144] A pesar de todo, en la actualidad los estadounidenses mantienen billones de dólares en efectivo, la mayor cantidad de la historia.

Disponer de reservas a corto plazo es una buena idea; acumular efectivo como inversión a largo plazo no lo es. Descarta el dinero en efectivo como un elemento para considerar en tu cartera de inversión.

---

144. Y los búnkeres, alimentos en polvo y kits de supervivencia parecerían de repente inversiones brillantes.

Bonos

> Si pudiéramos llamar a todos los bonos simplemente
> «préstamos», todo el mundo los entendería mucho mejor.
>
> Alguien a quien no le gusta lo complejo que
> se ha vuelto el mundo de las finanzas[145]

Cuando compras un bono, estás prestando dinero a una empresa, a un Gobierno o a alguna otra entidad. Los bonos son préstamos. Eso es todo.[146] Cuando prestas dinero al Gobierno federal, adquieres un *bono del Tesoro*. Si el préstamo es a una ciudad, un estado o un condado, se le llama *bono municipal*. Si es a una corporación como Netflix o Microsoft, es un *bono corporativo*. Cuando prestas dinero a una empresa que tiene que pagar un tipo de interés más alto para atraer a los inversores, se denomina *bono de alto rendimiento*,[147] más conocido como *bono basura*.[148]

Los bonos se emiten cuando estas entidades quieren pedir dinero prestado al público, así que cuando compras un bono te conviertes en prestamista. Pongamos que Target quiere recaudar cien millones de dólares. Lo más probable es que nadie quiera asumir el riesgo de prestar tanto dinero a una sola empresa, por lo que, para obtener la cantidad total que necesita, Target emite un número suficiente de bonos en cantidades más pequeñas, por ejemplo, en tramos de 25.000 dólares. Esto posibilita que en la oferta participen más inversores. Como con cualquier otro préstamo, durante un período determinado (conocido como *plazo*), al inversor se le abonarán unos intereses. Al final del plazo (conocido como la fecha de *vencimiento* del bono), la cantidad prestada (en nuestro ejemplo, 25.000 dólares) se devuelve al inversor.

145. Fuente: Un servidor.
146. En gran parte debido a que la industria de los servicios financieros se esfuerza al máximo para que todo sea lo más confuso posible, a menudo nos hacen creer que los bonos son mucho más complicados de lo que en realidad son.
147. Término de la industria.
148. Término de llamándolo-por-su-nombre.

El tipo de interés varía en función de la entidad que realice el préstamo. Los dos factores principales que determinan el importe de los intereses que paga una entidad son la calidad crediticia del préstamo y el plazo.

Veamos en primer lugar cómo afecta la calidad crediticia al tipo de interés. Son muchos los que piensan que prestar dinero al Tesoro de Estados Unidos es la inversión más segura del mundo, de ahí que el rendimiento que se obtenga sea menor que cuando se presta dinero a una empresa. Las probabilidades de que una corporación quiebre y no pueda pagar a los titulares de sus bonos son más altas que las probabilidades de que el Gobierno de Estados Unidos deje de pagar sus préstamos.[149] Para incentivar el préstamo de dinero a una ciudad, un estado, un país extranjero o una empresa, estos prestatarios deben ofrecer una rentabilidad después de impuestos superior a la del Tesoro estadounidense. Las empresas que son débiles deben ofrecer una tasa de rendimiento aún más alta para que aceptes correr el riesgo de prestarles. En igualdad de condiciones, cuanto mayor sea el rendimiento que te ofrezcan, mayor será el riesgo que asumas. Esto se conoce como *riesgo crediticio*.

Hay agencias que se dedican a calificar los bonos y los puntúan con letras (del mismo modo que las puntuaciones FICO[150] sirven para saber la calificación crediticia de una determinada persona). Tanto Fitch como Standard & Poor's utilizan una escala idéntica (AAA es la máxima calificación, seguida de AA+, AA, AA-, etcétera), mientras Moody's utiliza una escala diferente para reflejar la misma información (Aaa es su máxima calificación, seguida de Aa1, Aa2, etcétera). En la escala de Fitch/S&P, cualquier bono calificado como BBB o superior (o Baa3 y superior en la escala de Moody's) entra en la categoría de bono de

149. Algunos se apresurarían a incluir aquí un escenario apocalíptico. A efectos prácticos, el Gobierno federal es el único emisor de bonos que puede ir corriendo a imprimir más dólares para pagar sus deudas. Al menos, son los únicos que pueden hacerlo lícitamente.

150. Empresa centrada principalmente en el cálculo de índices crediticios con los que los prestamistas pueden estimar el riesgo que supone prestar dinero a alguien en concreto. (*N. de la t.*)

grado de inversión, y cualquier bono calificado por debajo es un bono (basura) de *grado especulativo*.[151]

Observemos el efecto que tiene el plazo del préstamo en el tipo de interés. Por ejemplo, si le prestaras dinero al Gobierno federal durante un período de diez años a partir de hoy, el Gobierno te pagaría intereses a un tipo muy bajo; sin embargo, si estuvieses dispuesto a prestarle al Gobierno la misma cantidad de dinero durante un período de treinta años, el Gobierno te pagaría un tipo más alto. Este principio se aplica también a los bonos municipales y corporativos: cuanto más tiempo estés dispuesto a prestar tu dinero, más alto será el tipo de interés que te pagarán. La razón es sencilla: cuanto más tiempo se preste el dinero, mayor es el *riesgo de los tipos de interés*.[152] Es cierto que, si mantienes hasta su vencimiento el bono que has comprado, recuperarás todo tu dinero, además de todos los pagos de intereses realizados a lo largo de su vida; sin embargo, hay dos cosas que debes tener en cuenta.

En primer lugar, si prestas dinero al Gobierno federal durante treinta años a un tipo de interés del 2,6 por ciento, es muy posible que durante ese período los tipos de interés suban. Supongamos que la economía se fortalece un poco y que la Reserva Federal sube los tipos de interés y acaba emitiendo bonos a diez años al 4 por ciento. Si en algún momento quisieras vender tu bono a treinta años, tendrías que hacerlo con descuento. Digamos que después de veinte años, quieres venderlo. ¿Por qué querría alguien pagar el precio completo de tu bono a diez años con un tipo de interés del 2,6 por ciento cuando se pueden comprar bonos a diez años con un tipo de interés del 4 por ciento? En

151. Los responsables de los bonos de alto rendimiento deberían contratar un equipo de marketing algo más competente.

152. Un breve apunte: hay veces que los agentes del mercado pagan menos por los bonos a más largo plazo, en cuyo caso se dice que la curva de rendimiento está «invertida». Esto suele ser la señal de 1) una eventual recesión, ya que básicamente los inversores están diciendo que están dispuestos a inmovilizar el dinero a largo plazo por menos que el dinero a corto plazo, lo que significa malas perspectivas de futuro, y 2) una histeria colectiva en los medios financieros.

segundo lugar, si conservas tu bono hasta el vencimiento, habrás desaprovechado la mayor rentabilidad que podrías haber conseguido invirtiendo con posterioridad en bonos de mayor rendimiento.

Una vez que entiendas los riesgos crediticios y de tipo de interés, será más fácil que comprendas el precio de los bonos. No es raro pensar que un bono es mejor porque su rendimiento es mayor, cuando en realidad lo que es mayor es el riesgo, bien porque es de una empresa con una baja calificación o porque tiene un plazo más largo.

Los bonos representan un riesgo mucho menor que las acciones porque sus pagos están garantizados. Los pagos de los bonos son una obligación contractual; es decir, la empresa está obligada a realizarlos, mientras que los dividendos de las acciones (que son una distribución de los beneficios) son discrecionales; es decir, cuando quiera, la empresa puede dejar de pagarlos. Por ello, si conservas un bono hasta su vencimiento y el emisor no quiebra, obtienes el importe de tu préstamo original más el pago de todos los intereses. Como clase de activo, a lo largo del año natural, los bonos ofrecen rentabilidades positivas aproximadamente el 85 por ciento del tiempo. Sin embargo, hay que tener en cuenta que los bonos son una clase muy extensa de activos con un margen muy amplio de rendimientos esperados. Entonces, ¿qué lugar ocupan los bonos en una cartera? Los bonos diversificados de alta calidad a corto y medio plazo encajan con las necesidades del inversor en los próximos dos a siete años. Los bonos también proporcionan liquidez a los inversores a los que les gusta disponer de fondos para comprar cuando el mercado de valores está de rebajas; poseer una cartera de bonos de gran liquidez permite obtener efectivo con rapidez para adquirir acciones de forma oportuna. Una cartera de bonos diversificada es capaz de satisfacer la mayoría de las necesidades de los inversores conservadores que no toleran bien la volatilidad del mercado y que tienen una cartera de inversiones lo suficientemente importante como para que el rendimiento por sí solo de los bonos baste para atender todas sus necesidades.

Acciones

Detrás de cada acción existe una empresa.

PETER LYNCH

Cuando compras una acción, posees una porción real de una empresa real. También dejas de ser consumidor y te conviertes en accionista, lo que implica un importante cambio de mentalidad. A menudo, los medios de comunicación financieros transmiten la sensación de que las acciones son equiparables a los billetes de lotería o a ir a un casino. No es el caso en absoluto. Hay que entender que, cuando se adquiere una acción de una empresa que cotiza en bolsa, *en realidad se posee parte de un negocio en funcionamiento*. Esto puede ayudarte a tomar mejores decisiones sobre qué te conviene comprar (y por qué). Como accionista, el valor de tus acciones aumentará o disminuirá en función de los resultados percibidos de la empresa. Muchas acciones también abonan *dividendos*, repartos trimestrales de beneficios a los accionistas.

A lo largo de la historia, las acciones han obtenido una rentabilidad media de entre el 9 y el 10 por ciento anual, aunque muchos expertos creen que es probable que esta media disminuya significativamente en un futuro próximo. En cualquier caso, las acciones se encuentran entre las inversiones con mayor tasa de rendimiento esperada. También son extremadamente volátiles y es habitual que cada pocos años caigan entre un 20 y un 50 por ciento o más. Invertir en bolsa no está indicado para quienes sufren del corazón.

Debido al concepto de la *prima de riesgo*, que significa que cuanto más riesgo se asume, mayor es la recompensa que uno espera a cambio, las acciones tienen una tasa de rendimiento esperada a largo plazo más alta que los bonos. Si las acciones no tuvieran una tasa de rendimiento esperada más alta que los bonos, nadie compraría acciones. Imagínate que alguien llamara a su asesor y le dijera: «Me gustaría obtener una rentabilidad similar a la de los bonos, pero, en vez de eso, por favor compra algo cuyo valor pueda fluctuar hasta un 50 por ciento. A todas luces, es preferible».

Entonces, ¿qué lugar ocupan las acciones en una cartera? A largo plazo, no hay nada que refleje mejor el desarrollo económico que el mercado de valores. Si crees que dentro de diez años a la economía y a las empresas les irá mejor que ahora, entonces el mercado de valores es un lugar en el que asignar parte de tus inversiones. No obstante, a corto plazo, las acciones son increíblemente imprevisibles. De hecho, suelen caer a plomo uno de cada cuatro años aproximadamente. Es habitual que las acciones desciendan de manera drástica, a veces por razones justificadas y a veces sin razón alguna. Por ello, *no* es conveniente que inviertas en acciones el dinero que necesitas para alcanzar tus objetivos a corto plazo. La bolsa es el lugar en el que invertir dinero para alcanzar objetivos a largo plazo, como la jubilación.

Bienes inmuebles

> No esperes a comprar un inmueble, compra un inmueble y espera.
>
> WILL ROGERS

Los inversores también pueden optar por los inmuebles que cotizan en bolsa. Esto suele hacerse a través de REIT (*real estate investment trust*, fondos de inversión en activos inmobiliarios) que cotizan en bolsa. Los REIT poseen bienes inmuebles comerciales (edificios industriales, complejos de apartamentos y centros comerciales, por ejemplo, a diferencia de tu casa) y otras propiedades que generan ingresos.

A los inversores les gustan los inmuebles que cotizan en bolsa porque no se comportan exactamente igual que las acciones, aunque es importante tener en cuenta que, con todo, siguen estando muy sincronizados[153] con el mercado y que en ocasiones,

---

153. No se trata de una referencia a la *boy band* NSYNC.

sobre todo durante una crisis financiera, mantienen una correlación. Dado que los REIT se comportan de forma algo diferente que las acciones, contribuyen a diversificar la cartera. También ofrecen una excelente diversificación dentro del propio mercado inmobiliario. Digamos que cuentas con cien mil dólares para invertir en bienes inmuebles; una opción es comprar una pequeña propiedad para alquilar en una pequeña ciudad, y otra es comprar acciones de un REIT que cotice en bolsa y poseer una pequeña parte de miles de propiedades comerciales en diferentes segmentos del mercado (apartamentos, naves industriales, almacenes, etcétera) en todo el país.

Los REIT suelen reportar más ingresos por dividendos que las acciones —a menudo el doble o más—, porque los ingresos netos de los alquileres se transfieren a los inversores. ¿Y a quién no le gusta recibir rentas de alquileres sin los problemas de ser propietario? Además, los alquileres suelen subir con la inflación, por lo que los REIT pueden proporcionar cierta protección contra la inflación. Por último, los REIT que cotizan en bolsa son líquidos; es decir, pueden negociarse como las acciones. En general, los REIT que cotizan en bolsa pueden ser una inversión inteligente como parte de una cartera bien diversificada.[154]

Commodities

Una *commodity* es una materia prima o un producto agrícola que puede comprarse o venderse, ya sea energía como el petróleo; alimentos como el café, el maíz y el trigo; o metales preciosos como el oro, la plata y el cobre. Las materias primas no generan ingresos de forma intrínseca, son muy volátiles y suelen estar sujetas a tipos impositivos más altos que otras inversiones.[155]

154. Advertencia: los REIT privados «no cotizados» se han vuelto increíblemente habituales entre los corredores de bolsa porque generan enormes comisiones. El problema es que NO son líquidos y no tienes, ni por asomo, el mismo nivel de transparencia. ¡No te metas ahí!

155. Hasta ahora, nada impresionante.

A modo de ejemplo, veamos una de las inversiones en materias primas más habituales: el oro.

> Lo que motiva a la mayoría de los compradores de oro es su convicción de que las filas de los temerosos aumentarán. Durante la última década, esa convicción ha sido acertada. Más allá de eso, por sí solo el incremento del precio ha generado un mayor entusiasmo de compra, atrayendo a compradores que consideran que el alza justifica una tesis de inversión. Cuando los inversores «contagiados» se unen a una fiesta, generan su propia verdad —durante un tiempo.
>
> WARREN BUFFETT[156]

A muchos inversores les preocupa que la economía mundial se derrumbe y que el oro sea la única moneda válida (aunque, últimamente, las criptomonedas están acaparando esta narrativa). Otros lo consideran el refugio más seguro en caso de que se dispare la inflación y disminuya el valor del efectivo.

A diferencia de las empresas, los bienes inmuebles y la energía, el valor intrínseco del oro es casi nulo. Las empresas y los bienes inmuebles tienen el potencial de generar ingresos, y las empresas energéticas tienen el potencial de producir ingresos y proporcionan uno de los recursos cruciales de la economía mundial. Pero el oro no genera ingresos ni es un recurso básico. Históricamente, el oro se ha comportado peor que las acciones, el sector inmobiliario, la energía y los bonos, y a duras penas ha seguido el ritmo de la inflación. A lo largo de la historia, siempre que le ha ido muy bien y ha incrementado su precio, al final ha terminado hundién-

---

156. También de Buffett, y más divertido: «El oro se extrae de la tierra en África o en cualquier otro lado. Tras esto lo fundimos, cavamos otro agujero, lo enterramos y pagamos a personas para que lo vigilen. No tiene ninguna utilidad. Ante este comportamiento, si alguien nos observara desde Marte se rascaría la cabeza».

dose. Por último, aunque el oro ha mostrado un rendimiento muy inferior al de las acciones e incluso al de los bonos, sigue siendo una de las clases de activos más volátiles a largo plazo. El oro sólo tiene cabida en las carteras de los alarmistas y los especuladores. Si incluyes oro en tu cartera, olvídate de percibir ingresos y cuenta con pagar impuestos más elevados sobre tus rendimientos, sufrir una mayor volatilidad que la de la bolsa y obtener una rentabilidad a largo plazo inferior a la de los bonos. Yo paso.

Gráfico 10.1. Promedio anual de precios del oro ajustado a la inflación (1914-2018) en dólares de marzo de 2018

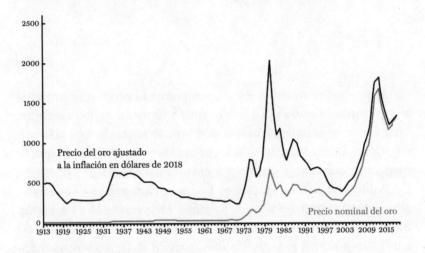

Inversiones alternativas

Si pides a cien personas que definan el concepto de *inversiones alternativas*, obtendrás cien respuestas diferentes. Nosotros lo miramos a través de dos lentes que ofrecen una visión sobre la mayor parte del mercado. Una *inversión alternativa* suele referirse a «una forma alternativa de invertir en los mercados públicos» o, con mayor frecuencia, a «inversiones con las que obtener rendimientos sin invertir en los mercados públicos». Los fondos de alto riesgo (también conocidos como fondos de cobertura o fondos de inversión libre) son la inversión más habitual dentro de la primera categoría (alerta de *spoiler*: no soy muy partidario).

Las alternativas más comunes a las transacciones en los mercados públicos son las versiones privadas de acciones, bonos y bienes inmuebles. También existe un mercado privado para las compañías que no cotizan en bolsa. La mayoría de estas compañías son propiedad de empresarios particulares, pero otras son propiedad de una de los miles de firmas de capital privado que buscan comprar negocios en crecimiento cuyo valor creen que puede aumentar con su apoyo y capital. También hay fondos inmobiliarios privados. ¿Alguna vez alguien te ha propuesto participar en la compra de una urbanización local, un centro comercial o un complejo de apartamentos? Eso son bienes inmuebles privados.

Las probabilidades de éxito juegan en contra de los inversores con muchas inversiones alternativas, si bien algunas pueden ayudar mucho a los inversores bien preparados y cualificados. En el siguiente apartado voy a desmitificar, entre otras cosas, todas las opciones.

La mayoría de estas inversiones alternativas exigen que los inversores cumplan ciertos requisitos reglamentarios mínimos para participar en las ofertas; algunos productos sólo están disponibles para *inversores autorizados*, con un patrimonio neto superior a un millón de dólares, o *compradores calificados*, con un patrimonio neto superior a cinco millones de dólares.[157]

Fondos de inversión de alto riesgo: la peor forma de comprar acciones

> Quiero abonar más comisiones, pagar más impuestos, renunciar a tener acceso a mi inversión, no saber exactamente qué pasa con mi dinero y obtener rendimientos inferiores a la media.
>
> No dijo nadie nunca

---

157. Ésta es una simplificación intencionada de las normas, pero lo cierto es que este tipo de inversiones no están al alcance de la mayoría de las personas.

Hay todo tipo de fondos de alto riesgo, pero los más comunes son los que invierten en acciones. En 2008, Warren Buffett hizo una apuesta a diez años con Ted Seides, socio de la empresa de fondos de alto riesgo Protégé Partners.[158] Warren y Ted se jugaron un millón de dólares, que se entregaría a la organización benéfica favorita del ganador, en una apuesta donde Warren sostenía que los fondos de alto riesgo no podían vencer al mercado ni justificar sus comisiones, y Ted afirmaba que por supuesto que podían hacerlo y, además, asumiendo menos riesgos. Warren estaba tan seguro de ello que incluso permitió que Ted escogiera los fondos de alto riesgo en lugar de limitarse a comparar el rendimiento del mercado bursátil global con el mercado global de fondos de alto riesgo. En otras palabras, era una apuesta entre poseer participaciones del S&P 500, una cesta de acciones que cotizan en bolsa, y cinco fondos pertenecientes a la flor y nata de los fondos de alto riesgo, seleccionados a dedo por Seides. Dentro de un minuto, descubriremos qué tal les fue.

Soy partidario de utilizar múltiples clases de activos, incluyendo acciones, bonos, bienes inmuebles e inversiones alternativas; sin embargo, creo que los fondos de alto riesgo que invierten en el mercado de valores no tienen cabida en una cartera. Hay múltiples razones para ello, pero la principal es sencilla: *invertir en fondos de alto riesgo es una excelente forma de aumentar las probabilidades de obtener un rendimiento inferior*. Esta afirmación contradice gran parte de lo que escuchamos sobre estos vehículos de inversión, así que pasemos a analizar los hechos.

Los fondos de alto riesgo son fondos de inversión privados a los que pueden acceder los inversores que se dedican a una amplia variedad de actividades. Algunos fondos de alto riesgo están «orientados a los acontecimientos», lo que significa que intentan obtener una ventaja en los mercados basándose en acontecimientos importantes como guerras, escasez de petróleo, eventos

---

158. Carl J. Loomis, «Buffett's big bet», *Fortune*, 9 de junio de 2008. Véase: <http://archive.fortune.com/2008/06/04/news/newsmakers/buffett_bet.fortune/index.htm>. [Fecha de consulta: 17/05/2021]

económicos, etcétera. Algunos son fondos con posiciones alcistas/bajistas, lo que significa que apuestan por que algunos valores suban y otros bajen. Algunos utilizan derivados y opciones, y muchos recurren al apalancamiento; es decir, piden prestado dinero extra para invertir. Esto sólo rasca la superficie de cómo operan los fondos de alto riesgo. El objetivo principal de muchos de estos fondos es ofrecer un rendimiento equiparable al bursátil, o uno aún mejor, con menos volatilidad. Durante los períodos en los que la rentabilidad es menor a la esperada, como ha sido el caso en los últimos diez años, los gestores de fondos de alto riesgo argumentarán que su trabajo consiste en reducir la volatilidad a cambio de un menor rendimiento. Según mi experiencia, la parte de «menor rendimiento» suele ser algo nuevo[159] para las instituciones sin ánimo de lucro y fondos de dotación financiera (en su mayoría) que invierten en ellos.

En Creative Planning nunca invertimos en fondos de alto riesgo porque soy consciente de qué es lo que determina el rendimiento futuro, y los fondos de alto riesgo parten con una gran desventaja *en todas las categorías principales*: impuestos, comisiones, gestión del riesgo, transparencia y liquidez.

En primer lugar, para los poseedores de grandes fortunas, después de la asignación de activos, el principal indicador de rendimiento futuro son los impuestos. Siempre hay que tratar de reducir los impuestos. Los fondos de alto riesgo hacen lo contrario.[160] Al operar de forma activa, casi todos los gestores de fondos de alto riesgo generan un impacto fiscal mucho mayor que el de una simple inversión en un fondo que se limita a seguir el índice del mercado. Primer *strike*.

En segundo lugar, la mayoría de los fondos de alto riesgo tienen unas comisiones ridículamente altas. De todas ellas, la más habitual es la comisión de gestión anual que se mueve entre el 1,5 y el 2 por ciento, tanto si la cartera sube como si baja, más el 20 por ciento de los beneficios que superen una rentabilidad deter-

---

159. *A posteriori*.
160. Sí, lo sé, la mayoría de las instituciones no paga impuestos. Cabe la posibilidad de que tú no seas una institución.

minada (si es que hay beneficios).[161] Dado que las comisiones son un indicador importante del rendimiento futuro, digamos que éste es el segundo *strike*.[162]

En tercer lugar, ya que estamos hablando de cómo se retribuye a los gestores de los fondos de alto riesgo, es interesante observar que el gestor cuenta con un gran incentivo para asumir grandes riesgos con tu dinero. Si independientemente de los resultados que obtenga, el gestor cobra un 2 por ciento además de un enorme porcentaje de los beneficios, ¿por qué no arriesgarse? No es raro que un fondo de alto riesgo crezca un 30 por cierto, convierta al gestor en milmillonario o multimillonario, y que al año siguiente se desplome, sin ninguna consecuencia negativa para el gestor, salvo un poco de vergüenza que es muy probable que consiga superar.[163] Tercer *strike*.

En cuarto lugar, los fondos de alto riesgo no publican con regularidad sus activos ni las estrategias que utilizan; por tanto, a menudo los inversores no tienen idea de lo que poseen o de los riesgos a los que están expuestos en un período determinado. En la mayoría de los fondos de alto riesgo hay que esperar al extracto para ver qué ha pasado. Creo firmemente en la transparencia; en todo momento debes saber lo que posees y cómo marchan tus inversiones.[164]

Por último, los fondos de alto riesgo carecen de liquidez. Los inversores en fondos de alto riesgo suelen tener que esperar a que en determinados momentos del año se abran «ventanas» de rescate para poder retirar sus fondos. Esto contrasta claramente

161. Éste es un gran interrogante. La tasa de fracaso de los fondos de alto riesgo es muy alta. Más adelante hablaremos de ello.

162. Si eres un inversor institucional, toma nota, ya que este y los otros *strikes* son aplicables a tu organización y es probable que constituyan la razón por la que las reuniones de tu comité de inversión dan comienzo con tu consultor tratando de argumentar que, de alguna manera, obtener un rendimiento inferior es algo bueno.

163. Navegar por la costa amalfitana en tu yate de cien millones de dólares suele tener ese efecto en la gente, o eso he oído.

164. Los fondos de alto riesgo ya han sido eliminados como opción de inversión, por lo que no hace falta seguir contando *strikes*.

con los fondos indexados que poseen una gran liquidez, lo que permite liquidar las posiciones en cualquier momento. Hay inversiones en las que tiene sentido renunciar a la liquidez, como es el caso de los bienes inmuebles privados, pero no hay ninguna necesidad de coger una inversión intrínsecamente líquida, como las acciones que cotizan en bolsa, e inmovilizarla en un vehículo de inversión ilíquido.

¿Por qué iba alguien a invertir en fondos de alto riesgo cuando sabe que va a pagar más impuestos, que va a pagar comisiones entre un 100 y un 500 por ciento más altas, que va a tener menos control sobre el riesgo que asume, que va a renunciar a la transparencia y que va a perder la capacidad de liquidar la inversión cuando quiera?

La respuesta es muy sencilla: los inversores creen que los fondos de alto riesgo conseguirán mejores resultados.[165]

Sólo hay un problema: ¡no rinden tanto como los inversores creen!

Los fondos de alto riesgo no son algo escaso y tampoco son especiales. Tal vez te sorprenda saber que hay más de diez mil fondos de alto riesgo, ¡más del doble del número de valores estadounidenses! El índice de fondos de alto riesgo de Credit Suisse (Credit Suisse Hedge Fund Index) hace un seguimiento del rendimiento de este tipo de fondos y sus datos comparativos son reveladores: desde la creación del índice en 1994, en un intervalo de tiempo que incluye tanto mercados alcistas como bajistas, sobre una base anualizada el S&P 500 obtuvo un rendimiento de alrededor de un 2,5 por ciento superior al de las principales estrategias de fondos de alto riesgo.[166] Además, la mayoría de los fondos de alto riesgo rinden tan poco que no sobreviven. Un estudio reciente examinó 6.169 fondos de alto riesgo únicos (descartando los que no están en dólares estadounidenses y los que son fondos

---

165. Y el derecho a presumir en un cóctel, ya que muchos fondos tienen la exclusividad impostada de un club nocturno con lista de espera.

166. Credit Suisse, «Liquid Alternative Beta and Hedge Fund Indices: Performance», 2 de enero de 2020. Véase: <https://lab.credit-suisse.com/#/en/index/HEDG/HEDG/performance>. [Fecha de consulta: 17/05/2021]

de fondos)[167] desde 1995 hasta 2009.[168] De los 6.169 que existían en 1995, sólo el 37 por ciento (2.252) seguía en pie al final del estudio en 2009.

Es posible que pienses: «¿Qué pasa con los mejores fondos de alto riesgo? ¿Existen unicornios a los que les haya ido extraordinariamente bien durante períodos prolongados?». Sí, claro, pero como hay miles de gestores de fondos de alto riesgo, estadísticamente cabría esperar que uno o dos consigan buenos resultados. Pero hay un detalle que da bastante miedo: los mejores fondos de alto riesgo suelen ser los que sufren las caídas más aparatosas. En 1998, Long-Term Capital Management, gestionado por ganadores del Premio Nobel y considerado en su época el mejor fondo de alto riesgo, se derrumbó de la noche a la mañana y estuvo a punto de arrastrar tras de sí a los mercados.[169] Warren Buffett, quien en repetidas ocasiones ha manifestado que los fondos de alto riesgo son inversiones ridículas, expuso su opinión sobre el fiasco de Long-Term Capital Management: «Es probable que tengan un coeficiente intelectual medio más alto que cualquier otro grupo de dieciséis personas que trabajen juntas en una empresa del país..., una cantidad increíble de intelecto en ese grupo. Si combinamos eso con el hecho de que los dieciséis contaban con una amplia experiencia en el ámbito en el que operaban..., en conjunto los dieciséis quizá sumaban entre trescientos cincuenta y cuatrocientos años de experiencia haciendo lo que hacían. Y luego añadimos un tercer factor: la mayoría de ellos tenía básicamente el total de su patrimonio invertido en el negocio. Pero, al final, quebraron..., es algo que me fascina».[170]

167. Un fondo de fondos añade otra capa de comisiones. Se trata de fondos de alto riesgo a los que pagas para que inviertan en otros fondos de alto riesgo.

168. Peng Chen, «Are You Getting Your Money's Worth? Sources of Hedge Fund Returns», Dimensional Fund Advisors, Austin, 2013.

169. Kimberly Amadeo, «Long-Term Capital Management Hedge Fund Crisis: How a 1998 Bailout Led to the 2008 Financial Crisis», *The Balance*, 25 de enero de 2019. Véase: <https://www.thebalance.com/long-term-capital -crisis-3306240>. [Fecha de consulta: 17/05/2021]

170. *Fascinante* es el término que emplea Warren, pero estoy bastante se-

El último administrador estrella de los fondos de alto riesgo, John Paulson, predijo la crisis hipotecaria y utilizó su fondo de alto riesgo para apostar correctamente. Sus inversores consiguieron grandes beneficios y él ganó miles de millones, todo en un año. Por desgracia para sus inversores, en 2011, cuando el mercado estaba subiendo, perdió un 52 por ciento,[171] y desde 2011 ha dejado escapar más de veintinueve mil millones de dólares de sus fondos.[172] Pero Paulson no es el único; desde 2015, cada año se han cerrado más fondos de alto riesgo que los que se han abierto.[173]

Los defensores[174] de estos vehículos de inversión argumentarán que, si bien el propósito de los fondos de alto riesgo solía ser superar al mercado, ahora simplemente se trata de reducir la volatilidad de la cartera y amortiguar las sacudidas. Sin embargo, un estudio realizado entre 2002 y 2013 analizó el rendimiento de los fondos de alto riesgo que intentaban principalmente reducir la volatilidad y comparó los resultados con los de una cartera indexada simple compuesta por un 60 por ciento de acciones y un 40 por ciento de bonos. La cartera indexada simple no sólo obtuvo mejores resultados que los fondos de alto riesgo, *sino que lo hizo con una menor volatilidad*.[175]

Volvamos a la apuesta que hicieron Warren Buffett y Ted

---

guro de que los que invirtieron en el fondo utilizarían una frase impublicable para describirlo.

171. Nathan Vardi, «Billionaire John Paulson's Hedge Fund: Too Big to Manage», *Forbes*, 21 de diciembre de 2012.

172. Joshua Fineman y Saijel Kishan, «Paulson to Decide to Switching to Family Office in Two Years», *Bloomberg*, 22 de enero de 2019. Véase: <https://www.bloomberg.com/news/articles/2019-01-22/paulson-plans-to-decide-on-switch-to-family-office-in-two-years>. [Fecha de consulta: 18/05/2021]

173. Nishant Kumar y Suzy Waite, «Hedge-Fund Closures Hit $3 Trillion Market as Veterans Surrender», *Bloomberg*, 13 de diciembre de 2018. Véase: <https://www.bloomberg.com/news/articles/2018-12-13/hedge-fund-closures-hit-3-trillion-market-as-veterans-surrender>. [Fecha de consulta: 18/05/2021]

174. Que suelen ser las personas que los administran o los venden.

175. Morgan Housel, «The World's Smartest Investors Have Failed», *The Motley Fool*, 27 de enero de 2014. Véase: <https://www.fool.com/investing/

Seides. Al finalizar los diez años de la apuesta, el S&P 500 había acumulado una subida del 99 por ciento, con un promedio anual del 7,1 por ciento. En cambio, los fondos de alto riesgo terminaron con una plusvalía del 24 por ciento,[176] apenas un 2,2 por ciento anual.

Sí, habrá alguien que se haga rico con los fondos de alto riesgo. Sólo que ese alguien no eres tú.[177]

Capital privado

Los fondos de capital privado invierten capital, normalmente a lo largo de varios años, en empresas privadas a cambio de una participación no negociable en los mercados públicos.[178]

El capital privado se divide en tres categorías principales: el capital riesgo, que muchos consideran una clase de activo en sí mismo, el capital de crecimiento y los fondos de adquisición de activos. Los *fondos de capital riesgo* invierten en empresas que se encuentran en fase inicial: no hay beneficios, a veces no hay ingresos y otras veces no hay producto. No es extraño que los fondos de capital riesgo inviertan en una idea. Se trata de un juego de alto riesgo que no es adecuado para la mayoría de los inversores, pero que examinaremos más detenidamente en esta sección.

Cuando pensamos en el capital privado, en lo que casi todos estamos pensando en realidad es en un subconjunto común del tipo de activos conocido como *capital de crecimiento*. Los fondos de capital de crecimiento invierten en empresas que muestran un gran potencial en forma de producto contrastado que no sólo

general/2014/01/27/the-worlds-smartest-investors-have-failed.aspx>. [Fecha de consulta: 17/05/2021]

176. Loomis, ibídem.

177. Pero mientras se dirigen al banco o a sus yates, los gestores de fondos de alto riesgo seguirán riéndose. Deben pensar qué tontos que somos todos. Aunque es cierto que para pensar eso les hemos dado muchas razones.

178. Los fondos de capital privado también invierten en entidades públicas, pero incluso en ese caso la participación del fondo no es negociable en el mercado público.

genera ingresos, sino también beneficios. Por último, los *fondos de adquisición de activos* se caracterizan por comprar una participación mayoritaria en una empresa, casi siempre recurriendo al apalancamiento.[179]
Vamos a desglosarlos.

Capital riesgo

> Hemos encontrado al enemigo, somos nosotros.
>
> POGO[180]

San Francisco, 2017. Estoy sentado en una cafetería del centro de San Francisco, esperando a un multimillonario de muy alto nivel con el que me he citado. Se dedica a temas tecnológicos y llega con una hora de retraso, sin afeitar y vistiendo una sudadera con capucha. En ese momento, me entran dudas de si esto es la vida real o un episodio de *Silicon Valley*. Resulta más divertido e inteligente de lo que me había imaginado, saltando de un tema a otro con pensamientos brillantes. Le pide algo al camarero y, tras una breve referencia a sus recientes vacaciones en familia a bordo de un yate, se mete de lleno en el tema. Me cuenta que tiene varios miles de millones de dólares en acciones de su empresa, que le encanta invertir en empresas emergentes (*startups*) y que, de hecho, ya ha invertido en más de cien. El director financiero de su oficina de gestión de patrimonios familiares me había pedido que me reuniera con él para animarle a diversificar sus activos. Le explico las razones por las que le conviene diversificar

179. Lo que los ricos llaman «deuda».
180. Pogo no es ni un filósofo ni un gestor de inversiones. Es el protagonista de una tira cómica de la década de 1940 y que gozó de gran popularidad hasta la década de 1980. Para los lectores menores de treinta años, una tira cómica es una secuencia de dibujos en clave de humor ordenados en recuadros, normalmente impresos en un periódico. Para los menores de veinte años, un periódico es una publicación impresa compuesta por hojas plegadas que contienen noticias, artículos, editoriales, anuncios y, a veces, tiras cómicas.

su cartera y que debería considerar la posibilidad de hacerlo con algunos de sus fondos. Me cuenta que «confía plenamente» en que la gran mayoría de sus inversiones de capital riesgo fracasen, que las pocas que funcionen deberían servir para financiar las demás (obviamente, Uber, una de esas inversiones, es un buen ejemplo de éxito), y que si todas fracasan, tampoco le importa porque tiene miles de millones de dólares.

¿Y sabes qué? *Que tenía razón.* Si tienes más dinero del que podrías llegar a necesitar, deberías poder hacer lo que más te apeteciera: regalarlo, invertir en el futuro, invertir en empresas de nueva creación o, qué diablos, montar tu propia piscina llena de dinero y tirarte a ella de cabeza como si fueras el Tío Gilito. Si no es tu caso, lo más probable es que el capital riesgo no sea para ti.

Las inversiones de capital riesgo son lo más sexi que puede haber. Muchas de las mayores empresas de Estados Unidos nacieron de fondos de capital riesgo, como Google, Facebook, Twitter, Dropbox, Uber y casi todas las inversiones en unicornios sobre las que hayas leído. Sin embargo, numerosos inversores, e incluso instituciones, creen erróneamente que los fondos de capital riesgo producen rendimientos extraordinarios.

Con sus dos mil millones de dólares en activos, la Fundación Kauffman[181] es uno de los mayores fondos de dotación financiera del país. En 2012 publicó un trabajo pionero sobre su experiencia con cien fondos de capital riesgo a lo largo de veinte años, titulado con acierto: «Hemos encontrado al enemigo..., somos nosotros».[182] También me encanta el subtítulo: «Enseñanzas de la Fundación Kauffman tras veinte años de inversiones en fondos de capital riesgo, y el triunfo de la esperanza sobre la experiencia». Descubrieron que la mayoría de los fondos de capital riesgo obtuvo un rendimiento inferior al índice de pequeñas empresas

181. ¡Un saludo para Kansas City!
182. Diane Mulcahy, Bill Weeks y Harold S. Bradley, «We Have Met The Enemy... and He Is Us: Lessons from Twenty Years of the Kauffman Foundation's Investments in Venture Capital Funds and the Triumph of Hope Over Experience», *Ewing Marion Kauffman Foundation*, mayo de 2012. Véase: <https://ssrn.com/ abstract=2053258>. [Fecha de consulta: 17/05/2021]

disponible (sólo cuatro de treinta fondos de capital riesgo rindieron por encima del índice) y que el fondo de capital riesgo promedio «no devuelve el capital invertido después de comisiones». Esto es en especial preocupante, pues si bien las empresas en las que invierten los fondos de capital riesgo son pequeñas, éstas son mucho mucho más pequeñas que las pequeñas empresas que componen el índice disponible. Esto sirve para poner en perspectiva lo arriesgados que son los fondos de capital riesgo. No sólo es que estos fondos obtuvieran peores resultados, sino que lo hicieron con un nivel de riesgo mucho mayor, comisiones más altas (la norma es el 2 por ciento más el 20 por ciento de los beneficios), menos liquidez (las inversiones suelen mantenerse inmovilizadas como mínimo una década) y menos transparencia (¿qué sabemos en realidad sobre lo que ocurre en una empresa privada emergente?).

La conclusión del informe es sencilla: a los inversores les conviene más participar en un fondo indexado de pequeñas empresas que en un fondo de capital riesgo. Los investigadores afirmaron que «los inversores como nosotros caemos una y otra vez en la falacia narrativa, un sesgo financiero conductual bien estudiado». En otras palabras, en gran medida, las inversiones en fondos de capital riesgo se basan en una fascinante historia sobre el atractivo de una promesa de elevados rendimientos.

Suponiendo que todavía estés interesado en invertir en capital riesgo y confíes en que tu fondo conseguirá lo que los fondos de capital riesgo de la Fundación Kauffman no lograron, ten en cuenta que a diferencia de la fundación, que es una organización sin ánimo de lucro, deberás pagar impuestos sobre cualquier ganancia que obtengas. Por tanto, si consigues vencer los obstáculos de la rentabilidad de la inversión, los dioses impositivos te harán retroceder. Para la mayoría de las personas interesadas en invertir en una clase de activos con una alta probabilidad de superar a las acciones de las grandes empresas al menos durante diez años, la solución son los índices de pequeñas empresas, no el capital riesgo.

Capital de crecimiento y fondos de adquisición de activos

El capital privado invierte con visión retrospectiva. El capital riesgo invierte con visión prospectiva.

GEORGES VAN HOEGAERDEN

Gráfico 10.2. Número de compañías cotizadas en bolsa en EE. UU. (1991-2018)

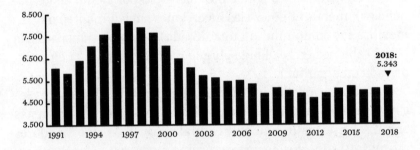

Los *fondos de capital de crecimiento* hacen lo que su nombre indica: reúnen el capital de los inversores para comprar una empresa pequeña y rentable, y utilizan la experiencia de los gestores del fondo para transformarla en una empresa más grande y aún más rentable. El objetivo es que, cuando en el futuro la empresa se venda a un valor mucho más alto o cuando salga a bolsa, los inversores del fondo obtengan beneficios. Además de emplear el capital de sus inversores, los fondos de capital de crecimiento suelen recurrir al apalancamiento, sobre todo si se trata de un fondo de adquisición de activos. Al pedir dinero prestado para adquirir empresas, los gestores de fondos pueden maximizar el uso de su capital y obtener mejores rendimientos si los resultados de la empresa son positivos. Esta clase de activos se está multiplicando con rapidez, y en la actualidad hay muchos más fondos de capital privado, casi ocho mil, que empresas que cotizan en bolsa.

Gráfico 10.3. Rentabilidad del capital público frente al privado

Rentabilidad total del índice MCSI AC WORLD[183] y del índice global de capital de crecimiento y adquisición de activos

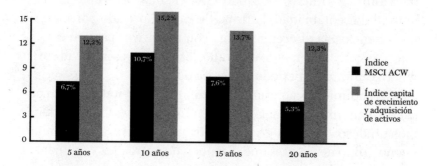

Desde la década de 1980, el dinero no ha dejado de fluir hacia el capital privado. Dada la proliferación de fondos de capital privado en los últimos veinte años, su desempeño a lo largo de varias décadas arroja un dato claro: el capital de crecimiento ha superado continuamente a los mercados públicos.

En paralelo, instituciones como universidades y organizaciones benéficas han empezado a revisar el rendimiento histórico de sus inversiones alternativas, principalmente en fondos de alto riesgo y fondos de capital privado. Los resultados son reveladores: los fondos de alto riesgo han tenido un rendimiento muy inferior al del mercado bursátil y las firmas de capital privado han tenido un rendimiento muy superior. Con estos datos en la mano, las instituciones están reduciendo o eliminando su asignación a los fondos de alto riesgo e inyectando dinero en los fondos de capital privado.

A fin de rentabilizar todo este dinero, las firmas de capital privado buscan empresas privadas en las que su capital y experiencia puedan generar beneficios. Si bien hay algunas firmas de capital privado que se limitan a invertir dinero y a supervisar sus inversiones, son muchas las que asumen un papel activo aseso-

183. Este índice bursátil representa al mercado mundial e incluye compañías de mercados desarrollados y emergentes. (*N. de la t.*)

rando y contribuyendo al crecimiento de la empresa. Las firmas de capital privado suelen mantener una estrecha colaboración con los principales directivos —a los que llegan incluso a seleccionar— de las empresas en las que invierten. Esta fórmula económica alinea los intereses de todos: por encima de un determinado umbral de rentabilidad, la firma de capital privado participa de los beneficios, la dirección cuenta con incentivos para crecer y, a cambio de un crecimiento esperado, los inversores inmovilizan su dinero durante un período de siete a doce años.

El rendimiento superior de los fondos de capital privado concuerda con mi experiencia personal. En Creative Planning tenemos un despacho para grandes patrimonios centrado en un pequeño grupo de clientes que disponen de entre diez y quinientos millones de dólares o más para invertir. ¿Cómo consiguieron acumular tanta riqueza? Muchos de ellos crearon empresas que crecieron con rapidez o que tenían el potencial de crecer con rapidez y vendieron una parte o la totalidad de su negocio a un fondo de capital privado.

A menudo los empresarios de éxito son capaces de tener una gran idea, contratar personas y empezar a desarrollar su negocio, pero, por norma general, no cuentan con el capital o con las habilidades necesarias para ampliarlo. Por *ampliación* quiero decir desarrollar el negocio de tal forma que aumenten de manera considerable los ingresos y (en última instancia) los beneficios. A la hora de ampliar el negocio, las firmas de capital privado son excelentes y pueden proporcionar valiosos recursos. Debido a la eficacia de los gestores del fondo a la hora de ampliar el negocio, es habitual que los clientes de Creative Planning vendan una participación significativa de su empresa a un fondo de capital privado en un año y que vendan todo el capital restante entre tres y diez años después por el doble de la cantidad que recibieron en la primera ronda. Las firmas de capital privado también son expertas en maximizar el precio de venta de una empresa: cuentan con experiencia vendiendo a todo tipo de posibles compradores, incluyendo asociaciones estratégicas (otra compañía capaz de ampliar de inmediato el negocio —pensemos en la compra de Instagram por parte de Facebook—), patrocinadores (como otro fondo de capital privado) o gestionando una oferta pública inicial (véase Google o Lyft).

A la hora de ampliar los negocios, financiar el crecimiento, invertir en talento cualificado e imponer disciplina, las mejores firmas de capital privado aportan su experiencia. Sin embargo, como inversión, esta clase de activos tiene sus inconvenientes. Los inversores deben inmovilizar su dinero durante muchos años porque las participaciones no cotizan en bolsa. Nadie que necesite recuperar su dinero a corto plazo debería invertir en capital privado. Y, por supuesto, no hay ninguna garantía de que se consiga o se mantenga el rendimiento esperado. En este sentido, tampoco hay ninguna garantía de que las acciones vayan a superar a los bonos. Dicho esto, los datos apuntan a que el capital privado puede seguir ofreciendo una rentabilidad superior al inversor acaudalado que sea paciente y piense a largo plazo.

Préstamos privados

> Un banquero es un hombre que te prestará la camisa de manga corta que lleva encima y te exigirá a cambio una de manga larga.
>
> JAROD KINTZ

Si no eres un banco, puedes ganar dinero en el sector de los préstamos privados invirtiendo en un fondo de préstamos privados. Existen muchos tipos de fondos de préstamos privados, incluidos los fondos que comprenden:

- Préstamos al consumidor
- Préstamos con garantía inmobiliaria
- Préstamos a empresas
- Préstamos para financiar casi cualquier cosa que puedas imaginar, desde películas hasta pilotos de carreras

Nosotros nos centraremos en los fondos de préstamos del mercado medio. Si consideramos que la inversión en capital privado es una versión privada del mercado bursátil, los préstamos del mercado medio vendrían a ser la versión privada del mercado de bonos. Las empresas con ingresos de entre veinticinco y cientos de millones de dólares se encuentran en un punto en el que son demasiado grandes para los préstamos a las pequeñas empresas, demasiado pequeñas para los grandes préstamos bancarios y, al ser empresas privadas, no pueden acceder al mercado público de bonos para obtener fondos. Si quieren conseguir capital para crecer, básicamente estas empresas disponen de dos opciones: vender una parte de su empresa a un fondo de capital privado o pedir un préstamo a un fondo de préstamos del mercado medio.

Los fondos de préstamos del mercado medio se gestionan de forma muy parecida a los fondos de capital privado —en el sentido de que los inversores profesionales recaudan los fondos y valoran las empresas—, pero, en lugar de participar en el capital de la empresa, simplemente prestan dinero. Los préstamos pueden o no estar garantizados, lo que significa que el préstamo recurre como garantía a algún tipo de activo, como edificios o equipo, u ofrecer la opción de que el fondo convierta el préstamo en capital. Como en este espacio los bancos no operan, estos fondos pueden cobrar a las empresas un tipo de interés más alto. Al igual que ocurre con los fondos de capital privado, si quieren invertir, los inversores deben cumplir con ciertos requisitos, estar dispuestos a bloquear su dinero durante un tiempo determinado y lidiar con formularios fiscales adicionales y prórrogas para preparar la declaración de impuestos. Aunque no hay ninguna garantía de que un fondo de préstamos privados vaya a obtener un rendimiento superior al de los bonos cotizados en bolsa —sobre todo teniendo en cuenta que hay pocos antecedentes en este campo—, si nos basamos en el perfil de riesgo de los préstamos que se conceden, hay bastantes probabilidades de que los préstamos del mercado medio ofrezcan a lo largo del tiempo un mejor rendimiento ajustado al riesgo. En términos de experiencia de gestión y perfil de riesgo, estos fondos varían mucho, por lo que incluso los inversores más experimentados deberían proceder con mucha precaución.

Bienes inmuebles privados

> Quien no posee un pedazo de tierra no es un hombre de pleno derecho.
>
> Proverbio hebreo

El sector inmobiliario privado cubre un amplio espectro. Si fuera de los REIT que cotizan en bolsa tienes algún tipo de inversión inmobiliaria, entonces posees bienes inmuebles privados. Esto significa que, si arriendas tierras de cultivo que son tuyas, posees una inversión alternativa. Y lo mismo si alquilas una casa adosada de tu propiedad o posees una parte de un complejo de apartamentos. Hay una gran variedad de propiedades inmobiliarias privadas. Está tu residencia personal (malas noticias: está bien que tengas una casa, pero en realidad no es una inversión; más adelante hablaremos de ello). Puede que dispongas de una segunda vivienda o una propiedad vacacional (lo siento, aunque pienses que la has comprado por esa razón, en verdad sigue sin ser una inversión). O puedes ser propietario de un inmueble del que obtienes ingresos o con el potencial para obtenerlos (a esto sí se le puede denominar una inversión). Otra opción es invertir en un fondo inmobiliario privado, en el que das tu dinero a un profesional para que lo invierta en algún tipo de inmueble.

Pasemos a desglosarlos.

Tu vivienda

En el verano del año 2000, mi mujer y yo compramos nuestra primera casa, ¡y sentimos una gran emoción! Era el mayor activo en el que habíamos «invertido» nunca. Al actualizar nuestro plan financiero, de la misma manera que lo hace todo el mundo, incluimos la casa en nuestra declaración de patrimonio neto como un activo. La hipoteca figuraba como un pasivo. En realidad, tanto la casa como la hipoteca son «pasivos» del flujo de caja. Con el préstamo pagamos intereses cada mes. Por la casa en sí, pagamos el impuesto anual sobre la propiedad, los gastos de mantenimiento y el seguro. Aunque la hipoteca se liquide, todos estos gastos relativos a la propiedad se mantendrán, y es probable que se incrementen con el tiempo.

Para la mayoría de nosotros, la adquisición de una vivienda representa nuestro mayor activo. Y, para muchos, el «ahorro» forzado que supone pagar la hipoteca todos los meses se traduce con el paso del tiempo en la creación de un patrimonio, el cual puede desbloquearse reduciendo el tamaño de la vivienda en un futuro y utilizando los excedentes para financiar parte de la jubilación. En ese sentido, ser propietario de una vivienda es beneficioso porque nos obliga a ahorrar, por así decirlo. Pero no te equivoques: una casa no es una gran inversión. Si inviertes la misma cantidad de dinero en una cartera aburrida y diversificada, lo más probable es que los resultados que obtengas en el mismo tiempo que se tarda en pagar una hipoteca sean cien por cien mejores. Pero hay que vivir en algún sitio, y para muchos es preferible tener una casa en propiedad que alquilar, no tener que ahorrar forzosamente y no acumular patrimonio.

Al final, elegir una vivienda debería ser una decisión emocional. Si la cuestión fuera sólo de dinero, todos optaríamos por vivir en una habitación con cuatro paredes e invertiríamos la diferencia. Pero no es sólo cuestión de dinero; una vivienda es el lugar donde pasamos la mayor parte de nuestro tiempo y acumulamos muchos recuerdos. Cuando quieras comprar una casa, busca una que te haga sentir bien y que puedas pagar, y destina la diferencia a inversiones más rentables.

Tu segunda vivienda

Una de las preguntas más frecuentes que hacen los clientes a su gestor de patrimonio de Creative Planning es: «¿Una segunda vivienda es una buena inversión?». Me gustan las conversaciones que giran en torno a esta cuestión, ya que apuntan directamente a la verdadera gestión de la riqueza. La mayoría de los argumentos son en parte financieros, como la forma de maximizar la riqueza, aunque también hay cuestiones emocionales, como la finalidad de ser rico. La respuesta financiera a la pregunta «¿Debo gastar mi dinero en una segunda vivienda?» es casi siempre «no». Son raras las veces en las que una segunda vivienda (o, por ende, una primera vivienda) es una buena inversión. Las razones son tanto el valor de los activos como el flujo de caja.

En primer lugar, veamos cuál es la ganancia o pérdida de valor del activo en una segunda vivienda. Si adquieres una propiedad, por ejemplo, un apartamento en Florida o una cabaña en Colorado, puedes tener la suerte de venderla con plusvalías dentro de una o dos décadas. Sin embargo, si tienes en cuenta el flujo de caja negativo, la situación se vuelve bastante peor de lo que piensas.

Mis suegros tienen un apartamento en Florida, en el golfo de México, y todos los años los cinco miembros de nuestra familia íbamos allí a pasar las vacaciones con ellos. Se convirtió en una tradición y cada año nuestros hijos esperaban con ansia que llegara ese momento. A medida que nuestra familia crecía, el espacio en el apartamento se iba reduciendo. En plena crisis financiera, salió a la venta otra propiedad en el mismo edificio. Tras meditarlo mucho, mi mujer y yo decidimos dar el paso y comprar un espacio adicional para nuestra familia. Poco más de una década después, en el edificio se venden apartamentos similares al nuestro por casi el doble de lo que pagamos nosotros. Salimos ganando, ¿verdad? En realidad, no. Durante ese período, en el apartamento soportamos los mismos gastos y costes que cualquier otra vivienda, que sumaron más que la apreciación del valor de mercado. Compramos en el momento en que el mercado había tocado fondo. Ahora el precio está cerca de un máximo histórico y, después de pagar los gastos corrientes, todavía no hemos obtenido beneficios. Si hubiéramos utilizado el mismo dinero para invertir en un índice bursátil, habríamos duplicado nuestro dinero en el mismo intervalo de tiempo.

Por definición, las buenas inversiones generan un flujo de caja positivo. Por ejemplo, si posees acciones, es probable que cobres dividendos. Si posees bonos, cobras los pagos de los cupones. Si posees inversiones en bienes raíces, como por ejemplo un fondo inmobiliario que cotiza en bolsa o un alquiler, cobras los repartos o las rentas. Esto es beneficioso porque, aunque el valor del activo fluctúe, *el dinero fluye hacia ti*. Si dispones de una segunda vivienda, *el dinero fluye lejos de ti*. En general, a todos nos iría mejor si en lugar de comprar una segunda vivienda escogiéramos cualquier lugar del mundo como destino para nuestras vacaciones y nos alojáramos en el Ritz Carlton.

Pero eso sólo es el lado financiero de la historia. En vez de simplemente acumular dinero para tener más, la mayoría de nosotros ahorramos e invertimos el dinero para que sirva a un propósito en nuestras vidas. *El verdadero valor del dinero reside en lo que puede hacer por nosotros*. Nos permite ser el pilar que sostiene nuestra familia, velando por el bienestar de todos los que nos rodean. Nos permite hacer donaciones benéficas, ayudar a nuestra comunidad y ser capaces de centrarnos en lo importante más allá del éxito. También nos permite comprar un coche sólo porque nos parece guay o adquirir una segunda vivienda en la que podamos generar recuerdos con nuestra familia. Por tanto, aunque una segunda vivienda nunca debe ser considerada como una buena inversión financiera, sí puede ser una inversión emocional que merezca la pena.

Así es como considero el apartamento de mi familia en Florida. Renuncio deliberadamente a cualquier esperanza de ganancia económica a cambio de crear recuerdos familiares de valor incalculable. Así de simple. Si estás contemplando la posibilidad de adquirir una segunda vivienda por motivos emocionales y puedes hacerlo sin perder de vista tus objetivos financieros personales, ¡no lo dudes y hazlo!

Bienes inmuebles privados

La exposición al sector inmobiliario dentro de una cartera bien diversificada puede sin duda añadir valor, pero en mi opinión el sector inmobiliario como clase de activo está sobrevalorado. Existe la creencia de que de alguna manera es una forma mejor o más segura de ganar dinero que la de poseer acciones. Del mismo modo que tu amigo repite a menudo la historia de su exitoso viaje a Las Vegas, uno tiende a oír hablar sólo de los «ganadores» que amasaron millones en el juego inmobiliario y no de los que se arruinaron. Toda inversión conlleva un riesgo, y el hecho de que los riesgos de la propiedad inmobiliaria sean diferentes a los del mercado de valores no la convierte en una inversión exenta de riesgo por naturaleza.

En parte, lo que alimenta esta narrativa es el uso del apalancamiento en el sector inmobiliario. Como recordarás, el apalancamiento en el ámbito financiero se refiere al uso de la deuda para generar capital de inversión. En el caso de los bienes inmuebles, la mayoría de las inversiones no se realizan exclusivamente con dinero en efectivo, sino que para adquirir una propiedad los inversores piden prestado dinero sobre su valor. Digamos que quieres comprar un dúplex de 100.000 dólares. Lo más probable es que inviertas 20.000 dólares de tu propio dinero y pidas prestados al banco los 80.000 restantes. Un año más tarde, la misma propiedad vale 120.000 dólares, por lo que decides venderla. Después de saldar el préstamo de 80.000 dólares, te embolsas 40.000 dólares. Por tanto, aunque la propiedad aumentó su valor en un 20 por ciento, tu beneficio fue del cien por cien. Ése es el poder del apalancamiento: permite aumentar la rentabilidad del inversor.

El problema es que también funciona al revés. Si en lugar de subir, el valor de la propiedad hubiera bajado hasta los 80.000 dólares y te hubieras visto obligado a venderla, después de cancelar el préstamo no te habría quedado nada. En lugar de perder sólo el 20 por ciento de lo invertido, habrías perdido el cien por cien. Éste es el motivo por el que en el sector inmobiliario hay un número exageradamente elevado de quiebras; los inversores pueden apalancarse en exceso y perder más que el valor de la propiedad en caso de que éste cayera considerablemente. Y cuando las cosas van mal, pueden ir a peor muy rápido. Esto se puso de manifiesto durante la crisis financiera de 2008, cuando las familias estaban hasta el cuello con sus hipotecas; el valor de los inmuebles cayó de tal manera en muchos lugares que para cubrir sus deudas la gente no podía obtener lo suficiente de la venta de su casa.

Naturalmente, puedes usar el apalancamiento en casi cualquier inversión. Si tuviera una cuenta de valores con 100.000 dólares, podría pedir prestados 50.000 dólares y comprar más acciones. La mayoría de las personas pensarían que eso es demasiado arriesgado, pero, sin embargo, no dudan en pedir un préstamo para adquirir un inmueble cuando, en esencia, se trata de lo mismo. Hay quienes creen que la fuerza inflacionista de los bienes inmuebles es de algún modo inmune a las reglas que rigen otras clases de activos, en especial si se vive en una zona en la que por lo general se observa que con el tiempo los precios aumentan. Sin embargo, esta visión miope no tiene en cuenta las áreas de la ciudad que en su día fueron codiciadas, pero que ahora han perdido valor debido al deterioro de las infraestructuras, al traslado de los centros de actividad económica o a los cambios en los gustos de los consumidores.

Existen algunas ventajas para quienes tenga sentido asignar bienes inmuebles privados a su cartera. Una de ellas es que puedes elegir el tipo de propiedades en las que quieres invertir, ya sean edificios de oficinas o viviendas unifamiliares para alquilar. En muchos casos, se accede a estas inversiones a través de un fondo inmobiliario privado, en el que se reúne el dinero de varios inversores para financiar distintos proyectos, como locales comerciales, hospitales y edificios de apartamentos. El objetivo del gestor del fondo es construir estas propiedades, alquilarlas a un inquilino y venderlas a otra persona al cabo de unos siete años. Estas inversiones siguen estando sujetas a muchas de las limitaciones que sufren otras inversiones privadas: a la hora de presentar la declaración de impuestos pueden añadir costes y complejidad, y tu capital de inversión puede permanecer prácticamente inaccesible durante unos cuantos años. Este tipo de fondos suelen contar con ventanas específicas en las que se puede solicitar un reintegro, pero en la mayoría de los casos el dinero queda bloqueado hasta que se venda la propiedad.

El «negocio» inmobiliario

Y ahora un apunte rápido para los que estáis en el sector inmobiliario y ponéis los ojos en blanco. Nada de lo que hemos hablado hasta ahora sobre el sector inmobiliario debe confundirse con estar en el negocio inmobiliario en sí. Por ejemplo, pensemos en los constructores de viviendas; no están comprando propiedades que generan ingresos como parte de un conjunto diversificado de inversiones. Éste es su trabajo. Aportan capital, crean un producto de valor y lo venden. Los rendimientos que uno puede conseguir dedicándose profesionalmente al sector inmobiliario pueden ser del 30 por ciento o incluso más; es preciso que sea así, o nadie asumiría los grandes riesgos a los que se enfrentan los promotores. Al igual que hay una diferencia entre poseer acciones de una empresa que cotiza en bolsa y ser propietario de una pequeña empresa, lo mismo es aplicable a la inversión en bienes inmuebles cuando se compara con el negocio inmobiliario. Se trata de una inversión, de la misma manera que montar un pequeño negocio también es una inversión (es decir, es arriesgado), y no debe confundirse con las clases de activos tradicionales.

Creo que lo mejor es plantearse el sector inmobiliario privado de la siguiente manera: si tuvieras que escoger entre poseer acciones de cualquiera de las mayores empresas del mundo o ser propietario del edificio en el que se alojan, ¿qué elegirías? Los inversores inteligentes optarían siempre por las acciones.

Criptomonedas

> Casi con total seguridad puedo decir que las criptodivisas acabarán mal.
>
> WARREN BUFFETT

Una criptomoneda es dinero electrónico que utiliza la criptografía para hacer seguras las transacciones, impedir la creación no autorizada de unidades adicionales y verificar la transferencia de la moneda de una persona a otra. «Invertir» en ellas está de moda. Aunque hay literalmente miles de criptomonedas en el mundo, últimamente el bitcoin acapara toda la atención de los medios de comunicación y de internet, por lo que nos centraremos en particular en esta criptodivisa. Empecemos con algunos datos básicos.

Así como el dólar, el yen y el euro son ejemplos de divisas tradicionales, el bitcoin es un tipo de criptodivisa inventada por Satoshi Nakamoto.[184] Atento a esto: nadie sabe quién es Satoshi Nakamoto, o si es una persona o un grupo de personas. A Satoshi no le gustan ni confía en los gobiernos, y ha declarado que su misión es prescindir de ellos y crear un sistema monetario descentralizado que los gobiernos no puedan atacar con facilidad. Creó bitcoin como la primera moneda digital descentralizada. En efecto, se trata de un sistema descentralizado porque Satoshi también inventó la cadena de bloques (el armazón principal que funciona como «libro de contabilidad») para garantizar que cada bitcoin pudiera ser verificado como válido e irreplicable.

Básicamente, la *cadena de bloques* (*blockchain*) sirve para tener confianza al realizar una transacción con otra persona a través de internet. Antes de la existencia de la cadena de bloques, se necesitaba un intermediario para efectuar la misma transacción. Un ejemplo cercano sería una transacción inmobiliaria. Supongamos que decides vender tu casa. Lo más probable es que la acabe comprando un desconocido, quien confía en que la administración local disponga de un libro de contabilidad o una base de datos de escrituras y títulos centralizados para estar seguro de que eres el verdadero propietario. Esto permite al comprador y a su prestamista (si lo hubiera) adquirir la vivienda con total confianza. En este ejemplo, la base de datos centralizada resulta esencial de cara a facilitar la transacción.

La finalidad de la cadena de bloques es eliminar la necesidad

---

184. Bernard Marr, «A Short History of Bitcoin and Crypto Currency Everyone Should Read», *Forbes*, 6 de diciembre de 2017. Véase: <https://www .forbes.com/sites/bernardmarr/2017/12/06/a-short-history-of-bitcoin-and -crypto-currency-everyone-should-read/?sh=5b37b3633f27>. [Fecha de consulta: 17/05/2021]

de una base de datos centralizada. Con la tecnología *blockchain*, cada miembro de un grupo de personas dispone de una copia del libro de contabilidad para hacer un seguimiento de las transacciones. Utilizando nuestro ejemplo de transacción inmobiliaria con la cadena de bloques, al vender tu casa a Mary Sue, todas las partes acuerdan que la venta ha tenido lugar y actualizan sus libros de contabilidad. Más tarde, cuando Mary Sue se decida a vender, el siguiente comprador podrá confirmar al instante que tiene el título de propiedad en regla, ya que aparece como tal en la cadena de bloques. Con ello se consiguen dos cosas. En primer lugar, se elimina la necesidad de un intermediario, en este caso la Administración local. En segundo lugar, la transacción puede hacerse al instante. No es necesario que intervenga un abogado, solicitar registros o comprobar su autenticidad. Ésta es una tecnología muy real que ya está cambiando la forma de operar de muchas industrias y grandes empresas.

IBM ha invertido mucho en *blockchain*. Su antigua directora general, Ginni Rometty, se dirigió por carta a los accionistas: «La cadena de bloques agrupa libros de contabilidad de uso compartido con contratos inteligentes a fin de permitir la transferencia segura de cualquier activo —ya sea un activo físico como un contenedor de transporte, un activo financiero como un bono o un activo digital como la música— a través de cualquier red empresarial. La cadena de bloques hará por la seguridad de las transacciones lo que internet hizo por la información».[185] IBM está trabajando con Walmart para hacer el seguimiento del inventario a través de la cadena de bloques. Walmart ha afirmado que las pruebas con la cadena de bloques le han ayudado a reducir el tiempo de rastreo de la fruta de siete días a dos segundos.[186]

185. Adam Millsap, «Blockchain Technology May Drastically Change How We Invest», *The James Madison Institute*, 7 de marzo de 2019. Véase: <https://www.jamesmadison.org/blockchain-technology-may-drastically-change-how-we-invest/>. [Fecha de consulta: 17/05/2021]

186. Michael Corkery y Nathaniel Popper, «From Farm to Blockchain: Walmart Tracks Its Lettuce», *The New York Times*, 24 de septiembre de 2018. Véase: <https://www.nytimes.com/2018/09/24/business/walmart-blockchain-lettuce.html>. [Fecha de consulta: 17/05/2021]

La cadena de bloques todavía está en pañales, pero ha llegado para quedarse.

Gracias a la cadena de bloques, es posible que pronto vivamos en un mundo en el que sea habitual que los registros financieros se conserven en el libro de contabilidad histórico de una red de cadenas de bloques, lo que permitiría que las nuevas transacciones fuesen validadas al instante. De la misma manera, y al igual que ocurre en otros países, hoy nosotros contamos con el Gobierno federal para respaldar el dólar y controlar la divisa a través de los bancos centrales, mientras los bancos locales actúan como intermediarios de las transacciones financieras. Con la invención de la cadena de bloques, Satoshi creó una plataforma que excluye a los gobiernos y a los bancos de tener algún papel en las transacciones con criptodivisas.

Ya son más de mil las criptomonedas que utilizan la tecnología *blockchain*.[187] Puesto que lanzar una nueva criptodivisa no tiene coste alguno, es posible que después de que parpadees haya mil más. Además del bitcoin, otras criptomonedas conocidas son ethereum, litecoin, EOS, ripple y tron.[188] La tecnología *blockchain* es una gran idea y cambiará la forma en que se gestionan muchos registros, contratos y transacciones. Aunque es probable que las criptomonedas se queden entre nosotros para siempre, cabe la posibilidad de que más del 99 por ciento de ellas pierdan su valor con rapidez.

Esto nos lleva de nuevo al bitcoin, que ha pasado de valer cero dólares en 2009, a más de veinte mil dólares en 2017, para luego volver a situarse en torno a los cinco mil dólares mientras escribo esto en 2020. Algunos sostienen que el bitcoin no vale nada porque no tiene valor intrínseco. A diferencia de los bienes inmuebles que aportan ingresos, de los bonos que generan rendimientos y de las acciones que reparten dividendos, el bitcoin no produce nada. Sin embargo, hay una serie de inversiones que

187. «All Cryptocurrencies», *CoinMarketCap*. Véase: <https://coinmar ketcap.com/all/views/all/>. [Fecha de consulta: 17/05/2021]

188. No confundir con la película de Disney de 1982, *Tron*. Nadie dijo que los incondicionales de las criptomonedas fueran originales.

no producen nada. Los inversores y los coleccionistas compran cuadros, que tampoco generan ingresos, pero cuyo valor puede aumentar simplemente porque alguien está dispuesto a pagar más. Sin embargo, el bitcoin me recuerda a los bloques de viviendas de Las Vegas en 2008 o a las acciones de internet en 1999: la gente adquiría ambas cosas a elevados precios alejados de la realidad, basándose en que más adelante alguien pagaría una mayor cantidad por ellos, porque eso es lo que había sucedido reiteradas veces en los meses y años anteriores. Es muy improbable que el bitcoin llegue a ser una alternativa monetaria viable a largo plazo. Con todo, lo más probable es que dentro de una o dos décadas acabe apareciendo en los libros de finanzas como una curiosa anécdota en el marco de un debate sobre cómo se forman las burbujas de inversión y cómo acaban estallando, provocando la ruina financiera de muchos inversores.

Vamos a aclarar también algunos temas que circulan por ahí. En primer lugar, hay quien dice que el bitcoin no puede ser pirateado porque está integrado en la cadena de bloques. En realidad, la cadena de bloques sí puede ser pirateada; a los inversores ya les han robado más de mil millones de dólares en criptodivisas.[189] En segundo lugar, no hace falta que el bitcoin sea pirateado para que la gente que lo usa pierda dinero (lo harán las subidas y las bajadas del mercado). En tercer lugar, hay quien sostiene que los gobiernos permanecerán al margen de las criptodivisas. Casi con toda seguridad ésta es una idea equivocada, ya que a todos los gobiernos les gusta la regulación, el control y los impuestos.[190]

Sin embargo, el hecho de que sea improbable que el bitcoin perdure no significa que sea imposible, y esta mínima esperanza es lo que anima a los especuladores. Para muchos, el bitcoin es atractivo porque elimina la interferencia de terceros (por ejem-

189. Michael Kaplan, «Hackers are stealing millions in Bitcoin-and living like big shots», *New York Post*, 13 de abril de 2019. Véase: <https://nypost.com/2019/04/13/hackers-are-stealing-millions-in-bitcoin-and-living-like-big-shots/>. [Fecha de consulta: 17/05/2021]

190. Y sin duda no renunciarán a su mecanismo de control definitivo: la moneda.

plo, el Gobierno no puede intervenir creando más) y por el anonimato que conlleva. Estas mismas ventajas son aplicables a más de un millar de otras criptodivisas. No obstante, la realidad es que la mayoría de las personas que lo compran no tienen previsto utilizarlo. Lo compran con la única intención de especular.

En último término, eso es lo que está impulsando el interés por el bitcoin. La *especulación* se define como «suposiciones sobre algo que no se conoce; actividad en la que alguien compra y vende cosas con la esperanza de obtener un gran beneficio, pero con el riesgo de una gran pérdida». Esto se contrapone a la *inversión*, que se define como «gastar dinero con la expectativa de conseguir un beneficio o resultado material al destinarlo a estrategias financieras, acciones o propiedades». Comprar un complejo de apartamentos que está habitado en un 90 por ciento es invertir; comprar un terreno en la luna porque crees que algún día estará habitado es especular. En tres ocasiones el bitcoin ya ha perdido más del 80 por ciento, pero en todas se ha disparado a nuevos máximos. El año pasado, «comprar bitcoins con tarjeta de crédito» se convirtió en una búsqueda muy habitual en Google. La gente se está subiendo al barco que lleva a la tierra prometida.

Como en el caso de las demás burbujas, lo más probable es que, antes de que el barco se hunda, se subirán el mayor número posible de personas. Pero lo mismo ocurrió con la burbuja de internet. ¿Te acuerdas de Lycos, Excite y AOL? ¿Alguna vez le preguntaste algo a Ask Jeeves? Todos ellos acabaron siendo barridos por la competencia cuando apareció el futuro rey, Google. Lo mismo puede pasar aquí, y cualquier dinero que se invierta en el espacio de las criptodivisas debe considerarse altamente especulativo.

Y sigue y sigue y sigue

Podríamos escribir un libro entero sobre los diferentes tipos de inversiones alternativas que hay. Si bien hemos cubierto las principales clases de activos alternativos, todavía existen muchas más. Para que te hagas una idea de lo variopinto que puede ser este mundo, te mostramos algunos ejemplos:

- Reaseguro. Cuando contratas una póliza de seguro, como el seguro del hogar, la entidad que te la vendió puede transferir el riesgo a otra compañía aseguradora. Esta práctica le permite reducir el riesgo y suscribir más pólizas. Considéralo una especie de seguro para las aseguradoras. Hay fondos que invierten en estas agrupaciones de reaseguro.
- Fondos orientados a la propiedad intelectual. En los años noventa, David Bowie y su equipo financiero vendieron los derechos sobre una parte de los ingresos de su catálogo musical.[191] Estas inversiones se denominaron «bonos Bowie» y permitieron a los artistas obtener un valor inmediato de su fuente de ingresos musicales. Desde entonces han surgido fondos vinculados a los derechos musicales (y otras formas de entretenimiento) que compran los derechos de catálogos de artistas tan dispares como Mary J. Blige, Eminem, Iron Maiden o Elton John.
- Acuerdos de viático. La mayoría de las personas que contratan pólizas de seguro de vida permanente acaban rescatándolas por una fracción de la indemnización por fallecimiento. Los fondos de acuerdos de viáticos compran las pólizas a sus propietarios por mucho más, lo que da al asegurado la oportunidad de obtener un valor justo por su póliza. Cuando la póliza se hace efectiva, los beneficios se distribuyen entre los inversores del fondo.

Podríamos seguir indefinidamente: fondos que invierten en financiar pleitos a cambio de una parte de la posible indemnización; fondos que invierten sólo en arte, coches o violines; fondos que hacen apuestas de béisbol...

191. Ed Christman, «The Whole Story Behind David Bowie's $55 million Wall Street Trailblaze», *Billboard*, 13 de enero de 2016. Véase: <https://www .billboard.com/articles/business/6843009/david-bowies-bowie-bonds-55 -million-wall-street-prudential>. [Fecha de consulta: 18/05/2021]

Las inversiones alternativas no son para todos los públicos. Incluso si se cumplen los requisitos legales de patrimonio neto para invertir en ellas, siguen sin ser adecuadas para la mayoría de los inversores. Para aquellos inversores con un plan a largo plazo, un equipo sólido que revise a fondo cada inversión, acceso a inversiones de alto nivel con mínimos más bajos y a precios razonables, y predispuestos a afrontar una mayor complejidad en su gestión financiera, algunas alternativas pueden mejorar el rendimiento esperado a largo plazo de su cartera diversificada.

Sin embargo, para casi todos los demás, todo lo que necesitamos para alcanzar nuestros objetivos financieros es una simple cartera compuesta por acciones que cotizan en bolsa, bonos y bienes inmuebles.

Parte IV

La escalada

Capítulo 11

Creación y gestión de la cartera inteligente

Recuerda que los diamantes son sólo trozos de carbón que perseveraron en su trabajo.

B. C. FORBES

Confeccionar una cartera sólida es en parte arte y en parte ciencia, y por supuesto el resultado nunca será perfecto, si bien debe seguir un plan ajustado a tu situación particular. Elegir dónde y cuándo invertir puede ser una tarea abrumadora, pero debería resultarte mucho más fácil si cuentas con una serie de estrategias útiles.

En primer lugar, la *asignación de activos* no es más que una expresión elegante para referirse al porcentaje de tu cartera destinado a cada tipo de activo, como las acciones, los bonos y los bienes inmuebles. ¿En qué clase de activos deberías invertir? En un primer momento, cuando revisas los rendimientos pasados, puedes verte tentado de ir a por todas e invertir únicamente en el mercado de valores, ya que según se aprecia en el gráfico 11.1, históricamente la inversión exclusiva en acciones ha obtenido los mayores rendimientos. Pero no es tan sencillo. Cuanto más inviertas en acciones, más volatilidad añadirás a tu cartera, lo que puede provocarte un mayor estrés. Una cartera compuesta exclusivamente por acciones ha oscilado entre un 54,2 por ciento anual, su mejor rendimiento, y un -43,1 por ciento anual, su peor rendimiento. Éste es un viaje con demasiadas curvas. Pero si la equilibramos con un 60 por ciento de acciones y un 40 por ciento de bonos, suavizaremos de forma significativa el recorrido, estrechando el abanico de rentabilidad hasta alcanzar un 36,7 por ciento en el mejor año y un -26,6 por ciento en el peor.

Gráfico 11.1. Rendimiento de varias combinaciones de acciones y bonos estadounidenses 1926-2018

Asignación de activos	Rentabilidad media anual
100 % bonos	5,3 %
10 % acciones 90 % bonos	5,9 %
20 % acciones 80 % bonos	6,6 %
30 % acciones 70 % bonos	7,1 %
40 % acciones 60 % bonos	7,7 %
50 % acciones 50 % bonos	8,2 %
60 % acciones 40 % bonos	8,6 %
70 % acciones 30 % bonos	9,1 %
80 % acciones 20 % bonos	9,4 %
90 % acciones 10 % bonos	9,8 %
100 % acciones	10,1 %

La mayoría de los asesores y manuales financieros aconsejan usar la edad para determinar la asignación de activos. Si tienes sesenta años, tu cartera debería estar compuesta por un 60 por ciento de bonos y un 40 por ciento de acciones; si tienes setenta años, debería estar compuesta por un 70 por ciento de bonos y un 30 por ciento de acciones. Pero ésta es una generalización demasiado amplia.

También hay asesores y manuales financieros que afirman que tu asignación debería basarse en tu tolerancia al riesgo. Si cuando tu cartera cae un 10 por ciento se apodera de ti un gran nerviosismo, entonces no deberías poseer acciones o, en todo caso, mantener una asignación mínima a esta clase de activo. Sin embargo, estos consejos son poco afortunados y engañosos, y pueden impedirte alcanzar tus objetivos. Por ejemplo, un inversor con poca tolerancia al riesgo, pero sin mucho ahorrado para su jubilación, seguramente tendrá que asumir más riesgo en su cartera si quiere jubilarse con garantías. De lo contrario, es probable que cuando llegue la hora de jubilarse no disponga de suficientes ahorros.

Gráfico 11.2. La combinación de activos define el espectro de los rendimientos

Rendimiento mejor, peor y medio en función de varias asignaciones de acciones/bonos, 1926-2018

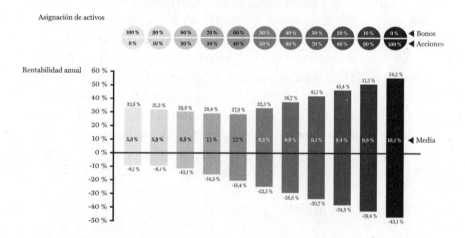

Las asignaciones deben determinarse en función de *las necesidades de cada inversor*. Por tanto, necesitas un plan personalizado que se ajuste a lo que quieras conseguir. Si para alcanzar un objetivo concreto necesitas obtener una tasa de rendimiento específica durante los próximos quince años, lo mejor es que inviertas en la combinación de clases de activos que tenga la mayor probabilidad de lograrlo. ¡Y tú ya sabes cuáles serán tus necesidades porque cuentas con un plan financiero! Usa esta hoja de ruta. Al tiempo que muestra cuánto puedes ahorrar y las fuentes externas de ingresos, tu plan financiero te indica dónde te encuentras hoy y cuáles son los objetivos que quieres alcanzar. Si lo juntas todo podrás calcular la tasa de rendimiento que necesitas para poder cumplir tus objetivos. Un inversor cuyo objetivo sea conseguir una rentabilidad media anual del 6 al 7 por ciento durante los próximos quince años, debería invertir aproximadamente un 70 por ciento en acciones y un 30 por ciento en bonos (y potencialmente en otras inversiones alternativas analizadas en el capítulo anterior). No importa si este inversor empieza con cincuenta o sesenta años: la necesidad, no la edad, determina la asignación.[192]

Los estudios revelan que entre el 88 y el 91 por ciento de la varianza de tu cartera viene determinada por la asignación de activos. Sabiendo esto, y una vez que hayas decidido la asignación, conviene que examines la volatilidad que eso implica (cuánto aumentará y disminuirá la inversión) y determines si puedes vivir con esa volatilidad. Si crees que no vas a poder hacerlo, entonces necesitarás ajustar el objetivo (gastar menos) o el plan (ahorrar más), de modo que una asignación más conservadora siga garantizando el éxito. La idea es que tu asignación personal esté siempre orientada a tus objetivos, que tu tolerancia al riesgo actúe como un elemento de control y que tu edad no tenga nada que ver.

La visión de conjunto

El sector financiero dedica mucho tiempo a debatir qué clases de activos son «buenas» o «malas», cuando en realidad son los objetivos del inversor, y no los distintos mercados, los que deberían condicionar la exposición[193] a una determinada clase de activos. Para la mayoría de los inversores, lo más sensato es diversificar

192. Ahora bien, la edad sí debería ser un factor a la hora de elegir el largo de los pantalones bermudas o de determinar qué lenguaje coloquial es aceptable y, según mis hijos, de recapacitar sobre mis bailes «guais» de Fortnite.
193. Otro elegante término de inversión que sólo significa «cantidad».

entre muchas clases diferentes de activos para alcanzar diversos objetivos. Como dice el refrán, nunca pongas todos tus huevos en la misma cesta.

A menudo, los gestores de inversiones mejor valorados en un año determinado han invertido al mismo tiempo en la misma clase de activos, y los gestores con peores resultados también han invertido al mismo tiempo en la misma clase de activos (pero en una clase de activos diferente a la de los gestores con mejores resultados). Podrías pensar que se debe a que todos son genios o idiotas, pero fíjate en los mercados emergentes, por ejemplo. En 2017, los fondos de los mercados emergentes fueron los fondos de inversión con mejor rendimiento[194] y al año siguiente, esos mismos fondos fueron los de peor rendimiento.[195] El gestor no tiene mucho que ver con la rentabilidad: es la clase de activos la que genera la mayor parte de los rendimientos. De hecho, apenas entre un 9 y 12 por ciento de la rentabilidad de cualquier fondo es atribuible al gestor. Así que si tienes un fondo que en un año determinado gana un 8 por ciento, piensa que de ese resultado sólo se debió a su talento entre un 0,072 y 0,96 por ciento, de media. De ahí que la primera decisión importante a la hora de construir una cartera sea la asignación de activos.

Como ya hemos visto, el dinero en efectivo es una pésima inversión. No tiene ningún sentido incluir dinero en efectivo en una cartera. Pensemos en un inversor que posee una cartera de un millón de dólares con una asignación de efectivo del 10 por ciento. Es de suponer que esos cien mil dólares no producirán prácticamente nada, y que además hasta el fin de sus días perderán terreno frente a la inflación. En cambio, los bonos nunca han registrado una rentabilidad negativa a cinco años. Si en lugar de

194. Andrew Shilling y Lee Conrad, «Which Mutual Funds Are YTD Leaders?», *Financial Planning*, 29 de noviembre de 2017. Véase: <https://www.financial-planning.com/slideshow/top-mutual-funds-in-2017>. [Fecha de consulta: 17/05/2021]

195. Andrew Shilling, «Worst-Performing Funds of 2018», *Financial Planning*, 12 de diciembre de 2018. Véase: <https://www.financial-planning.com/list/mutual-funds-and-etfs-with-the-worst-returns-of-2018>. [Fecha de consulta: 17/05/2021]

por efectivo, ese inversor optara por bonos, que promedian al año unos cuantos puntos por encima del efectivo, es probable que a lo largo de su vida gane decenas de miles de dólares más. El riesgo de que en torno a los bonos el mercado se desplome es el mismo que en torno al efectivo: para que todo el mercado de bonos se redujera a cero, tendrían que producirse una serie de acontecimientos que también harían que tu efectivo careciera totalmente de valor. Alimentados por programas de televisión como *Doomsday Preppers* [preparacionistas del día del juicio final], estos escenarios excepcionales hacen que lo ridículo parezca normal. El dinero en efectivo solamente es útil para atender las necesidades del hogar, ir a un restaurante, comprar un coche y contar con reservas para un posible período en el paro o para hacer frente a gastos imprevistos a corto plazo. En una cartera de inversión no tiene cabida.

Entonces, ¿los bonos nunca pierden dinero? Sí, sin duda. Los bonos presentan una rentabilidad negativa en un año natural aproximadamente una vez cada cinco años. Pero mientras la entidad a la que prestas el dinero siga funcionando, te lo devolverá con intereses. En cambio, en realidad un accionista nunca sabe qué va a pasar, ya que las acciones fluctúan de manera constante. *En Creative Planning nunca recomendamos ni adquirimos bonos pensando en que a largo plazo vayan a superar a las acciones.*

Entonces, si prevemos que los bonos van a tener un rendimiento inferior al de las acciones, ¿por qué razón querríamos comprarlos? Básicamente porque los bonos son un seguro. *Renuncias a una rentabilidad esperada a cambio de aumentar considerablemente la probabilidad de cubrir tus necesidades a corto y largo plazo.* Aunque es probable que de aquí a diez años los valores se comporten bien, hay muchos precedentes de episodios prolongados de miseria (como recordatorio véanse el 11-S, la crisis de 2008-2009 o la pandemia del coronavirus). Nadie quiere estar a merced de los vaivenes del mercado de valores, a menudo aleatorios, y verse obligado a vender acciones justo cuando están cayendo para hacer frente a una necesidad de ingresos. En su lugar, para determinar el porcentaje adecuado de exposición a los bonos, calcula la cantidad de dinero que necesitarás sacar de la cartera durante un prolongado mercado bajista, menos los ingresos previstos.

La bola de cristal

Las acciones son objeto de incesantes predicciones, cuando en realidad son la clase de activos más impredecible y predecible (sí, ambas cosas) que hay. En primer lugar, quisiera dejar clara la opinión de todos los que trabajamos en Creative Planning al respecto. Nadie, absolutamente nadie, puede predecir el movimiento a corto plazo de las cotizaciones bursátiles, y quien te diga lo contrario es con toda probabilidad un tonto o un mentiroso. Sí, son palabras fuertes, pero con tanto ruido es importante entender el impacto de este punto de vista en tu futuro financiero y en la cantidad que decidas asignar a esta clase fundamental de activos. A largo plazo, es de esperar que las acciones se comporten mejor que cualquier otra clase de activo importante que cotice en bolsa. La clave para obtener beneficios de las acciones es mantener la inversión frente a las continuas correcciones, desplomes y vaivenes diarios que llevan a los pusilánimes a abandonar el barco en el peor momento posible. Lo ideal sería que adoptaras el enfoque contrario ¡y consideraras esos turbulentos períodos como grandes oportunidades de compra!

La clave para sobrellevar la volatilidad bursátil es disponer de suficientes ingresos para atender todas tus necesidades durante los próximos cinco años, de modo que no tengas que preocuparte por los altibajos del mercado. Si evitas estar a merced del mercado durante los próximos años —sabiendo que a largo plazo el mercado siempre ha seguido una trayectoria ascendente—, sortear la montaña rusa te será mucho más fácil. Un inversor que en más de diez a veinte años no necesite los ingresos de esta parte de la cartera puede invertir en subconjuntos del mercado con una volatilidad más elevada, aunque también con un largo e igual de bien documentado historial de recompensar la paciencia de los inversores. Aquí se incluyen las acciones de mediana capitalización, las acciones de pequeña capitalización, las acciones de microcapitalización[196] y las acciones de los mercados emergentes. Una mayor volatilidad debería recompensar a los inversores con una mayor rentabilidad.

Las inversiones alternativas brindan a los inversores con un horizonte temporal largo y un patrimonio la oportunidad de obtener a largo plazo un rendimiento superior. Con una cartera de cinco, diez o cientos de millones de dólares, es habitual asignar entre un 10 y un 30 por ciento o más a inversiones alternativas, incluyendo subconjuntos de activos como el capital privado, los préstamos privados y los bienes inmuebles privados. Muchos de mis clientes poseen un patrimonio que nunca van a gastar o partes de la cartera que nunca van a tocar y de las que les gustaría que se beneficiara la siguiente generación. Para estos casos, incluso una persona de setenta y cinco años podría tener una parte importante de su cartera en acciones pequeñas, acciones de mercados emergentes o inversiones alternativas.

Aunque sobre el papel y con el tiempo esta estrategia funciona bien, no es para los débiles de corazón. Tanto al alza como a la baja, estas subclases de activos pueden moverse con rapidez y generar durante largos períodos un rendimiento deficiente. *Una buena forma de saber si estas subclases de activos son adecuadas para ti es tu reacción ante una caída de los mercados.* Estas subclases de activos podrían encajar bien contigo si sientes un gran entusiasmo ante la oportunidad de vender unos cuantos bonos y comprar más acciones de pequeña capitalización y de mercados emergentes mientras caen en picado. Si tienes miedo a las caídas, no aguantarás la posición el tiempo suficiente para que funcione y le causarás un daño innecesario a tu cartera. En tiempos de crisis, conviene conocerse a sí mismo.

196. La capitalización bursátil hace referencia al precio de una acción multiplicado por el número de acciones en circulación. Las acciones de gran capitalización equivalen a una capitalización bursátil de por lo menos 10.000 millones de dólares, las de mediana capitalización a una capitalización de entre 2.000 y 10.000 millones de dólares, y las de pequeña capitalización a una capitalización inferior a 2.000 millones de dólares. ¡Incluso las acciones pequeñas son bastante grandes!

Los últimos detalles

> Deberías tener una combinación estratégica de asignación de activos que parta de la base de que no sabes qué te va a deparar el futuro.
>
> RAY DALIO

Ahora que ya has determinado tu asignación de acciones y bonos, y has evaluado tu nivel de confort al incluir otras inversiones con mayor volatilidad esperada, es el momento de analizar detenidamente tu objetivo de asignación. Tu objetivo de asignación es tu fórmula ideal, la combinación ideal de las inversiones definidas en tu plan y tu capacidad emocional para hacer frente a los altibajos.

Adopta un enfoque global

> Piensa en el siguiente dato: Suecia representa aproximadamente el 1 por ciento de la economía mundial. Un inversor racional en Estados Unidos o Japón invertiría alrededor del 1 por ciento de sus activos en acciones suecas. ¿Puede tener algún sentido que los inversores suecos inviertan 48 veces más? Esto refleja la conocida tendencia de los inversores a comprar valores de su país de origen, algo que los economistas denominan «sesgo de familiaridad».
>
> RICHARD H. THALER y CASS R. SUNSTEIN

En lugar de buscar alternativas fuera de nuestra zona de confort personal, acostumbramos a decantarnos por las opciones próximas a nuestra base de operaciones, algo que se conoce como *sesgo de familiaridad*. Es probable que lo experimentes a diario al frecuentar la tienda de comestibles, la gasolinera o la cafetería más conveniente y cercana a tu casa u oficina. Es más fácil que el fin de semana salgas a cenar a una zona próxima a tu casa que a un restaurante que te encante situado un poco más lejos. A la hora de confeccionar sus carteras bursátiles, la mayoría de los inversores estadounidenses se inclinan por los títulos de las grandes empresas de Estados Unidos simplemente porque reconocen estos nombres.

Independientemente del sector, casi todas las empresas nacionales tienen un homólogo internacional con el mismo o mayor potencial de rendimiento. De hecho, según una reciente proyección de Standard Chartered, se prevé que en 2030 China e India se conviertan en las dos mayores economías del mundo por un amplio margen.[197] Por tanto, las participaciones internacionales deben formar parte de tu cartera. Aunque te sientas más cómodo con nombres conocidos en tu cartera, en realidad estás aumentando el riesgo al concentrar demasiado los activos en una parte del mundo. Vivimos en una economía global, y las compañías de todo el mundo quieren y pueden ganar dinero. Ahora bien, las participaciones internacionales suelen tener un comportamiento ligeramente diferente al de las participaciones estadounidenses. Durante períodos cortos y, a veces, largos, los mercados estadounidenses e internacionales suelen «turnarse» en sus resultados. Recordemos lo que ocurrió con los mercados estadounidenses durante la «década perdida» de 2000-2009, período en el que el índice S&P 500 obtuvo una rentabilidad ligeramente inferior al 0 por ciento, incluso después de contabilizar los dividendos. Los inversores que habían apostado estrictamente por los valores estadounidenses de gran capitalización se vieron afectados, mientras que los inversores diversificados a escala mundial lograron rendimientos sólidos en los mercados internacionales y emergentes. La diversificación a escala mundial ayuda a reducir la volatilidad de tu cartera y, al mismo tiempo, a mejorar el rendimiento a largo plazo, ya que muchas economías internacionales, en especial las

197. Will Martin, «The US Could Lose Its Crown as the World's Most Powerful Economy as Soon as Next Year, and It's Unlikely to Ever Get It Back», *Business Insider*, 10 de enero de 2019. Véase: <https://www.businessinsider.com/us-economy-to-fall-behind-china-within-a-year-standard-chartered-says-2019-1>. [Fecha de consulta: 17/05/2021]

de los mercados emergentes, tienen previstas unas tasas de crecimiento muy superiores a la de Estados Unidos.

Como muestra el gráfico 11.3, el sesgo de familiaridad es un fenómeno global. Los inversores completamente imparciales, ciudadanos del mundo, por decirlo así, poseerían valores de forma proporcional a su capitalización bursátil global. Por ejemplo, en 2010, el mercado estadounidense representaba el 43 por ciento del total del mercado mundial, por lo que los inversores completamente imparciales asignarían el 43 por ciento de su cartera a las acciones estadounidenses. Sin embargo, en Estados Unidos, el inversor medio posee una cartera fuertemente ponderada en acciones estadounidenses. Lo mismo sucede en otros países: el inversor medio del Reino Unido, por ejemplo, se decanta por las acciones británicas en un 42 por ciento, y los suecos tienen casi la mitad de su dinero en acciones suecas. Básicamente, este planteamiento equivale a invertir todo por lo que has trabajado según el lugar y no según la lógica.

Gráfico 11.3. Magnitud relativa del sesgo de familiaridad

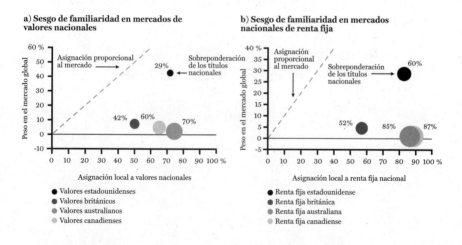

La capitalización del mercado mundial no es la única forma de determinar qué proporción de tu cartera debería asignarse a inversiones internacionales, lo cual depende en gran medida de tus objetivos de inversión y tu tolerancia al riesgo. Con todo, no caigas en la trampa de desestimar el valor de la inversión global sólo porque los nombres de las empresas no te resulten familiares. No es necesario viajar al extranjero ni abrir una cuenta en el exterior para crear una cartera global. Con la simple adquisición de un fondo indexado, un inversor puede agregar instantáneamente una exposición global. Por ejemplo, si tu plan contempla una asignación del 60 por ciento en acciones, invirtiendo en un ETF internacional puedes destinar con facilidad un tercio de esa asignación a acciones globales.

¡Diversifica!

> La única constante en la vida es el cambio.
>
> HERÁCLITO

Tratándose de un filósofo griego, Heráclito habría sido un excelente asesor de inversiones. Entendió que la vida está en constante movimiento, y en ningún lugar esto es más evidente que en el mercado de valores.

Gráfico 11.4. Empresas que componen el promedio industrial Dow Jones

1979		
3M	Eastman Kodak	Johns-Manville
Allied Chemicals	Esmark	Owens-Illinois
Aluminum Company of America (Alcoa)	Exxon	Procter & Gamble
American Can Company	General Electric	Sears
AT&T	General Foods	Texaco
American Tobacco Company (acciones B)	General Motors	Union Carbide
Bethlehem Steel Corporation	Goodyear	US Steel

Chevron	Inco Ltd.	United Technologies
Chrysler	International Harvester Company	Westinghouse
Dupont	International Paper	Woolworth's
2019		
3M	Exxon Mobil	Nike
American Express	Goldman Sachs	Pfizer
Apple	The Home Depot	Procter & Gamble
Boeing	IBM	Travelers
Caterpilar	Intel	UnitedHealth
Chevron	Johnson & Johnson	United Technologies
Cisco	JP Morgan Chase	Verizon
Coca-Cola	McDonald's	Visa
Disney	Merck	Walmart
Dow-DuPont	Microsoft	Walgreens

Cuando se invierte en una empresa en particular, puede suceder cualquier cosa. La empresa puede comportarse excepcionalmente bien, verse perjudicada por un suceso negativo o, incluso, quebrar, como hicieron Enron, Sears y Toys "R" Us. Este riesgo suele subestimarse mucho, y es que toda empresa tiene un ciclo de vida antes de que el capitalismo la destruya y la sustituya por algo mejor. El fundador de Amazon, Jeff Bezos, es muy consciente de que ninguna empresa es eterna. Hace algún tiempo dijo a sus empleados: «Presiento que Amazon caerá algún día. Amazon va a quebrar. Si nos fijamos en las grandes empresas, su vida útil suele ser de más de treinta años, pero no de más de cien».[198]

Basta con ver lo diferente que es hoy en día el índice Dow Jones 30 en comparación con hace cuarenta años. Como se aprecia

198. Eugene Kim, «Jeff Bezos to employees: "One day, Amazon will fail" but our job is to delay it as long as possible», CNBC, 15 de noviembre de 2018. Véase: <https://www.cnbc.com/2018/11/15/bezos-tells-employees-one-day-amazon-will-fail-and-to-stay-hungry.html>. [Fecha de consulta: 17/05/2021]

en el gráfico 11.4, si bien a lo largo de los años ha sobrevivido un puñado de inquebrantables, desde 1979 muchas de las empresas que en su día fueron importantes han desaparecido, han sido absorbidas por otras empresas o han perdido su posición de liderazgo. En 2018, General Electric, la última compañía que se mantenía en el índice desde que fue inaugurado en 1896, fue sustituida por Walgreens. Un gran número de empresas de la lista de 2019, como Apple, Microsoft e Intel, en 1979 estaban en pañales, y otras compañías como Cisco y Verizon, que hoy son los principales proveedores de tecnologías, hace cuarenta años ni siquiera existían.

Piensa en ello como algo parecido al sector de la restauración. Te preguntas si ciertos restaurantes seguirán funcionando más allá de unos cuantos meses, mientras que de otros esperas que lo hagan durante décadas, pero la realidad es que muy pocos restaurantes continuarán abiertos dentro de varias generaciones. En el fondo, da igual lo que le ocurra a un restaurante, siempre habrá otros restaurantes. Las acciones son lo mismo. Al poseer un gran número de acciones, no estás apostando por una sola empresa, sino que estás diversificando entre muchas. Si participas en un fondo indexado al S&P 500, sabes que algunas de las empresas que lo componen quebrarán o registrarán pérdidas considerables todos los años, pero también sabes que lo que le ocurra a una sola empresa no te hará desaparecer ni te impedirá alcanzar tus objetivos financieros. A largo plazo, las ganancias de las empresas que acaben triunfando compensarán con creces las pérdidas.

Cuando operan en el mercado bursátil, otro de los riesgos que tienen en cuenta los inversores es el *riesgo industrial*. Al igual que no desearías apostar por una única clase de restaurante, éste es el riesgo de que una industria entera se tambalee o desaparezca. Muchas crisis financieras empiezan con el desmoronamiento de una industria, tal y como ha sido el caso en las últimas crisis, desde la burbuja tecnológica y la crisis inmobiliaria hasta la crisis financiera y, más recientemente, la crisis energética. Si posees cien acciones en una misma industria y esa industria se derrumba, quizá te preguntes por qué diversificar no te ha servido de nada. Hay que diversificar el riesgo por empresa y por industria, comprando múltiples acciones en múltiples industrias.

Transformarse o morir

Si tenemos en cuenta el ritmo que ha alcanzado el cambio tecnológico en el mundo actual —la rapidez con la que hemos pasado de los discos de vinilo a los MP3, de los videoclubes locales a la transmisión en directo—, es muy probable que veamos cómo las industrias surgen y desaparecen aún más rápido que antes. La transformación se acelera en todos los sectores, pregúntaselo sino a Kodak, K-Mart, Blockbuster, Yellow Cab y BlackBerry. El gráfico 11.5, que muestra la vida media de las empresas del índice S&P 500, ilustra de forma clara cómo se ha acelerado el ritmo de cambio: *la duración media de una empresa en el índice se ha divido casi por cuatro en los últimos cincuenta años.*

Gráfico 11.5. Duración media de la empresa en el índice S&P

Años, media móvil de 7 años

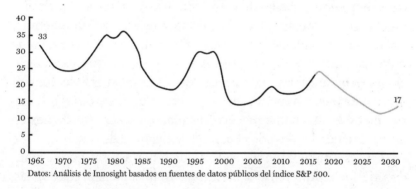

Datos: Análisis de Innosight basados en fuentes de datos públicos del índice S&P 500.

Como inversor, este cambio significa que puedes estar bien posicionado para beneficiarte del crecimiento de las nuevas tecnologías mediante una correcta diversificación o ser víctima de la decadencia de la vieja guardia. Otra ventaja de participar en un índice es que no tienes que preocuparte por saber cuál de las empresas que lo componen se verá afectada por el cambio, los recién llegados ocuparán su lugar y, ¡tachán!, te convertirás automáticamente en uno de sus propietarios.

El último gran riesgo que afronta un inversor es el *riesgo de mercado* o *riesgo sistémico*: en ocasiones, un mercado entero puede simplemente subir, o simplemente bajar. Es imposible eliminar el riesgo de mercado, lo que convierte la diversificación en algo fundamental. Por ejemplo, puedes invertir todo tu dinero en un apartamento dúplex, alquilarlo y esperar una ganancia del 10 por ciento. Por supuesto, ser el propietario de un único dúplex implica un riesgo considerable: si algo fuera mal en esta inversión, la situación podría complicarse con rapidez. En vez de eso, supongamos que encuentras cuatro apartamentos dúplex con los que piensas que podrías ganar un 10 por ciento, pero no puedes permitirte comprarlos todos. En su lugar, te asocias con otras tres personas con el fin de formar una empresa, crear un fondo común y comprar los cuatro dúplex. Ahora tienes la misma cantidad de dólares asignados a los dúplex y el rendimiento esperado es el mismo, pero se ha reducido tu riesgo de pérdidas. Si surgiese algún problema con uno de los dúplex, el mundo no se acaba. Aunque la compra de varios dúplex disminuye el riesgo asociado a una sola unidad, no ha reducido en general el riesgo de poseer dúplex. ¿Y si resulta que todos los inquilinos trabajan para la misma empresa, y ésta quiebra y tienen que trasladarse a otra ciudad? Puedes reducir el riesgo de mercado participando en varios mercados (o, en este caso, ubicaciones geográficas). Una correcta diversificación implica poseer una combinación de activos en la que el rendimiento de las posiciones no esté estrechamente correlacionado. Poseer esos dúplex en distintas ciudades de todo el país reduce el nivel de riesgo.

En resumidas cuentas, se trata de tener activos que respondan de forma diferente a distintas circunstancias económicas. Este comportamiento independiente —en un momento dado algunos activos suben más y otros bajan menos— ayuda a reducir el riesgo de tu cartera. Por ejemplo, cuando las acciones pierden valor, los bonos de alta calidad tienden a aumentar el suyo. Aunque la mayoría de los mercados bursátiles están correlacionados, no se comportan exactamente igual, razón por la cual los inversores expertos incluyen en sus carteras una combinación de activos globales, así como una selección de empresas de distinto tamaño —acciones de pequeña, mediana y gran capitalización— tanto en Estados Unidos como en el extranjero.

Los cambios en los factores económicos pueden hacer que el valor de las clases de activos suba o baje con relación a las demás, por lo que si quieres reducir el riesgo de tu cartera y aumentar la probabilidad de alcanzar los objetivos a largo plazo, te conviene poner los huevos en diferentes cestas. Si diversificas hacia otras clases de activos, como los bienes inmuebles, reducirás aún más el riesgo de mercado.

No te enamores de tus inversiones

Diversificar parece una medida inteligente, ¿verdad? Sin embargo, a lo largo de mi carrera he visto incontables veces cómo se desplomaba el patrimonio de clientes que se habían negado a diversificar para alejar el riesgo de la industria y de la empresa. Muchos de nuestros clientes más acaudalados se hicieron ricos al trabajar en empresas cotizadas que les concedieron acciones que posteriormente se dispararon. Estos clientes suelen mostrarse reacios a diversificar, lo que en parte se debe a que su riqueza proviene de las acciones de una sola empresa. Además, estas personas han trabajado para la compañía y la conocen bien, guardan muy buenos recuerdos y son fieles a la marca. Pero recuerda lo que dijo Jeff Bezos: todas las empresas acaban muriendo, es sólo cuestión de tiempo.

Al igual que ocurre con el sesgo de familiaridad, creo que hay una gran cantidad de inversores que tienden a concentrar su selección de valores en empresas que les resultan familiares, lo que a menudo conduce a un riesgo específico de la industria. Muchas de las grandes empresas canadienses se dedican a las materias primas y a las finanzas, por lo que un elevado número de inversores canadienses poseen carteras sobreponderadas en valores de estos sectores y están expuestos a las oscilaciones de los precios en estas industrias. Con frecuencia acuden a Creative Planning nuevos clientes con inversiones en sectores destacados de su entorno: un tejano con una serie de participaciones en el sector energético, un nordestino con participaciones en el sector financiero, un californiano con participaciones en el sector tecnológico y un habitante del Medio Oeste con participaciones en el sector industrial. El gráfico 11.6 muestra cuán proclives somos a sobreexponernos a las industrias que nos resultan familiares.

Gráfico 11.6. Asignación de los inversores por regiones

Probabilidad de poseer acciones de un sector frente a la media nacional

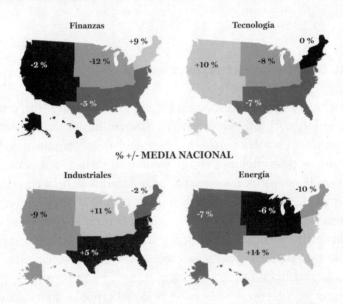

Si acaso, cabe la posibilidad de que trabajes para esas empresas y conozcas bien la industria, pero eso también significa que ya estás sobreexpuesto a ella. Si te encuentras en una situación en la que tu plan de jubilación depende de su éxito y el valor de tu vivienda se ve amenazado por el ciclo de la industria, examina detenidamente tu cartera para asegurarte de que no vas a perder más si la industria se tambalea.

La importancia de los impuestos

> No eches a perder tus participaciones actuales. Conoce lo que tienes y entiende por qué lo tienes.
>
> PETER LYNCH

Una vez que hayas determinado la asignación correcta para tu cartera, añadido participaciones internacionales y diversificado el riesgo de la empresa y de la industria, asegúrate de tener en cuenta las participaciones que ya posees y las consecuencias fiscales de realizar cualquier cambio.

Seguros de rentas y hotel California

Puedes dejar la habitación cuando quieras, pero nunca podrás marcharte. No, no es el hotel California; es el maravilloso mundo de los seguros de rentas. Además de estar sujetos a cargos por rescate (el precio que debes pagar si no quieres seguir siendo rehén) si optas por rescindir el contrato antes de una fecha determinada, muchos seguros de rentas tienen unos costes muy elevados y unas opciones de inversión limitadas.

Si los cargos son elevados, es conveniente esperar a cobrar cuando el cargo de rescate haya expirado o si son lo suficientemente bajos como para ser compensados por los ahorros derivados de una nueva oportunidad de inversión. Una excepción importante es si padeces una grave enfermedad. En ese caso, rescatar un seguro de rentas con una «indemnización por fallecimiento» quizá carezca de sentido, ya que podría pagar una cantidad similar a la de un seguro de vida. En resumen, aunque existen inversiones mejores, una vez que se ha suscrito un seguro de rentas, hay muchos factores que deben tenerse en cuenta antes de proceder a rescatar la póliza.

Demasiado en una sola acción

Ha habido ocasiones en las que he aconsejado a mis clientes mantener una posición importante en un solo valor, algo que en otras circunstancias no hubiera tenido sentido. Por ejemplo, unos clientes nuevos tenían tres millones de dólares invertidos en un único valor de un patrimonio total de 3,5 millones. Contrataron a Creative Planning porque el marido se estaba muriendo y su deseo era encontrar un asesor que atendiera a su mujer cuando él ya no estuviera. Aconsejé a la pareja mantener el valor a nombre del marido hasta su muerte. Tras su fallecimiento, el valor contable de las acciones se actualizó en la herencia, lo que significa que su esposa pudo vender de inmediato todas las acciones sin tener que pagar impuestos por plusvalías, dándonos la oportunidad de reposicionar la cartera de manera rentable con algo más adecuado a sus necesidades.[199] Si la pareja hubiera recurrido a otro asesor y lo hubieran vendido todo, habrían perdido cientos de miles de dólares. En cambio, al final la mujer tuvo mucha mejor suerte y pudo seguir siendo económicamente independiente.

Debido a las consecuencias imprevistas de la planificación fiscal o patrimonial, hay veces en que aplicar un buen plan de inversión puede ser más perjudicial que beneficioso. En resumen: antes de hacer cambios, conoce todas las implicaciones que conlleva reposicionar tu cartera. Gracias a la personalización, tu cartera puede generar un resultado después de impuestos mucho mejor que si la movieras inmediatamente a nuevas posiciones.

Reequilibra y haz seguimiento

Son muchos los asesores que hablan de un reequilibrio, pero es probable que no digan que el reequilibrio puede perjudicar la rentabilidad a largo plazo. ¿Qué es exactamente el reequilibrio? Supongamos que tienes una cartera compuesta por un 60 por ciento de acciones y un 40 por ciento de bonos. Si las acciones se revalorizan más que los bonos, con el tiempo el porcentaje de acciones en tu cartera será mayor que al principio. Si bien hipotéticamente esto es fantástico por el potencial de rentabilidad que ofrece, el riesgo asociado a tu cartera será mucho mayor que

---

199. Se trata de una exención fiscal sólo aplicable a Estados Unidos. A efectos fiscales, se tiene en cuenta el valor de mercado del activo en el momento de la herencia, normalmente más alto que cuando fue adquirido (*step-up in basis*). (*N. de la t.*)

el planeado al inicio. Es el momento de reequilibrar vendiendo algunas acciones y comprando más bonos para volver a la proporción 60/40 prevista. Si no reequilibras tu cartera nunca, es posible que dentro de veinte años te encuentres con una cartera formada por un 85 por ciento de acciones y un 15 por ciento de bonos. Ahora bien, aunque es poco probable, podría darse el caso de que dentro de veinte años fuese más conveniente disponer de una asignación más agresiva que la actual. El reequilibrio permite que la cartera se mantenga orientada hacia el objetivo, aumentando las posibilidades de alcanzarlo.

Por último, haz seguimiento de tus posiciones. Hay inversiones que no darán resultado por muy bien que las planifiques. A veces hay una opción de inversión más barata que te da la oportunidad de ahorrar algo de dinero. Pueden surgir nuevas inversiones que sirvan mejor a tus objetivos. Lo más importante es que con el tiempo tus necesidades y objetivos cambiarán, así que asegúrate de revisar tu plan financiero y hacer los ajustes de cartera que sean necesarios para no perder de vista tus objetivos financieros. O contrata a un asesor que haga el trabajo pesado por ti y revísalo una vez al año. Los tiempos cambian, tú también cambiarás, tus objetivos cambiarán y tu cartera deberá estar siempre orientada a ayudarte a cumplir tu sueño.

¡Ya estamos!

Recordemos los pasos para asegurarnos de que te encuentras en el camino hacia la libertad financiera:

1. Elabora un plan financiero en el que describas tus objetivos.
2. Determina la asignación de activos con mayor probabilidad de generar la rentabilidad que necesitas para alcanzar tus objetivos.
3. Adopta en tu cartera un enfoque global.
4. Diversifica para evitar el riesgo de la empresa y la industria.

5. Reequilibra y haz seguimiento de tu cartera.
6. Revisa tu plan financiero cada año y haz los ajustes que sean necesarios en tu cartera.

Si hemos hecho bien nuestro trabajo, nunca deberías estar a merced de ninguna clase de activos en ningún momento, y cada clase de activos debería tener espacio para respirar y crecer, para hacer lo que se supone que tiene que hacer. Asimismo, necesitas tener una asignación que te dé libertad para reequilibrar cuando se produzcan caídas considerables y, lo que es más importante, que aumente la probabilidad de alcanzar tus objetivos. Al final, la riqueza que has acumulado es un medio para conseguir un fin: libertad y tranquilidad. Estos ingredientes te proporcionarán las mejores probabilidades de alcanzar tu meta al incorporar clases y subclases de activos que deben estar siempre estrechamente ligadas a tus objetivos.

Parte V

La cumbre

Capítulo 12

La decisión más importante de tu vida

por Tony Robbins

La mayoría de las personas intuyen que el dinero no compra la felicidad, ¡pero desean tener la oportunidad de aprender esa lección por sí mismas!

La trayectoria vital de Bo Shao, uno de los empresarios tecnológicos chinos más exitosos, es increíble. En 2019, durante el acto Platinum Partners en Whistler (Canadá), le pedí a Bo que compartiera sus vivencias. Aunque todos esperábamos oír una historia sobre sus numerosos éxitos, desvió su discurso para abrirnos valientemente su corazón. Nos contó la historia detrás de la historia, y me sentí profundamente conmovido por su transparencia y franqueza. Estoy seguro de que tú también lo estarás.

Bo creció en un hogar muy pobre en Shanghái (China). Educado con mano dura por un padre muy tradicional, a Bo le inculcaron que el desempeño y los logros eran esenciales para el éxito (mientras que la emoción debía ser reprimida). Para enseñarle a calcular con rapidez en su cabeza operaciones matemáticas, el padre utilizaba una baraja de cartas. Al terminar el instituto, Bo había ganado más de una docena de concursos de matemáticas en lo que es considerado el epicentro de los niños superdotados en matemáticas. En 1990, Bo recibió una beca completa en Harvard, la primera desde 1949 concedida a un ciudadano de la China continental. Terminó su carrera en Harvard y, mientras trabajaba en su primer empleo en Boston Consulting Group, regresó y estudió un MBA en la Escuela de Negocios de Harvard. En aquel momento, el boom tecnológico todavía estaba en pañales. Bo decidió volver a China para crear su primera empresa, EachNet, la autodenominada «versión» china de eBay. Su inversión dio sus frutos. En 2003, vendió su empresa a eBay por 225 millones de dólares. Tenía veintinueve años.

Bo se «retiró» durante un tiempo, pero el aburrimiento no se hizo esperar, así que volvió a pisar el acelerador. Entonces cofundó una de las empresas de capital riesgo más exitosas de China, con una larga lista de inversiones ganadoras. Viajó por todo el mundo con su familia, vivió en el sur de Francia, adquirió una preciosa casa en el código postal más caro de California y «se compró un Ferrari al contado». A todas luces, su estilo de vida era el de un magnate.

Pero a pesar de todo lo que había logrado, de contar con más dinero del que él o sus hijos podrían llegar a gastar nunca, Bo se sentía miserable. Había sido víctima de la ilusión de que bastaban por sí solos el dinero, los logros y la realización. No tenía familia ni amigos en los que confiar, la relación con sus hijos pequeños era inconexa y su cuenta bancaria mostraba nueve cifras. Su vida estaba vacía de sentido. En lugar de disfrutar de todo lo que había logrado, padecía una inmensa ansiedad ante la posibilidad de perder la fortuna que había conseguido amasar. «¡Me sentía más seguro cuando ganaba cincuenta mil dólares al año nada más salir de la universidad!», exclamó.

Si somos sinceros con nosotros mismos, creo que todos podemos identificarnos con Bo. Puede que no hayamos vendido un negocio de nueve cifras, pero estoy seguro de que puedes recordar alguna época de tu vida en la que estuvieses obsesionado con alcanzar un objetivo ambicioso. Tal vez se tratara de una cifra de ventas para tu negocio, un nuevo puesto en el trabajo o la compra de un nuevo y flamante BMW. Y, una vez conseguido, te sentiste muy bien durante una época. Pero, con el tiempo, muy rápido la alegría fue desapareciendo. El logro había perdido su lustre. Y entonces te fijaste una meta más lejana y encontraste el siguiente reto. Puedo afirmar con total seguridad que ya he visto esa película mil veces. Es simplemente parte de la condición humana, de nuestro sistema operativo, que da «error» cuando conseguimos lo que queremos y empezamos a sentir que la sensación de plenitud se nos escapa de las manos como si fuera arena.

He tenido el privilegio de trabajar con empresarios, actores, deportistas y políticos extraordinarios. Después de luchar durante toda su vida, muchos llegan a la cima, pero entonces descubren que allí el aire es escaso. Muchos terminan haciéndose la misma pregunta: «¿Esto es todo?». Odio tener que decírtelo, pero lo mismo ocurre con la libertad financiera. Puedes poner en práctica todas las herramientas y estrategias de este libro, llegar al lugar que aspirabas y seguir sintiéndote vacío, a menos que domines lo que yo llamo el **arte de la satisfacción**.

El éxito sin la satisfacción es el mayor de los fracasos

Creo que todos coincidimos en que cuando decimos que queremos libertad financiera no nos referimos a montones de papeles con fotos de presidentes muertos. Lo que deseamos es sentir las emociones que asociamos con el dinero: libertad, seguridad, comodidad, alegría, satisfacción y tranquilidad. Poder hacer lo que quieras, cuando quieras, y compartirlo con tus seres queridos. Trabajar y contribuir porque quieres, no porque tengas que hacerlo. Eso es la libertad financiera.

Pero la riqueza verdadera, la riqueza que perdura, va mucho más allá del dinero. Necesitamos ser ricos emocional, física y espiritualmente. Piensa en un momento de tu vida en el que hayas sentido una alegría inimaginable, en el que te hayas sentido realmente feliz. Quizá fue cuando nació tu hijo o cuando en el altar tu pareja te dijo: «¡Sí, quiero!». Quizá fue durante un viaje que hiciste con tus amigos. Quizá fue al observar una puesta de sol en especial hermosa y sentir una profunda conexión con tu creador. Éstos son momentos de verdadera libertad. De manera intuitiva sabemos que a menudo estos momentos de gran satisfacción no tienen nada que ver con el dinero y que aparecen con muy poca frecuencia. ¡Pero no tiene por qué ser así! No tienes por qué conformarte con unos pocos momentos de plenitud repartidos a lo largo del año. No tienes por qué esperar a que tus circunstancias cambien para sentir la conexión. Como has comprobado a lo largo de este libro, las herramientas con las que conseguir la libertad financiera no son tan complejas. Debes conocer las reglas del juego, entender cómo funcionan los mercados, evitar tomar malas decisiones por cuestiones emocionales, aprovechar el poder del interés compuesto y, lo ideal, ponerte en manos de un asesor que se preocupe por tus intereses y que te guíe en el camino.

Cuando existen leyes inmutables que permiten obtener un resultado (por ejemplo, ponerse en buena forma física o controlar tus finanzas), hablamos de la **ciencia del logro**. Bo era un maestro en la ciencia del logro. Conocía los ingredientes del éxito y, como un experto cocinero, sabía cómo usarlos. Pero, a pesar de su gran éxito en los negocios, Bo no había conseguido una calidad de vida extraordinaria. ¿Por qué? ¡Porque una **calidad de vida extraordinaria sólo se consigue si dominas el arte de la satisfacción**! Déjame repetirlo: debes dominar el arte de la satisfacción, porque *el éxito sin satisfacción es el máximo fracaso*.

La buena noticia es que no tienes que elegir entre el éxito y la satisfacción. Es posible tener las dos cosas, pero debes comprometerte a realizar el trabajo mental necesario. Deseo sinceramente que después de este capítulo, junto con la plenitud, el amor y la conexión de un corazón libre de sufrimiento, optes por buscar la libertad financiera y la paz mental que mereces.

El dolor es inevitable; el sufrimiento es opcional

> Porque cual es su pensamiento en su corazón, tal es él.
>
> Proverbios 23:7

Hace unos años decidí empezar a jugar al golf. Mido 2,01 metros y peso 118 kilos, así que verme jugar al golf es como ver a un gorila hacer un *swing* con un palillo de dientes. Como casi todo en mi vida, pensaba que cuanto más fuerte y rápido, mejor. Durante mi primera vez en el campo de prácticas, al romper el cabezal del palo me dirigí al instructor y le dije: «¡A este paso necesitaré tres o cuatro más de éstos!». Con amabilidad me explicó que, a diferencia de los bates de béisbol de madera, durante el juego no es habitual que los palos se rompan.

Si nunca has jugado al golf, puede ser un deporte de lo más frustrante. No siempre es mejor cuanto más fuerte y rápido. Es un juego de matices. Una variación de un solo grado puede suponer la diferencia entre realizar un buen tiro y lanzar una bola fuera de los límites o directa hacia el lago. Es un juego que nunca se llega a dominar del todo y que requiere de la paciencia de Job. Después de unas cuantas clases, me di cuenta de que no era para mí. No tengo tiempo para llegar a ser un jugador de golf medianamente decente y practicar de manera esporádica sólo me produce frustración. ¡Creo que podría encontrar mejores cosas que hacer con mi tiempo!

Más tarde, durante un viaje a México, un buen amigo mío llamado Bert me preguntó si quería jugar. Comencé a contarle mi historia —mi versión de lo que significaba el golf para mí (lento, frustrante, etcétera)— y enseguida me interrumpió. «Tony, sé que no dispones de mucho tiempo, así que juguemos cuatro o cinco hoyos.» No sabía que fuera posible jugar unos pocos hoyos, aunque a mí sólo me apetecía ir a la playa a relajarme durante ese breve descanso en mi agenda. «Tony, ¿qué te parece si jugamos los cuatro o cinco hoyos que están justo al lado del océano? La vista es preciosa.» La idea empezaba a parecerme más atractiva, pero entonces me di cuenta de que estaba siendo realmente desagradable. «Tony, ni siquiera vamos a llevar la cuenta.» ¡¿No vamos a llevar la cuenta?! ¡¿Qué sentido tiene entonces?!

Acabé aceptando de mala gana, y Bert y yo nos montamos en el carrito de golf. Llegamos al primer agujero al lado del océano y me quedé sin aliento. A pocos metros del *green*, las olas chocaban contra las rocas. Golpeé la pelota todas las veces que fueron necesarias y, de hecho, realicé un par de buenos lanzamientos. Hice un *putt* largo, lo que me produjo una sensación increíble.

Algo dentro de mí estaba cambiando. Al cabo de una hora, habíamos jugado los cuatro hoyos frente al mar y nos lo habíamos pasado en grande. Nos reímos, disfrutamos de nuestra mutua compañía, contemplamos la increíble belleza de la naturaleza y disfrutamos del olor de la brisa marina.

A partir de aquel día, tomé una decisión. La decisión de no sufrir. La decisión de que, cuando juegue al golf, disfrutaré de cada hoyo. Disfrutaré de la compañía de la gente, de la naturaleza y belleza a mi alrededor, y de mi muy esporádica buena puntería. Ben Hogan, una leyenda del golf, acertó al afirmar: «El golf es un juego que se practica en un campo de doce centímetros: ¡la distancia entre tus orejas!». El golf se ha convertido en una de mis actividades favoritas, y, hoy en día, sigo sin llevar las cuentas.

Cuento esta historia porque el golf resultó ser un maestro inesperado que me ayudó a elegir vivir en lo que yo llamo «un bonito estado». El juego del golf no cambió; yo cambié. Elegí vivir en un estado mental que aquel día me había proporcionado una calidad de vida extraordinaria. Entonces, ¿por qué no hacerlo a diario?

Un bonito estado

Casi todos los años visito la India. En mi último viaje, mantuve una excelente conversación con un amigo que ha dedicado su vida a su propio crecimiento espiritual y al de los demás. Me contó que cree que en un momento determinado sólo existen dos estados mentales posibles. Puedes estar en un estado negativo con poca energía, que él denomina un **estado de sufrimiento** (tristeza, ira, depresión, frustración, enfado, miedo), o en un estado positivo con mucha energía, llamado un **bonito estado** (alegría, amor, gratitud, creatividad, generosidad, compasión).

Esta conversación fue el comienzo de un profundo cambio en mi vida. Siempre he creído que en realidad lo único que podemos controlar en nuestras vidas es nuestro estado interno. Es lo que he enseñado durante décadas. No podemos controlar el mercado bursátil, la lluvia o que nuestros hijos o nuestro cónyuge se comporten como nosotros queremos. Lo que sí *podemos* controlar es el sentido que damos a estos hechos. Y el sentido que demos a estos hechos es lo que vamos a sentir: en efecto, nuestra experiencia emocional es nuestra realidad. Cómo nos sentimos a diario está totalmente bajo nuestro control. Al dejar la India, me planteé si en verdad eso era así. ¿Estaba eligiendo vivir en un bonito estado TODO el tiempo? ¿Acaso eso era posible?

Correr con todas las fuerzas

Sin duda, no es ninguna sorpresa que me considere un triunfador. Tengo participaciones o inversiones en más de cincuenta empresas de todo el mundo y visito más de cien ciudades al año. Mi vida y mi agenda tienen tantas piezas móviles como un Boeing 747. Con cientos de empleados de diversos sectores y una agenda de viajes más apretada que la del presidente de Estados Unidos, ¿qué probabilidades crees que hay de que las cosas salgan siempre según lo previsto? La respuesta: cero.

La verdad es que antes, era bastante habitual que me sintiera molesto, abrumado, enfadado o frustrado cuando algo se torcía. Ahora, si me hubieras preguntado si estaba pasándolo mal, me habría reído: «¡No lo paso mal! ¡Busco cómo solucionarlo!». En realidad, si experimentaba con regularidad esas emociones era porque había elegido vivir en un estado de sufrimiento. Justificaba estas intensas emociones como si alimentaran mis ganas de seguir luchando (como hacen la mayoría de los triunfadores), pero en el fondo me estaban robando la alegría y eran un gran lastre para mi satisfacción en la vida.

El virus de lo malo

Estaba sufriendo porque mi mente descontrolada había secuestrado mis emociones. Se había hecho con el mando y yo, cual corcho en el océano, estaba a merced de sus olas. Hoy sé que eso es normal: tú y yo tenemos un cerebro de dos millones de años que siempre está buscando lo malo. Ha sido diseñado con un propósito: mantenernos vivos. El objetivo es sobrevivir. El software del cerebro no dispone de una función para hacerte feliz, ¡eso es tu responsabilidad! Tu trabajo es guiar a la mente. Tu trabajo consiste en buscar lo que está bien, lo que es bonito, lo que es amoroso, lo que es divertido y lo que tiene sentido en tu vida. Cada minuto del día. Y esto necesita entrenamiento, como cualquier músculo.

Una vez que admití que estaba viviendo en un estado de sufrimiento, decidí tomar la decisión más importante de mi vida: que ya no viviría en un estado de sufrimiento y que nunca más renunciaría a lo que en realidad quiero sentir. Que durante el resto de mi vida haría todo lo posible por vivir en un bonito estado. Un estado de amor, alegría, creatividad, pasión, diversión, jovialidad, bondad, crecimiento, generosidad y curiosidad. Es una decisión que debe tomarse al pie de la letra, porque si de verdad quieres vivir, si de verdad deseas vivir una vida maravillosa de satisfacción personal, entonces DEBES decidir que ¡la vida es demasiado corta para pasarlo mal!

Pérdida, tener menos, no tener nunca

Si a un mono le das una manzana, se pondrá muy contento. Pero si le das dos manzanas y luego le quitas una, ¡se enfurecerá! Los seres humanos no somos muy diferentes. Nuestra mente está empeñada en buscar problemas, en buscar lo que no tenemos o podemos perder. **Mi lema es: lo malo siempre está disponible, pero para buscar lo bueno en cada momento se necesita una mente dirigida.** Así que para comprender mejor el funcionamiento real de nuestro software, y aprender a desinstalar este sistema operativo y retomar el control, vamos a analizar los desencadenantes del sufrimiento.

Desencadenante n.º 1: Pérdida. Si piensas que has perdido algo de valor, sufrirás. La misma amenaza de pérdida hará saltar las alarmas de tu cerebro. No tiene por qué ser la pérdida de algo físico (aunque el dinero es lo más habitual). Podría ser la pérdida del tiempo, del amor, del respeto, de la amistad o de una oportunidad.

Desencadenante n.º 2: Tener menos. Tener menos no es una sensación tan intensa como una pérdida completa. Como al mono al que le quitaron una manzana, si piensas que vas a tener menos de algo, también sufrirás. La razón podría deberse a algo que hayas hecho tú o que hayan hecho otras personas, pero si sientes que vas a tener menos de cualquier cosa que aprecies, puedes sufrir mental y emocionalmente.

Desencadenante n.º 3: No tener nunca. Para el cerebro, ésta es una situación de estado de alerta absoluta. El sentimiento de desesperanza del cerebro te lleva a pensar que NUNCA tendrás algo que valores. Tu cerebro te dice que si no sucede x o y, jamás serás feliz, amado, delgado, rico, atractivo o importante. Este nivel de desesperación abre la puerta a comportamientos destructivos que nos perjudican tanto a nosotros mismos como a nuestras relaciones. El cerebro se vuelve miope y se centra en sí mismo.

A menudo nuestra mente se obsesiona y sufre por un problema que ni siquiera es real. Basta con concentrarnos en algo para sentirlo —sin importar si realmente ocurrió—. ¿Alguna vez has pensado que un amigo tuyo ha hecho algo para herirte a propósito? Te invadió la ira y tuviste numerosas discusiones imaginarias (en las que, por supuesto, ¡tú tenías razón!): «¡Nunca reconocerá todo el daño que provoca! Es evidente que no me respeta. No sé si lograremos salvar esta relación». Pero luego te diste cuenta de que estabas totalmente equivocado. Habías malinterpretado por completo lo sucedido y no había nadie a quien echarle la culpa. Sin embargo, seguías sufriendo. Esas emociones negativas habían cogido las riendas y te habían arruinado el día y puede que incluso toda la semana. Tus sentimientos se convirtieron en tu propia experiencia. Y tu experiencia fue una mezcla de sentimientos basados en la pérdida, el tener menos o el no tener nunca.

31 sabores[200]

Así que ahí va mi pregunta: ¿cuál es tu tipo de sufrimiento favorito? ¿Te muestras a menudo enfadado? ¿Arrepentido? ¿Cínico? ¿Temeroso? ¿Frustrado? ¿Qué tipo de sufrimiento te llevas a casa con tu familia? ¿Qué tipo de sufrimiento te llevas al trabajo cual pesada carga? ¿Qué tipo de sufrimiento tiene permiso para ponerse al mando de tu cerebro?

Todos experimentamos una amplia variedad de emociones, pero, en mi opinión, la mayoría de las personas tienen un bache emocional —el lugar en el que tu mente sufre más a menudo y se queda atrapada—. Entonces, ¿qué hacemos para recuperar el control? Se empieza tomando una elección consciente. **O dominas tu mente o ésta te domina a ti**. Si deseas una calidad de vida extraordinaria, debes tomar la firme decisión de recuperar el control de tu mente. Cuando las cosas van bien y cuando van mal, debes comprometerte a disfrutar de la vida. Cuando alguien te hace daño, cuando pierdes dinero con tus inversiones, cuando tu cónyuge te hace la vida imposible, cuando tu jefe o tus empleados no te valoran: éstos son los momentos en los que necesitas romper el ciclo y centrarte en tu objetivo de vivir en un bonito estado. La vida es demasiado corta para pasarlo mal.

Ésta no es ninguna tontería relacionada con el pensamiento positivo. Cuando alguien elige no pasarlo mal a pesar de sus circunstancias, ¡nos sentimos inspirados! Escribimos libros sobre estas personas, hacemos películas sobre sus vidas y les concedemos premios a toda una vida. Admiramos mucho a quienes han aprendido a dominar su mente y vencer a las adversidades a pesar de haber sufrido una tragedia o una injusticia inimaginables. Cuando alguien ha soportado dificultades mucho mayores que las nuestras y aun así es capaz de mantener un estado de ánimo increíblemente positivo, nos hace sentir que está en nuestras manos alcanzar un nivel de calidad de vida superior. Nos anima

200. Famoso eslogan de la cadena de heladerías Baskin-Robbins que hace referencia a la posibilidad de degustar un sabor de helado diferente cada día del mes. (*N. de la t.*)

a hacer un balance, a cambiar de punto de vista y a agradecer profundamente la belleza de nuestras vidas. Si estás dispuesto a verlo, lo bueno siempre está ahí.

La regla de los noventa segundos

Nadie es inmune a los desafíos de la vida ni a la sensación de sufrimiento. No estoy sugiriendo que vagues por la vida como un inconsciente feliz. Eso no es vivir, es evitar. Lo que te propongo es que tomes la decisión de no permitir que esas emociones dirijan el barco. Ésta es una estrategia que a mí me funciona. Cuando noto que mi mente empieza a adentrarse en un estado de sufrimiento, ya sea ira, miedo o frustración, me doy noventa segundos para dar un giro y volver a vivir en un bonito estado. Pero ¿exactamente cómo funciona?

Supongamos que tengo una acalorada discusión con un miembro del equipo y descubro que ha habido un grave error de juicio que ha provocado una serie de problemas. Mi cerebro sin dirección entra en acción y se centra en todo lo malo. Las luces parpadean y las sirenas resuenan. Prácticamente el cerebro está rogándome que me enfade, que me deje llevar por la frustración y que le abra la puerta al sufrimiento. Ésa es mi señal para actuar. Primero, respiro con suavidad y me relajo. Cambiar la fisiología es fundamental para romper el ciclo. Respira, camina, salta. Haz lo que sea necesario para distraerte de tus resquemores emocionales.

Entonces administro el antídoto: el agradecimiento. Aprendí que es imposible sentir miedo y gratitud a la vez. No tengo que sentirme agradecido por la situación, eso sería negar la realidad de lo que acaba de ocurrir. Simplemente elijo centrarme en algo que en ese momento pueda hacerme sentir agradecido. Puedo sentirme agradecido por mi mujer, que está sentada al otro lado de la habitación, por mis hijos, a los que veo en una foto de reojo, o por la vista del océano desde mi despacho. Me centro en cualquier cosa que en ese momento pueda hacerme sentir agradecido. En este caso, decido sentirme agradecido por tener una empresa que me encanta y que mejora la vida de los demás. Aprecio el hecho de que normalmente este colaborador es un empleado estrella.

Cuando opto por dejar de sufrir y empezar a sentirme agradecido, en realidad estoy recableando mi sistema nervioso y recuperando el control de mi mente. De hecho, hoy podemos entender los beneficios científicos y médicos de la gratitud y el agradecimiento. Cuando digo que es posible recablear el cerebro, no exagero. Las neuronas que se activan juntas refuerzan su conexión. Las redes neuronales comienzan como una pequeña cuerda, pero con la repetición terminan siendo una soga. Tu capacidad para experimentar gratitud depende por completo de la frecuencia con que practiques la gratitud.

Una vez que percibo que la gratitud está de nuevo al mando, retomo el problema. Entonces descubro otro bonito estado, el de la creatividad. La creatividad puede ayudarme a resolver el problema en cuestión con mucha más rapidez. Y al estar en este estado de calma, consigo que mi empleado se sienta apreciado y querido, lo que genera un clima de entendimiento y confianza.

La cuestión es que, siempre que estés dispuesto a verlo, todas las situaciones tienen un lado bueno. Lo malo siempre está disponible, pero también están a tu disposición lo bueno, lo bonito y lo importante. Quizá en este momento no sea evidente, pero debemos confiar en que en la vida las cosas suceden por nosotros, no a nosotros. Crecí en un hogar con una madre que alternaba el amor con el maltrato. Mientras ella se encerraba en su habitación a consumir medicamentos con receta y a beber alcohol, me vi obligado a criar a mi hermano y a mi hermana. Quiero mucho a mi madre, pero hay algo que tengo claro: si mi madre hubiera sido la madre que yo quería que fuera, yo no sería el hombre que soy hoy. Las cosas en mi vida suceden por mí, no a mí. Si quiero la libertad, ése es el camino que debo elegir.

Sí, este libro habla sobre la libertad financiera, un objetivo que sin duda alguna merece la pena. Pero mi intención es que además de alcanzar la libertad financiera, lo que quiera que eso signifique para ti, también optes por disfrutar de una calidad de vida extraordinaria. No algún día, sino *ahora*. No hace falta que esperes a cruzar una línea de meta imaginaria que te haga sentir que «por fin» lo has conseguido. Te lo mereces. Tus seres queridos lo merecen. ¡La vida es demasiado corta para pasarlo mal!

Gratitud: la mejor medicina para el cerebro

Hace miles de años que los más grandes maestros espirituales de la historia saben que la gratitud es el mayor antídoto contra el sufrimiento, pero los últimos estudios científicos demuestran su increíble influencia tanto en la mente como en el cuerpo. ¡Fíjate en estos increíbles hallazgos!

- Una investigación realizada en el Hospital General de Massachusetts por el doctor Jeffery Huffman sugiere que los estados psicológicos positivos, como el optimismo y la gratitud, pueden derivar de forma independiente en una buena salud cardiovascular.[201]
- Un estudio de 2015 llevado a cabo por la Asociación Estadounidense de Psicología descubrió que los pacientes que escribieron diarios de gratitud durante ocho semanas mostraron una disminución en los niveles de varios biomarcadores inflamatorios.[202]
- Los resultados de un estudio sobre cómo cultivar el aprecio y otras emociones positivas revelaron niveles más bajos de hormonas del estrés. El estudio halló en los sujetos que cultivaron la gratitud una reducción del 23 por ciento en el cortisol y un aumento del cien por cien en los niveles de DHEA/ DHEAS, la hormona antienvejecimiento que ayuda a la pro-

---

201. Jeff Huffman *et. al.*, «Design and Baseline Data from the Gratitude Research in Acute Coronary Events (GRACE) study», *Contemporary Clinical Trials*, vol. 44, 2015, pp. 11-19.

202. Paul J. Mills, Laura Redwine, Kathleen Wilson, Meredith A. Pung, Kelly Chinh, Barry H. Greenberg, Ottar Lunde, Alan Maisel, Ajit Raisinghani, Alex Wood y Deepak Chopra, «The Role of Gratitude in Spiritual Well-Being in Asymptomatic Heart Failure Patients», *Spirituality in Clinical Practice*, vol. 2, n.º 1, 2015, pp. 5-17.

ducción de otras hormonas clave como la testosterona y el estrógeno.[203]

- Un estudio de 2006 publicado en Behavior Research and Therapy constató que los veteranos de la guerra de Vietnam con altos niveles de gratitud experimentaron menores tasas de trastorno de estrés postraumático.[204]

- Un estudio de la Facultad de Medicina de Harvard y realizado por investigadores de la Escuela de Negocios Wharton de la Universidad de Pensilvania puso de manifiesto que los líderes que se muestran agradecidos motivan a los empleados a ser más productivos.[205]

203. Rollin McCraty, Bob Barrios-Choplin, Deborah Rozman, Mike Atkinson, Alan D. Watkins, «The Impact of a New Emotional Self Management Program on Stress, Emotions, Heart Rate Variability, DHEA and Cortisol», *Integrative Physiological and Behavioral Science*, vol. 33, n.º 2, abril-junio de 1988, pp. 151-170.

204. Todd B. Kashdan, Gitendra Uswatte, Terri Julian, «Gratitude and Hedonic and Eudiamonic Well-Being in Vietnam War Veterans», *Behavior and Research Therapy*, vol. 44, n.º 2, 2006, pp. 177-199.

205. «In Praise of Gratitude», *Harvard Mental Health Letter*, noviembre de 2011. Véase: <https://www.health.harvard.edu/blog/in-praise-of-gratitude-201211215561>. [Fecha de consulta: 18/05/2021]

Capítulo 13

La búsqueda de la felicidad

por Jonathan Clements

Nota de Peter: como acaba de decir Tony, el dinero puede comprar muchas cosas, pero, por sí mismo, no puede comprar la felicidad. En su lugar, tenemos que hacer un buen uso de nuestro dinero y, al hacerlo, nos permitirá dedicarnos a lo que nos hace felices y disfrutar de la vida a nuestro antojo. He pedido a Jonathan Clements, excolumnista de *The Wall Street Journal* y director de Educación Financiera de Creative Planning, que opine sobre el tema de la felicidad —y el papel que desempeña el dinero como medio para conseguirla.

Pregúntales a tus amigos si serían más felices teniendo más dinero y es probable que la mayoría te responda con un rotundo «¡sí!». Sin embargo, hay abundantes pruebas que demuestran que no es así.

Tomemos como ejemplo la Encuesta Social General (General Social Survey), un estudio que se lleva realizando con regularidad desde hace casi cinco décadas.[206] En la primera encuesta de

---

206. La Encuesta Social General (General Social Survey) la realiza el NORC, antes conocido como Centro Nacional de Investigación de la Opinión (National Opinion Research Center) y que tiene su sede en el campus de la Universidad de Chicago. Los datos originales pueden encontrarse en <https://gssdataexplorer.norc.org/>.

1972, el 30 por ciento de los estadounidenses se consideraban «muy felices».[207] Desde entonces, la renta disponible per cápita ajustada a la inflación se ha disparado un 131 por ciento, lo que significa que ahora vivimos con más del doble de la renta disponible que teníamos en 1972. Pero parece que todo ese dinero no ha servido de mucho para aumentar la sensación de felicidad: en 2018, el 31 por ciento de los estadounidenses se declaró «muy feliz», apenas un punto más que cuarenta y seis años antes.

Con todo, estoy convencido de que siempre que seamos conscientes del uso que hacemos de él, el dinero puede comprar la felicidad. Si somos prudentes y disciplinados, y seguimos los consejos de los capítulos anteriores, podremos emprender con rapidez la marcha hacia un futuro financiero más próspero. Pero ¿qué se puede comprar con ese dinero? Yo diría que hay tres posibles ventajas, todos ellas capaces de transformar nuestras vidas para mejor.

Menos preocupaciones

La primera gran ventaja que aporta el dinero es que puede reducir nuestras preocupaciones financieras y ayudarnos a conseguir una mayor sensación de control sobre nuestras vidas. En mi opinión, el dinero es como la salud. Sólo cuando estamos enfermos nos damos cuenta de lo maravilloso que es sentirse bien. Del mismo modo, sólo cuando no nos alcanza el dinero nos damos cuenta de lo bueno que es gozar de una buena salud financiera. Puede que tener mucho dinero no nos haga extraordinariamente felices, pero no tenerlo puede hacernos extremadamente infelices. Es posible que nos sintamos agobiados por nuestras obligaciones financieras mensuales, atrapados en nuestro trabajo actual y a una factura médica de la quiebra.

Por desgracia, esto describe la vida de muchos ciudadanos estadounidenses. Según la Reserva Federal, cuatro de cada diez

207. Oficina de Análisis Económico (Bureau of Economic Analysis), Departamento de Comercio de Estados Unidos.

estadounidenses no pueden hacer frente a una emergencia económica de cuatrocientos dólares o, para hacerlo, necesitarían pedir un préstamo o vender algo.[208] Otro dato sorprendente: según una encuesta de CareerBuilder, el 78 por ciento de los trabajadores estadounidenses declaran vivir al día.[209] Piénsalo: vivimos en la economía desarrollada más dinámica y próspera del mundo y, sin embargo, la mayoría de los estadounidenses viven al límite de sus capacidades financieras. Tal vez no sea extraño que el aumento de nuestro nivel de vida no haya fomentado la felicidad.

Sí, debemos ahorrar para la jubilación, para la entrada de una casa y para la educación universitaria de los niños. Pero estos objetivos puntuales se enmarcan en un objetivo financiero más amplio y prioritario: llegar a un punto en que el dinero no sea algo por lo que tengamos que preocuparnos a menudo o que condicione seriamente nuestra forma de vida. Y aquí está la cuestión: puede que para hacer desaparecer muchas de nuestras preocupaciones económicas no haga falta demasiado. El mero hecho de liquidar las deudas de las tarjetas de crédito, pagar las facturas a tiempo y guardar un poco de dinero todos los meses en una cuenta de ahorros puede dar un empujón importante a nuestra sensación de bienestar. Un estudio de la Oficina para la Protección Financiera del Consumidor halló que los estadounidenses con menos de 250 dólares en el banco sólo obtuvieron una puntuación de 41 sobre 100 con relación al bienestar financiero.[210] En el caso de personas con entre 5.000 y 19.999 dólares, la cifra se eleva a 59, por encima de la puntuación media de Estados Unidos, que es de 54.

Si asumimos el control de nuestras finanzas, no sólo estaremos más capacitados para hacer frente a las facturas mensuales y a los gastos imprevistos. También tendremos una mayor sensa-

208. Reserva Federal, *Report on the Economic Well-Being of U.S. Households in 2017*, mayo de 2018.

209. CareerBuilder, «Living Paycheck to Paycheck is a Way of Life for Majority of U.S. Workers», 24 de agosto de 2017.

210. Oficina para la Protección Financiera del Consumidor (Consumer Financial Protection Bureau), *Financial WellBeing in America*, septiembre de 2017.

ción de control sobre nuestras vidas. Ésta es una recompensa enorme, y conseguirla requiere sacrificios relativamente modestos: una suscripción a plataformas de contenidos audiovisuales más modesta. Gastar menos dinero en ropa. Un coche de segunda mano en lugar de uno nuevo. Renunciando a unas cuantas cosas materiales podremos alcanzar la tranquilidad económica. Para mí es uno de los mejores trueques de la vida. Si vivimos por debajo de nuestras posibilidades, dispondremos de dinero adicional para saldar las deudas e incrementar los ahorros y, poco a poco, nos alejaremos de las preocupaciones financieras que son el pan de cada día de muchos estadounidenses.

Acto de amor

¿Cuál es la segunda gran ventaja del dinero? Nos permite dedicar nuestros días a actividades que nos gustan y que pensamos que se nos dan bien.

Sobre todo cuando somos jóvenes, el dinero puede parecernos nuestro bien más preciado. Pero, en realidad, nuestro bien más preciado es el tiempo —lo que se pone de manifiesto de forma brutal a medida que envejecemos—. Si queremos tener una vida más satisfactoria, debemos utilizar nuestros recursos para aprovechar al máximo nuestro tiempo. En el día a día, esto significaría emplear nuestro dinero en aquellas actividades que nos apasionan, al tiempo que conseguimos liberar tiempo —por ejemplo, pagando a otras personas para que corten el césped o limpien la casa— para dedicarnos a esas actividades.[211] Aunque también existe un objetivo a más largo plazo: queremos alcanzar la meta de poder elegir qué hacemos cada día. Este objetivo no debería ser un sueño lejano, reservado para cuando por fin hayamos ahorrado lo suficiente para jubilarnos, sino algo por lo que debemos luchar durante toda nuestra vida laboral.

211. Ashley V. Whillans, Elizabeth W. Dunn, Paul Smeets, Rene Bekkers y Michael I. Norton, «Buying Time Promotes Happiness», *Proceedings of the National Academy of Sciences*, vol. 114, n.º 32, 8 de agosto de 2017.

Eso me lleva a un consejo muy poco convencional. Cuando hablo con estudiantes de secundaria y universitarios, no les digo que dediquen su tiempo a hacer lo que les apasione. En su lugar, les digo que aprovechen sus primeras décadas en el mundo laboral para acumular dinero, de modo que consigan con rapidez cierta libertad financiera, y con ella un control mucho mayor sobre a qué dedican sus días.

Sí, lo sé: se supone que los veinteañeros deberían dedicar su tiempo a aquello que les apasione antes de verse desbordados por las obligaciones familiares y los pagos mensuales de la hipoteca. Ésta es la visión convencional que, como sociedad, hemos adoptado y transmitido sin descanso a los jóvenes. Pero parte de una premisa que rara vez se cuestiona: que dedicarnos a lo que nos apasiona es, de alguna manera, más importante a los veinte que a los cincuenta.

Me atrevería a decir que es justo al revés. Cuando accedemos al mundo laboral, todo nos parece novedoso y emocionante. Estamos deseando conocer las reglas, encontrar nuestro lugar y demostrar nuestra valía. Para los jóvenes de entre veinte y treinta años, tener un trabajo poco estimulante no tiene por qué ser una carga, e incluso podría ser una decisión financiera inteligente si conlleva un buen sueldo que les permita ahorrar una buena suma cada mes.

Pero, al cabo de una o dos décadas trabajando, nuestra motivación suele cambiar. Conocemos el funcionamiento de la oficina. Hemos alcanzado cierto éxito, aunque no tanto como esperábamos. Hemos descubierto que los ascensos y los aumentos de sueldo —y las cosas materiales que nos permiten comprar— sólo ofrecen una felicidad efímera. Cada vez somos más cínicos con respecto al lugar de trabajo, con sus políticas internas y sus frecuentes despidos. Estamos menos interesados en las recompensas materiales de este mundo y más preocupados en aprovechar nuestros días para hacer aquello que nos resulta personalmente gratificante. La buena noticia es que, si durante nuestras primeras décadas en el mercado laboral somos aplicados a la hora de ahorrar dinero, podremos disponer de los medios para trabajar a tiempo parcial, cambiar a una profesión menos lucrativa pero más satisfactoria, o incluso dejar de trabajar a tiempo completo.

Esto plantea directamente una cuestión crucial: si la libertad financiera es la capacidad de dedicar nuestros días a hacer lo que queremos en lugar de tener obligaciones con otros, ¿qué es lo que debemos hacer? Es posible que nos vengan a la mente conceptos como «tomárnoslo con calma» y «divertirnos». Pero además yo me centraría en hacer un trabajo que de verdad nos gustase.

Hay una razón por la que los jardines del mundo están llenos de bancos en los que nunca se sienta nadie. Como parientes lejanos de nuestros ancestros cazadores-recolectores y su constante enfoque en la supervivencia, no estamos hechos para el ocio o el relax. Más bien, estamos hechos para dar lo mejor de nosotros. Solemos ser más felices cuando realizamos actividades que consideramos importantes, que nos apasionan, que nos suponen un reto y que creemos que se nos dan bien. Esto está recogido en la noción de *flujo*, un concepto desarrollado por el profesor de Psicología de la Claremont Graduate University, Mihaly Csikszentmihalyi.[212]

Piensa en un cirujano en el quirófano, en pintores o escritores enfrascados en su trabajo, o en un profesional del deporte absolutamente concentrado en el juego. Incluso las actividades cotidianas —preparar la cena, conducir hasta el trabajo, hacer la declaración de la renta— brindan la oportunidad de fluir, aunque es más probable experimentar esta sensación si se trata de una tarea en la que participamos de manera activa y no de actividades pasivas como ver la televisión. Cuando estamos inmersos en actividades muy complejas en las que somos unos expertos, podemos quedarnos totalmente absortos en lo que estamos haciendo y perder toda noción del tiempo. Es posible que, en el sentido convencional de la palabra, estos momentos de flujo no sean momentos felices —no nos reímos a carcajadas con nuestros amigos—, sin embargo, pueden ser de los más placenteros.

212. Mihaly Csikszentmihalyi, *Flow: The Psychology of Optimal Experience*, Harper & Row, 1990. Versión castellana de Nuria López Buisán, *Fluir (Flow): Una psicología de la felicidad*, Kairós, Barcelona, 1997.

Crear recuerdos

El dinero nos permite dedicar nuestros días a hacer lo que nos gusta. Pero también nos permite disfrutar de momentos especiales con nuestros seres queridos. Ésta es la tercera vía clave por la que el dinero puede comprar la felicidad. Según las investigaciones, una sólida red de amigos y familiares constituye una gran fuente de felicidad. Incluso relacionarnos con gente de paso —la cajera del supermercado, el vigilante del aparcamiento, el camarero de Starbucks— puede aumentar nuestro sentimiento de pertenencia a una comunidad.

Podemos abrazar el ideal norteamericano del individualismo salvaje y considerarnos responsables de nuestro propio éxito e impermeables a las opiniones de los demás. Pero la mayoría de nosotros también somos criaturas sociales que lo que quieren es estar en contacto con los demás y que se preocupan mucho por su reputación. Piénsalo: ¿por qué somos educados con personas desconocidas a las que nunca volveremos a ver? ¿Por qué dejamos propina en restaurantes a los que tal vez nunca volvamos?

Un estudio académico analizó el día a día de 909 mujeres que trabajaban fuera de casa en Texas.[213] Se les pidió que enumeraran y valoraran sus actividades diarias. En términos de felicidad cotidiana, los desplazamientos al trabajo ocuparon el último lugar. Tampoco el trabajo obtuvo una buena calificación. ¿Qué actividades proporcionaban sensación de felicidad? Sólo un 11 por ciento de las mujeres mencionó haber mantenido lo que de manera discreta los investigadores denominaron «relaciones íntimas». De media, estas relaciones íntimas duraron apenas trece minutos. Pero en términos de felicidad encabezaban las listas.

Al menos en cuanto a su incidencia general en la felicidad, el segundo aspecto mejor valorado fue más significativo. Las mujeres otorgaron una alta puntuación a la «socialización después del trabajo», a la que dedicaban una media de 69 minutos al día.

213. Daniel Kahneman, Alan B. Krueger, David Schkade, Norbert Schwarz y Arthur Stone, «Toward National Well-Being Accounts», *AEA Papers and Proceedings,* mayo de 2004.

No te equivoques: pasar tiempo con los amigos y la familia es un factor clave para la felicidad. Pero no necesitamos que un estudio académico nos lo diga. La mayoría de nosotros no elegiría comer solo en un restaurante si puede hacerlo en compañía de otros. Lo mismo vale para ver una película, ir de compras, limpiar el jardín y un sinfín de actividades más.

Los amigos y la familia no sólo son importantes para la felicidad. También lo son para nuestra salud. Un estudio de 2010 recopiló datos de 148 estudios anteriores que contenían información sobre la conexión entre la mortalidad y la frecuencia de interacción con los demás.[214] Los autores descubrieron que el incremento de la longevidad derivado de una sólida red de amigos y familiares era aproximadamente igual al que se obtiene al dejar de fumar.[215]

Hay muchas investigaciones que demuestran que somos más felices con las experiencias que con las posesiones.[216] Si quieres alcanzar el máximo nivel de felicidad con estas experiencias, asegúrate de incluir a tus amigos y familiares. Cuando vayas de excursión, hazlo con otra persona. Compra entradas para un concierto para ti y un colega. Llévate a los niños a un crucero. Organiza una reunión familiar. Sal a cenar con amigos. Cruza el país en avión para ver a los nietos.

Es cierto que una comida familiar en un restaurante o un concierto suelen durar sólo unas horas y, sin embargo, es probable que cuesten más que, por ejemplo, una tableta que permita responder al correo electrónico, leer libros electrónicos, ver películas, escuchar música y navegar por internet. Las posesiones suelen ser gangas, mientras que las experiencias tienden a ser caras. Además, invertir en todas esas comidas en restaurantes y

214. Julianne Holt-Lunstad, Timothy B. Smith y J. Bradley Layton, «Social Relationships and Mortality Risk: A Meta-Analytic Review», *PLOS Medicine*, 27 de julio de 2010. PLOS es el acrónimo de Public Library of Science (Biblioteca Pública de Ciencias).

215. ¿Qué pasa si te empeñas en seguir fumando? Según los estudios, ¡nunca nunca debes fumar solo!

216. Leaf Van Boven y Thomas Gilovich, «To Do or to Have? That Is the Question», *Journal of Personality and Social Psychology*, vol. 85, n.° 6, 2003.

vacaciones familiares hará que el patrimonio que dejemos a nuestros hijos sea menor.

Con todo, creo que crear grandes recuerdos familiares es una de las mejores formas de gastarnos el dinero. Ha habido 44 presidentes de Estados Unidos.[217] No hay duda de que todos ellos creyeron que habían alcanzado algún grado de inmortalidad. Sin embargo, no es fácil encontrar a alguien que pueda nombrar a los 44 presidentes, y mucho menos que pueda contar algo sobre cada uno de ellos. Si la inmortalidad está dando esquinazo incluso a los presidentes estadounidenses, el resto de nosotros tiene poco que hacer. Cinco o diez años después de nuestra partida, salvo la familia y nuestros amigos más íntimos, nadie más se acordará de casi ninguno de nosotros. Viviremos en sus recuerdos. Eso es lo más cerca que estaremos de la inmortalidad, al menos en este mundo. Mi consejo: usa tu dinero para que esos recuerdos sean buenos.

217. Nota para los puntillosos: a Grover Cleveland lo contamos sólo una vez, aunque sirvió dos mandatos no consecutivos. Hasta 2019, ha habido 45 presidencias de Estados Unidos, pero sólo 44 presidentes.

Capítulo 14

Disfruta de tu viaje y de tu estancia en la cima

He comprobado que, en sus primeros meses de jubilación, muchos de mis clientes sufren una gran ansiedad con relación a su patrimonio. Blackrock realizó un estudio en el que se preguntaba a las personas qué era lo que más estrés les causaba en su vida: ¡el 56 por ciento afirmó que era el dinero! El dinero se situó por encima de la salud, con un 38 por ciento, la familia, con un 37 por ciento, y el trabajo, con un 34 por ciento.[218] (Gráfico 14.1.) Este resultado se debe en gran medida a que las personas que no tienen suficiente dinero sufren estrés por no poder llegar a fin de mes o jubilarse, y a que las que tienen suficiente dinero ¡les provoca estrés la idea de perderlo o quedarse sin él!

Gráfico 14.1. Posición más alta que

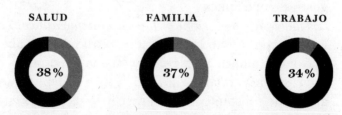

SALUD	FAMILIA	TRABAJO
38%	37%	34%

218. Sospecho que esto está íntimamente relacionado con los miembros de tu familia.

«La comparación es el ladrón de la alegría»

Siempre creemos que no tenemos suficiente. Esto se debe a que constantemente hacemos lo que hacen los seres humanos: compararnos con los demás. A veces nos resulta fácil engañarnos a nosotros mismos, diciéndonos que somos más inteligentes o más divertidos que los que nos rodean, pero para muchos el dinero es un tema emocional sensible porque es una comparación que suele decir la verdad con rapidez. Si bien somos capaces de autoconvencernos de que destacamos en nuestras redes sociales de muchas maneras, el dinero es algo que normalmente no podemos fingir. Ésa es una de las razones por las que muchos lo utilizan como vara de medir. Hasta nos referimos a nuestro balance como nuestro valor neto de manera que parece que nos referimos a nuestro «valor personal», cuando en realidad el dinero tiene poco que ver con lo que valemos cada uno de nosotros. Pero este interés constante por el dinero y su naturaleza comparativa hace difícil que queramos apartarnos del juego retirando fondos. ¿La respuesta? Establece tus prioridades y supéralo. Nadie recibe un premio por ser la persona más rica del cementerio.

Incluso para un gran ahorrador, los primeros meses tras la jubilación pueden ser especialmente estresantes por cinco razones fundamentales:

1. *Has pasado toda tu vida adulta trabajando.* Si algo iba mal, antes podías seguir trabajando para sobreponerte a cualquier contratiempo. La idea de que «no puedes volver a hacerlo» hace que los reveses del mercado sean más angustiosos que nunca.

2. *Los mercados evolucionan más rápido que nunca.* La velocidad con la que los mercados retroceden y suben es mayor que nunca. No es fruto de tu imaginación: los mercados son más volátiles que antes. Esto se debe a que, reajustando constantemente el precio de los valores en función de las perspectivas de futuro, el mercado es más eficiente que nunca. Para muchos, esta velocidad puede resultar desconcertante.

3. *¡Ahora tienes tiempo para advertir este hecho!* Mientras trabajabas, no seguías la evolución del mercado todas las semanas, todos los días ni a todas horas. Estabas demasiado ocupado. Ahora que tienes tiempo libre, consultas con frecuencia la información de los mercados y eres más propenso a dejarte arrastrar por las narrativas del mercado a corto plazo que pueden llevarte a cometer un error.[219]

4. *Las personas tienden a ser menos optimistas a medida que envejecen.* Según diversos estudios, las personas en general creen que su vida se deteriora gradualmente[220] y a medida que envejecen se muestran menos optimistas sobre su futuro.[221]

5. Por último, y más importante, ¡por primera vez en la vida estamos retirando dinero! La pregunta que más me hacen los clientes que han llegado a la edad de las distribuciones obligatorias, y que legalmente tienen que empezar a sacar dinero de sus planes de pensiones, está relacionada con la forma de evitar estas distribuciones obligatorias.[222] ¡Están tan acostumbrados a depositar dinero que no se atreven a sacarlo!

Todas estas cuestiones revisten una gran importancia incluso para los inversores más disciplinados, provocando que se sientan intranquilos justo cuando se supone que deberían estar relajados

---

219. A veces me pregunto cuánto dinero se perdió para siempre en operaciones bursátiles durante la pandemia del coronavirus, con todos encerrados en casa durante semanas sin nada más en la televisión que la cobertura de la pandemia y las noticias financieras.

220. Utpal Dholakia, «Do We Become Less Optimistic as We Grow Older?», *Psychology Today*, 24 de julio de 2016. Véase: <https://www.psychologytoday.com/us/blog/the-science-behind-behavior/201607/do-we-become-less-optimistic-we-grow-older>. [Fecha de consulta: 17/05/2021]

221. Espero que este capítulo junto con el primero te sirvan para vislumbrar un futuro lleno de posibilidades.

222. Cuando se llega a la edad de jubilación, en Estados Unidos es obligatorio sacar de los planes de pensiones una cantidad mínima de dinero sobre la base de la esperanza de vida y del saldo disponible. *(N. de la t.)*

y disfrutando de todo lo que les apetezca. ¡Demasiadas preocupaciones para una jubilación despreocupada!

Pues bien, no tiene por qué ser así. Recuerda que cuentas con un plan financiero. Y ese plan no sólo sirve para llegar a la jubilación, sino también para vivir de ella. Si lo has planificado correctamente, entonces tu cartera debería haber sido creada y configurada para durar, para que no estés nunca a merced del mercado y puedas satisfacer todas tus necesidades económicas desde el primer día de tu jubilación hasta tu partida al más allá. Así que con la tranquilidad que da tener un plan en marcha, déjame que te diga en lo que realmente quisiera que te centres: ¡EN TI!

No compliques tu vida financiera

He sido testigo de cómo muchos clientes invierten en todo tipo de «negocios», reuniendo pequeñas participaciones en diversas propiedades, empresas y viviendas. Muchos pasan la primera mitad de su vida adulta acumulando diferentes posesiones y la última mitad tratando de deshacerse de ellas. Para la mayoría, el factor desencadenante es cuando fallece un amigo o un familiar y ven cómo toda esa complejidad genera un trastorno tremendo para los herederos. El dinero está para servirnos, no al revés.

Tú eres el único

> La vida es lo que sucede mientras estás ocupado haciendo otros planes.
>
> JOHN LENNON

En 1970, mi padre, que es médico, recibió un consejo de uno de sus pacientes, un destacado político. Dijo: «Alex, poseo todo el dinero del mundo, pero nunca lo he disfrutado. Es importante dedicar tiempo a pasarlo bien». Mi padre se tomó el consejo al pie de la letra y alargó sus vacaciones.

A lo largo de mi carrera he comprobado la sensatez de este consejo. Aunque dirijo un comité de inversiones, también soy asesor financiero certificado y abogado especializado en planificación patrimonial. Creative Planning asesora con regularidad a lo largo de toda su vida a sus clientes; en caso de incapacidad y en el momento de su fallecimiento ayuda a sus familias. Tengo una visión cercana y personal de las relaciones funcionales y disfuncionales del dinero con la mente.

Al ahorrar una buena suma de dinero y no liar las cosas por el camino, muchas de estas personas triunfadoras han hecho un gran trabajo. Son dos objetivos muy difíciles de conseguir. He observado cómo estas personas no se privan de nada, aunque en realidad no disfrutan al máximo de su situación. La mayoría de estas personas han llegado a donde están por ser ahorradoras y aplicadas, y no existe un botón que puedan apretar para dejar de preocuparse por cada céntimo.

Déjame decirte algo sobre tu dinero

No hay ninguna diferencia en que tus herederos hereden 250.000 dólares en lugar de 300.000, 600.000 en lugar de 800.000, 1,2 millones en lugar de 1,4 millones, o 10 millones en lugar de 11 millones, así que disfruta de la vida y de la riqueza que has conseguido generar y mantener a lo largo de tu vida.

Después de presentar una declaración de patrimonio, una vez un cliente me dijo: «Me gustaría morir y reencarnarme en mis hijos». Cuando falleces, tu patrimonio no se limita a tu cuenta de valores. También incluye el valor de tu casa, del seguro, de los coches, etcétera. Es probable que todo se liquide, se meta en el mismo saco y se reparta. Es la dura y fría verdad. He visto hacerlo cientos de veces.

Y déjame contarte un secreto, ¡ninguno de nosotros va a salir vivo de aquí! Si eres financieramente independiente, permíteme desmentir absolutamente todo lo que te hayan dicho los asesores financieros y recomendarte que compres en tamaño gigante esa bebida de café tan cara, que dejes de conducir ese coche de diez años[223] y que mejores las condiciones de tus próximas vacaciones. ¡Créeme si te digo que tus hijos lo harán! He visto cómo a los pocos días de recibir una herencia de sus frugales padres, los chavales se compraban coches nuevos y casas.

Si posees un alma caritativa y eres económicamente independiente, anímate y experimenta el placer de dar en vida. ¡Disfrútalo! ¿Por qué esperar a estar muerto? Es mucho más divertido dar mientras todavía tengas la mano caliente y no fría. Si tu intención es que tu patrimonio lo disfruten tus hijos y nietos, empieza a traspasarlo ahora. Aprovecha para ver hoy el efecto positivo en tu familia en vez de que reciban cheques más grandes cuando ya no estés.

La cuestión de fondo es ésta: se trata de tu dinero. Te has dejado la piel por conseguirlo, lo has ahorrado y lo has conservado. Mientras no pongas en peligro tu seguridad financiera, **disfrútalo**. Regala lo que quieras, relájate un poco y saborea el fruto de tu trabajo.

En Creative Planning doy instrucciones a mi equipo para que nuestros clientes sepan que el dinero está al servicio de ellos y de sus prioridades, y no al revés. Tú también deberías adoptar el mismo criterio con tu dinero. Si defines un plan antes de empezar a subir la montaña, trazas el camino, decides ir solo o con un guía de confianza y controlas tus emociones, podrás dedicar tiempo a disfrutar del trayecto hacia la cima. La alegría está en el viaje. Si puedes relajarte y disfrutar, al alcanzar la cumbre te sentirás satisfecho.

---

223. En serio, ¡cómprate un coche nuevo! Ya sabes, uno que esté equipado con ¡tecnología y dispositivos de seguridad actuales! Si tu coche tiene diez años, ni siquiera te está protegiendo. ¡Estamos hablando de tu vida! Tú no usas un ordenador que tiene diez años, ¿verdad? ¡Madre mía! Si lo haces, ¡cómprate también un ordenador nuevo! ¡Por Dios!

Bibliografía

Ahorro anual para ser millonario a los sesenta y cinco años: Christy Bieber, «The Most Important Retirement Chart You'll Ever See», *The Motley Fool*, 18 de noviembre de 2018. Véase: <https://www.fool.com/retirement/2018/11/18/the-most-important-retirement-chart-youll-ever-see.aspx>. [Fecha de consulta: 17/05/2021]

Bienestar mundial: Índice histórico del desarrollo humano, Prados de la Escosura, 2015, escala 0-1, disponible en <https://ourworldindata.org/grapher/human-development-index-escosura>. Indicador compuesto de bienestar: Rijpma 2014, p. 259, escala de desviación estándar a lo largo de las décadas en los países.

Esperanza de vida: Max Roser, «Life Expectancy», *Our World in Data*. Véase: <https://our worldindata.org/life-expectancy>. [Fecha de consulta: 17/05/2021]

Pobreza extrema: Max Roser y Esteban Ortiz-Ospina, «Global Extreme Poverty», *Our World in Data*. Véase: <https://ourworldindata.org/extreme-poverty>. [Fecha de consulta: 17/05/2021]

Años de escolarización: Max Roser y Esteban Ortiz-Ospina, «Global Rise of Education», *Our World in Data*. Véase: <https://ourworld indata.org/global-rise-of-education>. [Fecha de consulta: 17/05/2021]

Promedio industrial Dow Jones: 1896-2016: Chris Kacher y Gil Morales, «Human Innovation Always Trumps Fear-120 Year Chart of the Stock Market», *Seeking Alpha*, 21 de marzo de 2017. Véase: <https://seekingalpha.com/article/4056932-human-innovation-always-trumps-fear-120year-chart-stock-market>, gráfico 4.1. What to Avoid. [Fecha de consulta: 17/05/2021]

No todos los asesores independientes son iguales: Tony Robbins y Peter Mallouk, *Unshakeable: Your Financial Freedom Playbook*, Simon & Schuster, Nueva York, 2017, p. 86. Versión castellana de Cristina de Olano, *Imbatible: La fórmula para alcanzar la libertad financiera*, Deusto, Madrid, 2019, p. 115.

Tipos de daños en el hogar: Insurance Information Institute (Instituto de Información de Seguros), «Fact + Statistics: Homeowners and renters insurance». Insurance Information Institute. Véase: <https://www.iii.org/fact-statistic/facts-statistics-homeowners-and-renters-insurance>. [Fecha de consulta: 18/05/2021]

Caídas intraanuales del S&P 500 frente a la rentabilidad del año natural: JP Morgan Chase and Co., «Volatility Is Normal; Don't Let It Derail You», *Guide to the Markets*. Véase: <https://am.jpmorgan.com/us/en/asset-management/gim/adv/insights/principles-for-investing>. [Fecha de consulta: 17/05/2021]

Flujos de caja de los inversores/mercados alcistas y bajistas: The Vanguard Group, Inc., «Vanguard's Principles for Investing Success», *Vanguard*, 2017. Véase: <https://about.vanguard.com/what-sets-vanguard-apart/principles-for-investing-success/ISGPRINC_062020_Online.pdf>. [Fecha de consulta: 18/05/2021]

Promedio anual de precios del oro ajustado a la inflación: Tim McMahon, «Gold and Inflation», *Inflationdata.com*, 25 de abril de 2018. Véase: <https://inflationdata.com/Inflation/Inflation_Rate/Gold_Inflation.asp>. [Fecha de consulta: 17/05/2021]

Número de compañías cotizadas en bolsa en Estados Unidos: Samantha M. Azzarello, Alexander W. Dryden, Jordan K. Jackson, David M. Lebovitz, Jennie Li, John C. Manley, Meera Pandit, Gabriela D. Santos, Tyler J. Voigt y David P. Kelly, «Private Equity», *Guide to Markets—US*, 31 de diciembre de 2019.

Rentabilidad del capital público frente al privado: Samantha M. Azzarello, Alexander W. Dryden, Jordan K. Jackson, David M. Lebovitz, Jennie Li, John C. Manley, Meera Pandit, Gabriela D. Santos, Tyler J. Voigt y David P. Kelly, «Private Equity», *Guide to Markets—US*, 31 de diciembre de 2019.

El rendimiento de varias combinaciones de acciones y bonos estadounidenses/rendimientos históricos: The Vanguard Group, Inc., «Foundational Investments», *Vanguard*, 2019. Véase: <https://advisors.vanguard.com/iwe/pdf/FAETFCMB.pdf>. [Fecha de consulta: 17/05/2021]

La combinación de activos define el espectro de los rendimientos: The Vanguard Group, Inc., «Vanguard's Principles for Investing Success», *Vanguard*, 2017.

Magnitud relativa del sesgo de familiaridad: Christopher B. Philips,

Francis M. Kinniry Jr., Scott J. Donaldson, «The role of Home Bias in Global Asset Allocation Decisions», *Vanguard*, junio de 2012.

Empresas que componen el promedio industrial Dow Jones: «The Changing DJIA», S&P Dow Jones Indices, LLC.

Duración media de la empresa en el índice S&P: Scott D. Anthony, S. Patrick Viguerie, Evan I. Schwartz y John Van Landeghem, «2018 Corporate Longevity Forecast: Creative Destruction is Accelerating», *Innosight*, febrero de 2018. Véase: <https://www.innosight.com/insight/creative-destruction/>. [Fecha de consulta: 17/05/2021]

Asignación de los inversores por regiones: Samantha M. Azzarello, Alexander W. Dryden, Jordan K. Jackson, David M. Lebovitz, Jennie Li, John C. Manley, Meera Pandit, Gabriela D. Santos, Tyler J. Voigt y David P. Kelly, «Local Investing and Global Opportunities», *Guide to Markets—US*, 31 de marzo de 2019.

Posición más alta que: Blackrock Global Investor Pulse Survey 2019. Véase: <https://www.blackrock.com/corporate/insights/investor-pulse>. [Fecha de consulta: 18/05/2021]

Agradecimientos

Gracias a mi amigo y colega, Tony Robbins. He visto pocas personas que hayan causado un efecto tan positivo en tanta gente. Gracias a Jonathan Clements, cuyo trabajo me impresionó enormemente cuando me inicié en la profesión y todavía hoy lo sigue haciendo. Gracias a Jonathan Knapp por su inagotable ayuda para cumplir con unos plazos casi imposibles. Tus huellas están por todo este libro. Gracias a Molly Rothove, Jay Beebe, Bing Chen, Andy Gryszowka, Brenna Saunders y Jim Williams por su colaboración en la búsqueda de ideas, de fuentes y en la edición. Gracias a Josh Robbins por su apoyo y su trabajo con los gráficos y todos los demás aspectos clave que intervienen en el lanzamiento de un libro. Gracias a todos mis intrépidos colegas de Creative Planning. No pasa un día sin que aprenda algo valioso de vosotros, y no siempre está relacionado con la planificación financiera o las inversiones. Me siento realmente afortunado por trabajar con un grupo de personas tan apasionadas, atentas, inteligentes y llenas de energía. A mi preciosa esposa, Verónica, que no me permitió inventarme algo que hacer para evitar trabajar en este libro, y a mis hijos, Michael, J. P. y Gabby, que me proporcionaron las mejores excusas para realizar largos descansos. Todos los errores son míos.